중국항해선박사

중국항해선박사

추이 윈펑 崔云峰 | 김성준 金成俊 지음

혜안

책머리에

이 책은 중국의 항해와 선박, 해상무역과 관련하여 지난 20여 년 동안 발표한 논문을 엮은 논문집이다. 중국의 항해선박사와 관련해서는 지난 2005년 정화의 하서양 600주년과 개빈 멘지스의 책이 국내에서 출판되면서 조명을 받은 바 있다. 하지만 정작 중국의 전통선박과 항해에 관한 과학기술적 면에서는 이렇다 할 관심을 받지 못하였다. 그런 점에서 이 책이 중국의 항해선박사와 관련한 여러 주제들에 대한 논문모음집이라는 한계가 있음에도 불구하고, 나름대로 우리 학계에 보탬이 될 것으로 생각해 세상에 내놓게 되었다. 논문집이라는 성격의 특성상 일부 항목에 대해서는 중복된 설명이 포함될 수밖에 없었는데, 이에 대해 독자들의 혜량을 기대한다.

여기에 실린 글들은 추이 원펑이 집필한 것이어서 2편(4장과 10장)을 제외하고는 대부분 단독논문으로 학술지에 게재된 것들이다. 그럼에도 불구하고 공동 저서로 출판하게 된 것은 출판을 준비하는 과정에서 생경한 어투와 문장을 전체적으로 가다듬고, 해석과 주제를 우리 학계의 시각에 맞추는 작업을 함께했기 때문이다. 그러므로 이 책에 실린 내용은 전적으로 두 사람의 공동책임이 될 것이다.

『중국항해선박사』를 출간함으로써 『서양항해선박사』와 『한국항해선박사』를 포함해 항해선박사 3부작을 마무리 짓게 되었다. 이 책의

초고를 읽고 함께 공부하며 윤문을 도와준 한국해양대학교 항해학
전공 대학원생들(김정환, 김정호, 김현동, 김현석, 심효상, 이민규,
이수)과 시장성이라고는 전혀 없는 이 책을 출판해주신 도서출판 혜안
에 고마움을 전한다.

　여러 가지 부족한 점이 있겠지만, 중국항해선박사에 관심있는 연구
자들과 일반 독자들에게 자그마한 보탬이 된다면 더 바랄 것이 없겠다.

2021년 여름
지은이

차 례

1. 인명과 지명은 1911년 이전은 한자음으로, 그 이후는 현지음으로 적었음. 다만, 1911년 이전부터 현재까지 사용되어 온 지명은 한자음으로 적었음.
   보기 : 明州 → 명주(현 寧波-닝보), 南京 → 난징(×) 남경(○), 上海 → 상해, 北京 → 북경

2. 독자들의 이해를 위해 고유명사는 우리말을 먼저 쓰고, 한자 또는 영어를 병기하였음. 한자는 이해하는 데 어려움이 없고 현대 고유명사(인명 및 서명 등)는 간자체로 썼고, 그 이외에는 번자체로 썼음.

3. 숫자는 만 단위로 적었고, 연월일은 1911년 이전은 모두 음력이며, 그 이후는 양력이다.
   보기 : 3000 → 3천, 12345 → 1만 2345

4. 단위는 시기와 장소에 따라 차이가 있었지만, 대체로 다음과 같이 환산할 수 있다.
   길이 : 寸 ≒ 3㎝, 尺 ≒ 30㎝, 丈 ≒ 3m, 里 ≒ 500m
   무게 : 斤 ≒ 500g, 貫 ≒ 5kg, 斛 ≒ 50kg

1장

서복徐福의 항해에 대한 연구현황과 전망

　서복은 2000여 년 전 진秦나라 시기 제齊나라 출신의 방사方士였다. 그는 기원전 209년 진시황의 명에 따라 3천명의 어린 남녀童男童女와 100명의 장인百工, 오곡 종자를 적재한 선대를 통솔하여 불로장생약을 얻기 위해 신선들이 살고 있다는 삼신산三神山인 봉래蓬萊, 방장方丈, 영주瀛州를 찾아 바다로 나아갔다. 『사기史記』에는 서복이 선대를 통솔해 출발한 뒤 "평원지대에 이르러 왕이 되어 돌아오지 않았다."고 기재되어 있다.

　서복과 관련된 사료의 양은 상당히 적다. 서복에 대한 최초의 기록은 사마천이 집필한 『사기』이며, 그 후의 사료는 모두 이에 기초한 것이다. 서복과 관련된 중국 사료는 『사기』 외에도 『한서漢書』, 『후한서後漢書』, 『삼국지三國志』, 『의초육첩義楚六貼』, 『태평어람太平御覽』, 『태평광기太平廣記』, 『자치통감資治通鑒』, 『제승齊乘』 등이 있다. 한국 사료로는 『해동제국지海東諸國誌』와 『파문록破聞錄』이 있고, 일본 사료에는 『일본서기日本書紀』, 『일본고대사』, 『일본민족연원日本民族淵源』 등이 있다.[1] 이 밖에도 서복과 관련된 시와 글귀도 있다. 당대 이태백의 '고풍古風', 당태종 이세민의

'관해觀海', 백거이의 '해만만海漫漫', 이상은李商隱의 '해상海上': 송대 구양수歐陽脩의 '일본도가日本刀歌', 소식蘇軾의 '해시海市', 조원祖元의 '제서복시祭徐福詩': 원대 오래吳萊의 '청객화일본웅야서복묘廳客話日本熊野徐福廟': 명대 주원장의 '명태조화시明太祖和詩': 청대 황준헌의 '영서복詠徐福' 등이 있다.[2]

지금까지 서복과 관련한 연구서는 『서복지徐福志』, 『중외서복연구』, 『서복연구』, 『서복동도徐福東渡』, 『서복고리고변徐福故里考辨』 등 50여 편이 출판되었다. 이 밖에도 『전국수계서복학술연구토론회문집全國首屆徐福學術討論會文集』, 『중일관계논문집－서복에서 황준헌에 이르기까지中日關系論文集－從徐福到黃遵憲』, 『기념서복동도2200주년서복연구논문집紀念徐福東渡二千二百周年徐福研究論文集』, 『서복국제학술토론회논문집徐福國際學術討論會論文集』 등과 같은 학술회논문집도 출판되었다.

중국 내 최대 규모의 논문검색사이트인 '중국지망中國知网'[3)]에서 검색어 '서복'으로 논문을 검색한 결과, 저자, 회사명, 약명, 식품명, 주제와 무관한 서복 등에 관한 논문을 제외하였을 때 검색된 논문 수는 270여 편에 달하였다. 비록 통계수치가 완벽하다고는 할 수 없지만 그 양이 상당히 많은 편이다. 이뿐만 아니라 중국 내에는 서복과 관련한 전설을 주제로 장편소설, 드라마, 가극歌劇, 경극京劇, 애니메이션, 노래 등과 같은 여러 형식의 예술작품이 제작되었다.[4)]

중국, 한국, 일본의 많은 학자들은 서복과 관련된 연구를 꾸준히 진행하고 서복과 관련된 국제학술대회를 개최하였다. 1987년 중국사학회, 일본사학회, 중국항해학회, 연운항시서복연구회連云港市徐福研究會 등

---

1) 鞠桂燕(2008), 『中日徐福传说比较研究』, p.11.
2) 鞠桂燕(2008), 『中日徐福传说比较研究』, p.12.
3) http://www.cnki.net.(접속일 : 2014.10.15.)
4) 张云方(2010), 「徐福文化及徐福文化研究的意义」, p.37.

12개 학술단체와 정부부처가 공동으로 '전국 수계서복학술토론회全國首屆徐福學術討論會'를 개최하고『전국 수계서복학술토론회문집全國首屆徐福學術討論會文集』을 출판하였다.

한중일 학자들은 서복에 대한 연구를 강화하기 위해 자국 내에서 많은 연구회를 설립하였다. 취유웨이曲玉維의 통계에 따르면, 2010년 현재 중국 내에 22개 연구회가 있고 한국에 3개, 일본에 19개 연구회가 있다고 한다.5) 이러한 연구회는 학술회를 개최하고6) 학술회논문집을

---

5) 曲玉維(2010),「徐福：中国海上丝绸之路的开启者」, pp.223~224.
　　중국 내 서복徐福과 관련된 학술연구회는 중국국제서복문화교류협회中國國際徐福文化交流協會, 중국서복회中國徐福會, 산동성서복연구회山東省徐福研究會, 산동성룡구시서복연구회山東省龍口市徐福研究會, 산동성교남랑야기서복연구회山東省膠南琅琊暨徐福研究會, 산동성평도시서복연구회山東省平度市徐福研究會, 산동성황도서복연구회山東省黃島徐福研究會, 하북성서복천동회河北省徐福千童會, 하북성염산현서복천동연구회河北省鹽山縣徐福千童研究會, 하북성진황도시서복연구회河北省秦皇島市徐福研究會, 강소성공유현서복연구회江蘇省贛榆縣徐福研究會, 강소성련운항시서복연구회江蘇省連云港市徐福研究會, 강소성소주시서복연구회江蘇省蘇州市徐福研究會, 절강성상산현서복연구회浙江省象山縣徐福研究會, 절강성자계시서복연구회浙江省慈溪市徐福研究會, 절강성자계시삼북진서복연구회浙江省慈溪市三北鎮徐福研究會, 절강성자계시룡산진서복연구회浙江省慈溪市龍山鎮徐福研究會, 절강성자계시범시진서복연구회浙江省慈溪市范市鎮徐福研究會, 절강성대산현서복연구회浙江省岱山縣徐福研究會, 강서성림천시서복연구소조江西省臨川市徐福研究小組, 향항서복협회香港徐福協會, (대만)세계서씨종친총회(臺湾)世界徐氏宗親總會 등이 있고 ; 한국 내에는 제주서복협회濟州徐福協會, 거제도서복협회巨濟島徐福協會, 서귀포시서복문화국제교류협회西歸浦市徐福文化國際交流協會 등이 있으며 ; 일본에는 일본서복회日本徐福會, 동경서복연구회東京徐福研究會, 신궁시서복협회新宮市徐福協會, 좌하현서복회佐賀縣徐福會, 부상서복사연구실扶桑徐福史研究室, 옹야서복연구회熊野徐福研究會, 궁기서복연구회宮崎徐福研究會, 신내천현서복연구회神奈川縣徐福研究會, 경도서복회京都徐福會, 단후서복회丹后徐福會, 삼구현축도서복회三口縣祝島徐福會, 부사길전서복회富士吉田徐福會, 토계시서복회土界市徐福會, 진시황여서복연구회秦始皇与徐福研究會, 대판서복우호사숙大阪徐福友好私塾, 부사산서복관富士山徐福館 등이 있다.
6) 2006년 북경에서 서복국제학술토론회徐福國際學術討論會가 개최되었으며 2007년에는 감유赣榆, 2008년에는 소주蘇州에서 서복토론회徐福討論會가 열렸다. 2008년에는 제주도 서귀포에서 서복국제학술토론회徐福國際學術討論會가 개최되었으며 2009년에는 일본 사가현佐賀縣에서 서복국제학술토론회가 열렸다.

발간하였을 뿐만 아니라 일부 연구회는 학술지도 발간하고 있다.[7]

이외에도 한중일 일부 지방정부는 서복의 전설과 관련된 유적을 이용해 광장, 공원 등을 조성하고 기념관과 동상을 세웠다. 통계에 의하면, 중국 내 서복의 전설과 관련된 유적은 북쪽의 요녕성 수중遼宁省 綏中에서 시작해 하북성河北省의 진황도秦皇島, 염산현鹽山縣 천동진千童鎭 ; 산동성의 봉래蓬萊, 용구龍口, 청도青島, 교남膠南 ; 강소성江蘇省의 공유贛楡 ; 절강성浙江省의 자계慈溪, 대산岱山, 주산舟山, 상산象山 ; 강서성江西省의 임천臨川 ; 복건성福建省의 천주泉州 등 14곳이 있다.[8] 한국 내의 서복과 관련된 유적은 제주도, 경상남도의 남해, 거제도 등 3곳이 있다. 일본 내의 서복과 관련된 유적은 22곳이 있는데, 주로 열도난류가 통과하는 규슈九州 지역, 주코쿠中國 지역, 시코쿠四國 지역, 주부中部 지역, 긴키近畿 지역, 간토關東 지역, 도호쿠東北 지역에 분포되어 있다.

이외에도 중국과 일본의 일부 지역에서는 일정한 시기마다 수천, 수만 명이 참여하는 축제를 벌여 서복을 기리고 있다. 예컨대 하북성 염산에서는 5년마다 소축제, 60년마다 대축제를 개최하는 천동문화절이 있고, 진황도에서는 매년마다 망해대회를 개최하고 있다. 강소성

---

7) 예컨대 강소성 연운항시 서복연구회는 본 연구회학술지『서복徐福』을 정기적으로 발간하고『기념서복동도2300주년 서복연구논문집』과『서복국제학술토론회논문집』을 출판하였으며, 중국항해학회와 서주사범학원徐州師范學院은 공동으로『전국 수계서복학술토론회논문집』을 출판하였다. 산동성 서복회는 논문집『서복연구』를 출판하였고 중국 중일관계사연구회는 저서『서복에서 황준헌에 이르기까지从徐福到黃遵宪』를 출판하였다. 郭永(2009),『徐福及东渡问题研究』, p.9.

8) 중국 강소성 공유에는 서복사徐福祠 광장, 서복 생태원, 서복사, 서복석상, 서복묘 등을 조성하여 서복을 기리고 있으며, 산동성 용구에는 서공사徐公祠, 기목도屺㟂島 서복문화광장, 서복원, 서복상 등이 있다. 산동성 교남의 낭야대琅邪臺에는 서복전, 서복석상, 진시황 견서복입해구先遣徐福入海仙 조각군상이 있으며 하북성의 진황도에는 구선입해처求仙入海處 석비, 염산鹽山 천동성千童城에는 천동사, 천동비, 망친대가 있다. 절강성의 자계 대봉산大蓬山에는 서복문화원이 조성되어 있고 대산岱山에는 서복공사, 서복박물관, 서복비 등이 있다.

공유의 서복절, 산동성 용구의 서복고리문화절은 이미 그 명성이 중국 안팎에 널리 알려져 있는데 2007년에 진행된 공유의 서복절에 참여한 인원은 8만여 명에 달하였다. 일본에도 서복에 관련된 축제가 있는데, 그중 비교적 유명한 것은 사가현佐賀縣 킨류신사金立神祀의 기우의식祈雨儀式, 50년마다 한 번씩 개최되는 서복대제 : 후쿠오카 야메시八女市 동남 산童男山의 연훈제烟熏祭 등이 있다.9)

　한중일 학자들이 서복과 관련한 많은 연구논문과 저서를 발표하고 있지만, 서복의 출생지, 서복 선대의 출발지, 서복 선대의 항로, 도착지 등에 관해서는 여전히 논쟁이 존재한다. 여기에서는 선복과 관련한 연구현황을 정리하고, 이를 기반으로 향후의 서복 연구에 대해 전망해 보고자 한다.

Ⅰ. 서복의 출생지

　서복의 전설과 유적이 존재하고 있는 중국 지방정부는 많은 인력과 자금을 투입해 서복과 관련된 학술회의를 수시로 개최하고 있다. 그 주된 목적은 해당 지역이 서복의 출생지임을 증명함으로써 지역의 명성을 높여 관광객을 유인하고, 국내외 자금을 유치하여 지역 경제를 활성화 하려는 데 있다. 특이한 현상은, 여러 지역에서 개최되는 학술회의에 참석하는 학자들은 대부분 해당 지역이 서복의 출생지라고 주장하고 있다는 것이다. 중국 내 학자들이 주장하는 서복의 출생지는 여러 곳이 있지만, 대체로 3곳이 가장 많은 학자들의 지지를 받고 있다.

---

9) 张云方(2010),「徐福文化及徐福文化研究的意义」, pp.35~37.

즉 강소성江蘇省 공유贛楡(현재 강소성江蘇省 랜윈강시連云港市 공유구贛楡區), 산동성 황현黃縣(현재의 용구시龍口市), 산동성 낭야琅邪(현재 산동 칭따오시靑島市 황도구黃島區) 등이다.[10] 이러한 관점을 주장하는 학자들은 사마천의 『사기』에 기재된 서복이 확실히 역사적으로 존재한 인물로서 의심할 여지가 없다고 하지만, 서복의 출생지와 관련해서는 서로 자신의 견해가 맞다고 주장하고 있다. 이들은 모두 사마천의 『사기』에 기재된 서복과 관련된 기록을 기초로 하고 있는데, 그 내용은 다음과 같다.

"진시황 28년(기원전 219년), 제인 서복 등이 상주문을 올려 해상에 신선이 거주하고 있는 삼신산이 있는데 그 이름은 봉래, 방장, 영주이며 목욕재계沐浴齋戒한 후 동남동녀를 바치면 (장생불로약을) 얻을 수 있다고 아뢰었다. 그리하여 서복으로 하여금 동남동녀 수천 명을 통솔해 신선을 찾아 바다로 떠나도록 하였다."[11]

상술한 기록에서 관건이 되는 문구는 "제인 서복"인데 이에 대한 학자들의 해석이 다름에 따라 그들이 주장하는 서복의 출생지는 서로 다르다. 강소성 공유가 서복의 출생지라고 주장하는 학자들의 주된 논거는 1982년 지명조사를 실시할 때 공유현에서 명칭이 '서부徐阜'인 마을을 발견한 것이다. 뿐만 아니라 이 마을에는 "이곳이 진나라 시기 동남동녀 500명을 통솔하여 해외로 진출해 장생불로약을 찾기 위해 신선을 찾아 떠난 서복의 고향"이라는 전설이 전해지고 있는데, 이는 공유가 서복의 출생지임을 증명한다고 주장하고 있다. 이러한 견해를

---

10) 朱绍侯(1998), 「'齐人徐福'解」, p.1.
11) 司馬遷(西漢), 『史記：秦始皇本紀』, pp.52~53.

주장하는 학자들은 공유가 서복의 출생지임을 증명하기 위해 아래와 같은 증거를 제시하고 있다.[12]

첫째, 전국 시기 공유는 제나라에 속했으며, 진나라 시기에는 낭야군琅邪郡의 소속이었다. 이는 "서복이 제인"이라는 『사기』의 기록과 일치한다.

둘째, 진시황이 동부지역을 3차례 순방할 때 공유를 두 차례나 들렀다.

셋째, 진시황이 낭야에서 서복을 접견하였으며, 공유는 낭야와 비교적 가까운 곳에 위치하고 있다.

넷째, 공유의 서부촌 남쪽 15㎞ 떨어진 곳에는 노산廬山이 있는데, 서복과 동일시대의 유명한 방사인 노생廬生이 은둔하여 지내던 곳이며 공유의 해주만海州灣에는 신기루가 자주 나타난다. 따라서 방사인 서복은 노생의 거처와 가까운 곳에 거주하고 있었을 것이다.

다섯째, 1985년 서복촌(서부촌) 남쪽 20㎞ 떨어진 대항두촌大港頭村에서 상당히 많은 양의 선박용 석정이 발견되었는데, 이는 이곳이 예전에 항구였음을 증명한다.

여섯째, 명청 시기의 현지縣誌와 주지州誌 등에는 모두 서부촌에 관한 기록이 있다.

황현설黃縣說을 주장하는 학자들은 『사기』에는 서복이 제인이라고 명확히 기재되어 있기 때문에 이를 근거로 서복의 출생지를 확정해야 한다고 말하고 있다. 이들은 '제인'을 제국인齊國人, 제지인齊地人, 제군인齊郡人 등 3개로 풀이할 수 있으며, 서복의 구체적인 출생지를 확인하기 위해서는 우선 제국, 제지, 제군의 범위를 확정해야 한다고 주장하고

---

12) 罗其湘·汪承恭(1984年 4月 18日), 「秦代东渡日本的徐福故里之发现与考证」.

있다. 판원란范文瀾은 "남쪽에는 태산이 있는데, 노·송·초 등의 나라와 인접하여 있고 북쪽에는 발해가 있으며 연燕나라와 인접하여 있다. 서쪽에는 황하가 있는데, 조趙나라와 인접해 있으며 동쪽에는 바다와 인접해 있다."[13]면서 당시 제나라의 범위가 지금의 산동성과 비슷하다고 주장하고 있다.

저우앤원周延云과 궁퉁원宮同文도 제나라 영역의 범위는 현재 산동반도의 동부지역이며, 태산을 분계로 노나라와 인접해 있었다고 주장하고 있다. 기원전 221년 진시황이 제나라를 멸망시킨 후 그 통치지역을 제군과 낭야군으로 나눴다. 상술한 지역 범위로 볼 때 제나라에는 황현, 낭야, 공유가 모두 포함되고 제지에는 황현, 낭야가 포함되지만 공유는 포함되지 않으며, 제군에는 공유와 낭야가 포함되지 않고 황현만 포함된다는 것이다. 사마천은 『사기』에서 진나라가 천하를 통일한 후 "천하를 36개 군으로 나누고, 군에 수守, 위尉, 감監을 설치하였다."고 기재한 후 바로 그 뒤쪽에 "제인 서복 등이 상서하였다."고[14] 적었다. 이는 '제인'의 '제'가 진나라의 제군을 말하는 것이고, 서복이 제군임을 증명한다는 것이다.

황현의 용구에는 서복의 출생지라고 불리는 서향성徐鄉城 유적이 있다. 이외에도 황현에는 서복에 관한 많은 전설이 전해 내려오고 있을 뿐만 아니라, 황현 지역은 예로부터 방사들이 운집해있던 곳이기도 하다. 또한 삼신산이 발해에 있다고 명백하게 기재되어 있는데, 발해연안에 위치해 있는 황현이 당연히 서복의 출생지라고 주장하고 있다. 이들은 자신들의 주장을 증명하기 위해 여러 논거를 제시함과 동시에 공유설과 낭야설을 반박하고 있다. 즉 서부촌徐阜村을 동음인

---

13) 范文瀾(2000), 『中国通史简编』, p.71.
14) 司馬遷(西漢), 『史記：秦始皇本紀』; 周延云·宮同文(1994), 「建国以来国内外徐福研究述评」, p.86.

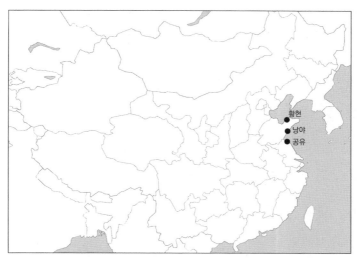

〈그림 1-1〉 서복 출생지 추정지

서복촌徐福村으로 해석하는 것은 타당하지 않다. 왜냐하면 서부촌徐富村
으로 독음할 수도 있기 때문이다. 또한 촌村이라는 명칭은 당송 이후에
야 나타났으며 진한 시기에는 향, 리를 설치하였기 때문에 서부촌은
진나라 시기 후에 나타났을 가능성이 크다.[15]

　낭야설을 주장하는 학자들은 대부분 1993년에 성립된 산동 교남서복
연구회山東膠南徐福硏究會의 회원들이다. 이들은 낭야가 당연히 서복의
출생지라고 주장하고 있는데, 그 근거는 아래와 같다.

　첫째, 진시황이 중국을 통일한 11년간 세 차례나 낭야를 순찰하였으
며, 낭야대를 직접 보수하였다. 그 당시 낭야대는 상당히 중요한 항구였
으며 현재도 유명한 명승지다.

　둘째, 『사기』의 기록에 의하면, 서복이 진시황에게 두 차례 상서한
곳은 모두 낭야이며, 세 번째로 알현한 곳도 낭야이다. 즉 낭야는

---

15) 于欽(元), 劉敦厚校譯, 『齊乘校釋』; 朱紹侯(1998), 「‘齊人徐福解」, p.4.

서복의 활동지이며 방사들이 운집해 있던 곳이기도 하다. 따라서 낭야가 서복의 출생지임이 확실하다고 주장하고 있다.

상술한 바와 같이 서복의 출생지와 관련해 여러 가지 주장이 존재하여 있지만 아직까지도 확실한 증거가 없는 관계로 최종적인 결론을 내리기는 어려운 상태이다.

Ⅱ. 서복 선대의 출발지

중국 내 서복과 관련한 또 하나의 논쟁은 서복 선대의 출발지가 어딘가 하는 문제이다. 현재까지 서복 선대의 출발지와 관련해 북쪽의 진황도, 황화黃驊에서 시작하여 산동반도의 용구, 성산두成山頭, 서산徐山, 낭야, 강소성의 공유 : 절강성의 항주杭州, 자계慈溪, 닝보寧波, 광동성 연안 등 여러 지역이 거론되고 있다. 이 중에서 황현 북안설과 낭야 부근설이 가장 많은 학자들의 지지를 받고 있다.16)

서복 선대의 출항과 관련된 기록은 사마천의 『사기·진시황본기』 외에도 『사기』에 서복 선대의 인원수에 관련된 기록이 더 있다.

"(진시황은) 또다시 서복으로 하여금 바다로 나가 신선으로부터 장생불로약을 얻어오도록 하였다. 서복이 돌아와 '신하는 바다에서 신선을 보았나이다'라고 변명하였다. (신선이 하는) 말이 '자네가 황제의 사신인가?' 신하는 '예'라고 대답하였습니다.' '그대는 어떠한 소망이 있는가?' '연년익수약延年益壽藥을 주시오'라고 대답하였다. 신선은 '자네

---

16) 张云方(2006), 「中國的徐福研究方興未艾」, p.107.

왕의 예물이 너무 적어 약을 볼 수는 있지만 가져갈 수는 없다'고 말하였다. 신하가 그곳을 떠나 동남쪽 봉래산의 지성궁궐芝成宮闕에 도착해 사신을 만났는데, 피부색이 구릿빛銅色이고 용의 모양을 갖췄으며 빛이 하늘을 비췄다. 그리하여 신하가 '무엇을 바쳐야 하나이까' 하고 다시 묻자 해신은 '동남동녀와 백공을 선물하면 얻을 수 있다'고 대답하였다. 진시황은 대단히 기뻐하며 즉시 동남동녀 3000명과 각종 오곡종자, 백공을 모집해 떠나보냈지만, 서복은 넓은 평원지대에 이르러 국왕이 되어 돌아오지 않았다."17)

"방사 서복 등은 몇 년 동안 해상에서 신약을 찾았지만 아무런 결과가 없게 되자 소비한 많은 비용 때문에 질책을 당하지 않을까 두려워 (진시황에게) '봉래의 신약은 얻을 수 있었는데 늘 대어의 방해로 인해 얻을 수 없었나이다. 청하옵건대 활을 잘 쏘는 사수들을 파견하여 석궁으로 사살하여 주시옵소서'라고 거짓말을 하였다. 진시황은 해신과 싸우는 꿈을 꾸었는데 사람 모양과 같았다. 해몽을 묻자 박사는 '수신은 눈에 보이지 않으며 대어나 교룡의 모습으로 나타납니다. 임금님께서 제를 지내고 준비를 단단히 하면 이와 같은 악신은 사살할 수 있으며 그리하면 선신이 나타날 것입니다'라고 여쭈었다. 출해자들로 하여금 거대한 어구를 준비하게 하고 자신은 석궁으로 대어를 사살하기로 결심하였다. 낭야에서 출발하여 북쪽의 영성산榮成山에 이르렀지만 나타나지 않았다. 지부도芝罘島(현재 옌타이 부근)에 이르러 대어를 발견하고 한 마리를 사살하였다. 성공하자마자 바로 상륙하여 서쪽으로 돌아갔다."18)

---

17) 司馬遷(西漢), 『史記 : 淮南衡山列傳』, p.822.
18) 司馬遷(西漢), 『史記 : 秦始皇本紀』, p.55.

"소문에 의하면 삼신산은 발해에 있으며 멀지않다고 한다. …많은 사람들이 도착한 적이 있다."[19]

일부 학자들은 상술한 기록에 근거하여 황현이 곧 서복 선대의 출발지라고 주장하고 있다. 즉 서복이 가려했던 삼신산은 발해에 위치해 있는데, 황현이 바로 발해만에 위치하여 있으며 또한 서복의 출생지이므로 황현이 곧 서복 선대의 출발지라고 주장하고 있다. 이들은 서복 선대의 인원 수는 동남동녀 3000명, 백공(각종 장인), 무장 인력, 선원, 관리인, 방사 등을 포함하여 대략 5000~6000명이 된다고 추측하고 있으며, 진나라 시기 가장 큰 선박인 누선樓船을 사용하였다고 주장하고 있다. 누선은 100명 정도 승선할 수 있으므로 5000~6000명이 탑승하려면 적어도 수십 척의 누선이 필요했을 것이다. 이와 같이 많은 선박이 인공적으로 개발되지 않은 하나의 자연항구에 정박한다는 것은 불가능하기 때문에 지부도 부근의 용구 항구를 중심으로 주변 항구에 정박해 있다가 출항하였을 것이라고 주장하고 있다.

이외에도 한위더韓玉德,[20] 쥐꾸이앤鞠桂燕,[21] 궈융郭永[22] 등 많은 학자들은 서복 선대의 출발지가 낭야라고 강력히 주장하고 있다. 상술한 바와 같이, 수십 척의 선박이 정박하기 위해서는 배후지의 면적이 넓고 경제가 발달해야 할 뿐만 아니라 교통이 편리하고 면적이 넓은 항구가 필요하다. 이러한 요소를 충족시키는 항구는 당시 오직 낭야뿐이었다고 주장하고 있다. 즉 낭야는 전국시대 월의 수도로서 월나라의 정치, 경제, 문화의 중심지였으며, 월 또한 항해기술과 조선기술이

19) 司馬遷(西漢), 『史記：封禪書』, p.180.
20) 韩玉德(2000), 「徐福及其东渡的几个问题」, p.82.
21) 鞠桂燕(2008), 『中日徐福传说的比较研究』, pp.26~27.
22) 郭永(2009), 『徐福及其东渡问题研究』, pp.37~38.

탁월하였기 때문에 서복 선대의 항해에 많은 도움을 주었을 것이다. 낭야는 제나라에 귀속된 후에도 경제가 상당히 발달하였으며, 진나라 시기에는 낭야군의 관청 소재지였을 뿐만 아니라 전국시대와 진나라 시기의 중요한 항구이기도 하였다. 특히 서복이 처음으로 상서한 곳이 낭야일 뿐만 아니라 두 번째로 상서하여 출발할 때 진시황이 승선한 곳도 낭야이다. 따라서 서복 선대의 출발지는 당연히 낭야라고 주장하고 있다.

서복 선대의 출발지와 관련해서도 아직까지 확실한 결론은 없는 상태로서 더 많은 연구가 필요한 상황이다.

III. 서복 선대의 항로

중국 내 학자들은 서복 선대의 항로와 관련해서도 치열한 논쟁을 벌이고 있다. 중국학자들이 주장하는 서복 선대의 항로를 종합하여 보면 대체로 북북北北, 북남北南, 남남南南, 남북南北 항로 등 4개가 있다.

북북항로는 산동반도에서 출발한 후 발해해협[23]을 건너 요동반도를 지나 동쪽으로 항해하여 압록강 하구에 도착한 후 한반도 서부연안을 따라 남하하여 한반도의 동남부 또는 남부에 도착한 다음 대한해협을 횡단하여 일본의 규슈에 이르는 항로다.

북남항로는 산동반도에서 동쪽으로 출발한 후 황해를 횡단하여 한반

---

23) 발해해협渤海海峽은 산동반도山東半島와 요동반도遼東半島 사이의 해역을 가리키는 데 이 해역에는 많은 섬들이 산재하여 있다. 산동반도로부터 시작하여 남장산도南長山島, 북장산도北長山島, 묘도廟島, 소흑산도小黑山島, 대흑산도大黑山島, 소죽산도小竹山島, 대죽산도大竹山島, 차유도車由島, 후기도堠磯島, 고산도高山島, 타기도砣磯島, 소흠도小欽島, 대흠도大欽島, 남황성도南隍城島, 북황성도北隍城島 등이 있는데 섬과 섬의 거리는 일반적으로 5해리 정도이다.

도 서부의 옹진반도에 이르고 다시 한반도 서부해안을 따라 남하하여 동남부 또는 남부에 이른 후 대한해협을 횡단하여 일본의 규슈에 이르는 항로다.

남남항로는 동부 연안지역(강소, 절강, 복건 등 연안지역)에서 동쪽으로 동중국해를 횡단하여 오키나와의 아마미제도奄美諸島에 도착한 후 섬을 차례로 지나 북상하여 규슈에 도착하는 항로다.

남북항로는 동부 연안지역(강소, 절강, 복건 등 연안지역)에서 동북방향으로 동중국해를 횡단하여 규슈의 히라도섬平戸島이나 고토열도五島諸島에 이르는 항로다.

대다수의 중국 학자들은 서복 선대가 구체적으로 어느 항로를 선택하였는지는 당시의 해양기후조건, 조선기술, 항해술에 기초해야 할 뿐만 아니라 이미 확인된 고고학적 성과에 기초해 정확한 결론을 도출해야 한다는 데 동의하고 있다. 이들은 아래와 같은 분석을 통해 서복 선대의 항로를 추정하고 있다.

해양기상 조건으로 볼 때 2000여 년 전이나 지금이나 중국 산동반도와 한반도 서해안의 직선거리는 대략 105해리이며, 이 해역에는 연중 남에서 북쪽으로 흐르는 해류가 존재한다. 이 해류는 황해를 횡단하는 선박을 횡방향으로 압류한다. 항해술로 볼 때 진나라 시기에는 지남침이 아직 항해에 사용되지 않았으며 전적으로 천문항해를 하던 시기이다. 낮에는 태양, 밤에는 별을 관찰해 방위를 가늠했기 때문에 당시에는 연안항해와 도서島嶼간 항해가 주였다. 상술한 바와 같이 중국의 많은 학자들은 서복 선대가 주로 누선을 사용했을 것으로 추정하고 있다. 누선은 선체는 상당히 크지만, 동력이 상당히 약하다. 즉 누선은 주로 돛과 노를 사용해 항해하기 때문에 항속이 느렸던 관계로 누선을 이용해 황해를 횡단한다는 것은 상상할 수 없다고 주장하고 있다.

순광치孫光圻 등의 연구에 의하면, 북북항로는 진나라 시기 이전에 이미 나타났고, 북남항로는 남북조 시기, 남남항로는 당 중기, 남북항로는 당 말기에 형성되었다고 한다.[24] 예컨대, 당나라 시기 일본의 견당선은 주로 북남항로를 많이 이용했으며, 그 후 남남항로를 이용한 적도 있었지만 사고가 자주 발생하여 결국 포기했다. 742~754년 당나라의 고승 감진鑑眞이 일본으로 가기 위해 천신만고를 겪으면서 여섯 차례의 시도 끝에 일본에 도착하였는데, 1~5차는 남북항로를 이용하려다 모두 실패하고 6번째는 남남항로를 이용해 겨우 성공하였다.

상술한 추리를 통해 다수의 중국 학자들은 서복 선대가 북북항로를 이용하였을 가능성이 가장 크다고 주장하고 있다. 왜냐하면 북북항로는 진나라 이전에 이미 형성되었고 섬을 따라 항해할 수 있다. 또한 연안항로인 관계로 언제든지 해안에 정박하여 위험을 피할 수 있을 뿐만 아니라 수시로 상륙하여 식수와 식품을 해결할 수 있는 장점이 있기 때문이다. 또한 고고학자 얀원밍嚴文明의 연구에 의하면 대략 기원전 2500~1000년간 중국의 벼 재배기술이 산동반도에 이르렀으며, 그 후 요동반도, 한반도와 일본 규슈로 전파되었다고 한다.[25] 이러한 전파경로는 서복 선대의 항해 시기 및 항로와 동일하다. 이외에도 사료에 의하면, 한국, 일본에서 중국 전국시대 연燕나라와 제나라의 도폐刀幣가 많이 발견되었는데, 이는 진나라 이전 이 항로가 이미 형성되었음을 입증한다고 주장하고 있다.

---

24) 孙光圻(1998), 「古代中日主要航线考」, pp.152~170.
25) 严文明(1982), 「中国稻作农业的起源」, pp.19~31.

Ⅳ. 서복 선대의 도착지

사마천의 『사기』에는 서복 선대의 최종 도착지와 관련해 간략하게 "서복은 넓은 평원지대에 이르러 국왕이 되어 돌아오지 않았다."고 기재되어 있다. "넓은 평원지대"가 어디인지 명확히 기재하지 않은 관계로 서복 선대의 최종 도착지가 어디인지는 그 누구도 확실한 결론을 내릴 수 없다. 따라서 학자들은 사료를 이용해 자신의 주장을 증명하려고 시도하였다. 서복 선대의 최종 도착지와 관련해 중국 내 학자들은 많은 주장을 제기하고 있는데, 대체적으로 한반도 설, 일본 설, 주산군도舟山群島 설, 대만 설, 필리핀 설, 미주 설 등이 있다. 이와 같은 여러 주장 가운데 다수의 학자들은 일본 설을 주장하고 있는데, 그 근거로는 대체로 아래와 같은 것들이 있다.

진나라 시기의 중국인들은 이미 한반도와 주산군도, 대만 등의 지리적 위치를 알고 있었다. 따라서 만약 서복 선대가 한반도나 주산군도, 대만에 도착하였다면 사마천은 『사기』에서 확실하게 밝혔을 것이다. 미주나 필리핀은 중국대륙과 상대적으로 멀리 떨어져 있었던 까닭에 2000여 년 전 중국인들은 아직 이곳에 대한 지리개념이 없었다. 따라서 조선술과 항해술이 초보적이고 지리지식이 부족했던 진나라 시기의 서복 선대는 원양항해를 할 능력이 없었다. 이러한 요인들을 종합적으로 고찰할 때 "넓은 평원지대"는 일본을 가리키며 서복 선대의 최종 도착지는 일본일 가능성이 가장 크다고 주장하고 있다.

사마천의 『사기·봉선서』에는 다음과 같은 내용이 기재되어 있다.

> "소문에 의하면 삼신산은 발해에 있으며 멀지 않다고 한다. … 많은 사람들이 도착한 적이 있다."[26]

진나라 시기 중국 대륙 동쪽 해상에 위치해 있고 넓은 평원을 가지고 있는 도서는 오직 필리핀, 대만, 일본열도뿐이다. 필리핀과 대만은 상술한 분석에서 알 수 있듯이 가능성이 희박하다. 즉 서복 선대가 최종적으로 도착한 곳은 일본일 가능성이 가장 크다.

5대 시기 후주後周(951~960년)의 의초義楚 스님이 쓴 저서 『의초육첩義楚六帖』에는 다음과 같은 내용이 기재되어 있다.

> "일본은 왜국이라고도 부르며 동해(동쪽 바다)에 위치하여 있다. 진나라 시기 서복이 500명 동남동녀를 통솔하여 이 나라에 도착하였는데 이들의 생김새나 풍속은 장안과 같다. 동북쪽으로 1000여 리 떨어진 곳에 산 하나가 있는데 산 이름은 후지산富土山이라고 하며 봉래산이라고도 한다. 서복이 이곳에 도착한 관계로 봉래라고 불리며 오늘까지도 이곳 사람들은 모두 자신이 진씨라고 얘기하고 있다."[27]

즉 서복 선대는 일본에 도착한 후 후지산 기슭에 정착하였으며, 따라서 후지산을 봉래라고 불렀다고 한다. 의초 스님은 일본 홍순弘順 스님으로부터 이러한 사실을 전해 듣고 이와 같이 기록하였다고 한다. 따라서 이와 같은 기록은 서복 선대가 일본에 도착하였다는 주장을 뒷받침하고 있다.

기원전 2~3세기 전후 일본열도는 생산력이 장기간 정체상태에 있던 조몬시대繩紋時代에서 돌연히 야요이시대彌生時代로 진입하였다. 이는 생산력의 증대로 인한 것인데, 이러한 생산력의 발전은 일본열도의 내적 요인이 아닌 외래문화의 영향으로 발전한 것이다. 일본학자 이노

---

26) 司馬遷(西漢), 『史記 : 封禪書』, p.180.
27) 釋義楚(後周), 『義楚六帖』, p.459.

우에 기요시井上淸는 "야요이문화彌生文化는 조몬문화繩紋文化의 승계와 발전이 아니며 순수한 외래문화인데 이는 의심할 나위가 없다."고[28] 지적하고 있다.

서복 선대의 출항 시기가 일본 야요이시대의 초기였으며, 사냥과 채집을 위주로 하고 석기를 사용하던 조몬문화에서 철기를 사용하고 벼 재배를 위주로 하는 야요이문화로 발전하던 시기였다. 이러한 사실도 서복 선대의 일본도착설을 간접적으로 지지하고 있다.

일본 내에는 서복과 관련된 많은 전설이 전해지고 있는데, 서복의 상륙지만도 20여 곳이나 된다. 전설에 의하면, 서복이 일본에 상륙한 후 주민들에게 벼 재배기술, 고래포획기술, 방직기술, 제철기술, 의학기술 등을 가르친 관계로 지금도 일본 사람들은 서복을 '경작의 신', '방직의 신', '의약의 신'으로 기념하고 있다. 이외에도 일본 각지에는 서복묘, 서복사, 서복묘비, 서복현창비徐福顯彰碑, 서복묘와 서복에 제를 지내는 신장神庄 등 서복에 관한 유적이 50여 곳이 있다. 전설과 기록은 비록 역사가 아니어도 완전히 조작한 것이라고 할 수 없으며 사실史實과 일정한 관련이 있는 것이다.

그럼에도 불구하고 상술한 각종 주장들은 모두 추정에 지나지 않는다. 또한 서복 선대의 최종 도착지가 일본이라고 주장하는 학자들이 제시한 논거도 확실한 사료가 아니므로 사료와 고고학적 발굴에 근거한 연구가 필요한 상황이다.

---

28) 井上淸(1976), 『日本历史(上冊)』, p.5.

V. 연구 전망

현재 서복에 관한 연구는 아직도 부족한 점이 상당히 많다. 예컨대 서복에 관한 사료가 상당한 부족한 상태이다. 원사료는 오직 사마천의 『사기』뿐인 관계로 연구에 많은 어려움이 있다. 뿐만 아니라 서복의 출생 신분과 밀접한 관련이 있는 전국시대 제나라에 대한 연구도 제대로 이루어지지 않고 있는 상황이다. 특히 고고학 등 여러 학과의 통합연구는 완전히 공백상태다. 또한 학술 연구방법에서도 과학적이지 못하고 치밀함이 부족하며 사실과 상호 대립되는 현상이 존재하는데 조속히 개선해야 할 필요가 있다. 서복 연구에서 존재하는 이와 같은 부족한 점들을 미루어 보았을 때 앞으로의 서복 연구는 아래와 같은 몇 가지 방향으로 그 연구가 더욱 활성화될 것으로 예상된다.

(1) 중국 내 많은 학자들, 각 서복연구회 등 단체들이 힘을 합쳐 서복과 관련된 몇 개의 문제를 공동 연구할 것으로 생각된다. 예컨대 서복의 출생지, 서복 선대의 출발지 및 항로, 서복과 한일 관계, 서복의 문화적 영향 등이다.

(2) 사료를 위주로 연구되고 있는 현재의 서복 연구 외에도 고고학 등 기타 학과의 참여를 통해 서복과 관련된 새로운 기초자료의 발굴이 이루어질 것으로 예상된다.

(3) 제나라의 경제, 문화, 종교, 민속 등에 대한 깊은 연구를 통해 서복에 대한 이해가 점차 강화될 것이다.

(4) 2000년 전 동시대인 한중일 3국의 경제, 문화, 종교, 민속 등 비교연구가 이루어질 것이다.

(5) 서복 전설이 전해지고 있는 지역에 대한 세밀한 현지조사가 실시되어 더욱 상세한 자료가 수집되고 계통적인 정리가 이루어질 것이다.

(6) 새로운 연구를 통해 얻은 결과에 기초하여 서복연구와 관련된 시리즈 총서를 출판하게 될 것이다.

(7) 한중일 3개국 학자들 간의 공동연구가 더욱 활성화될 것이다.

(8) 서복 연구가 더욱 활성화됨에 따라 중국의 중앙정부와 지방정부, 지방정부와 개개인 간의 협력이 한층 강화되고 서복 연구는 새로운 돌파구가 마련될 것이다.

대부분 학자들은 연구과정에서 서복의 출생지, 도착지 등을 집중적으로 연구하고 주로 역사적 고증을 통해 결론을 도출하고 있다. 하지만 이들은 모두 지방사나 고적, 일부 고대의 기록 또는 본 지역의 전설을 논거로 자신의 주장을 증명하고 있다. 서복과 관련이 있는 지역에는 모두 이와 같은 증거물, 또는 자료가 존재하는데 그 어느 것도 충분한 설득력을 가지고 있지 않다. 따라서 확실히 설득력을 가지고 있는 새로운 자료의 발굴이 시급한 상황이다. 또한 연구는 서복의 출생지, 항로, 도착지에만 몰두할 것이 아니라 더욱 폭넓고 깊은 연구가 필요하다.

참고문헌

〈사료〉

司馬遷(西漢), 『史記』, 上海辭書出版社, 2006.

於欽(元), 劉敦厚校譯, 『齊乘校釋』, 中華書局, 2012.

釋義楚(後周), 『義楚六帖』, 浙江古籍出版社, 1990.

〈연구논저〉

鞠桂燕, 『中日徐福传说比较研究』, 山東大学碩士学位論文, 2008.

曲玉维,「徐福:中国海上丝绸之路的开启者」,『中外关系史论丛』第19辑, 2010.

郭永,『徐福及东渡问题研究』, 山东大学硕士学位论文, 2009.

罗其湘·汪承恭,「秦代东渡日本的徐福故里之发现与考证」,『光明日报』, 4月 18日 第3版, 1984.

范文澜,『中国通史简编』, 河北教育出版社, 2000.

孙光圻,「古代中日主要航线考」,『徐副研究』, 青岛海洋大学出版社, 1998.

严文明,「中国稻作农业的起源」,『农业考古』第2期, 1982.

朱绍侯,「齐人徐福解」,『徐副研究』, 青岛海洋大学出版社, 1998.

周延云·宫同文,「建国以来国内外徐福研究述评」,『台湾大学学报(哲学社会科学版)』第3期, 1994.

张云方,「徐福文化及徐福文化研究的意义」,『中日关系史研究』第1期, 2010.

张云方,「中国的徐福研究方兴未艾」,『小泉政权后中日关系展望国际学术研讨会论文集』, 2006.

韩玉德,「徐福及其东渡的几个问题」,『陕西师范大学学报(哲学社会科学版)』第2期, 2000.

井上清,『日本历史(上册)』, 天津人民出版社, 1976.

http://www.cnki.net.

2장

송대 해선의 4대 유형

송 이후 중국의 경제중심은 남방으로 이전하였고 경제 또한 비약적으로 발전하였다. 송대의 통치자들은 조정의 수입을 높이기 위하여 개방적인 정책을 실시하였고, 민간에서 선박을 건조하거나 항해사업에 종사하도록 장려하였다. 또한 경제의 발전과 동남 연해지역의 인구가 증가함에 따라 주민들은 생계를 위하여 빈번하게 출항하여 대외무역에 종사하였다. 사회의 수요와 경제발전, 그리고 조정의 지원으로 송의 조선업은 크게 발전하였으며, 당에 이어 두 번째의 전성기를 맞이하였다. 조선 중심지와 선박의 수가 현저히 증가하였다. 강서江西, 호북湖北, 호남湖南, 사천四川과 화북華北 등 지역에 모두 조선 중심지가 생겨났다.

첫째, 절강성浙江省의 명주明州(현재 닝보), 온주溫州, 월주越州, 대주台州, 엄주嚴州, 수주秀州, 소주蘇州, 송강松江, 진강鎭江, 초주楚州, 금화金華 등은 유명한 선박건조지로 발전하였다.

둘째, 복건성福建省에는 복주福州, 천주泉州, 장주漳州, 흥화興化 등이 있다.

셋째, 광동성廣東省에는 광주廣州, 혜주惠州 등이 있다.[1]

넷째, 강서성江西省의 공주赣州, 길안吉安 : 호남성湖南省의 장사長沙, 상덕常德, 사천성四川省의 악산樂山 등과 섬서성陝西省의 봉상鳳翔 등도 아주 유명한 조선기지이다.2)

상술한 조선 중심지에서 건조된 선박들은 그 선형이 서로 다르다. 일반적으로 선형은 지리적 환경에 의해 결정되는데, 선박은 물을 떠날 수 없고 항행하려면 항로의 객관적 조건에 부합되어야 하기 때문이다. 중국은 해역이 광활하여 발해, 황해, 동중국해, 남중국해가 대륙을 둘러싸고 있다. 중국 남방과 북방 해역의 상황은 완전히 다르다. 남방의 해역은 수심이 깊지만, 북방은 서북고원에서 흘러오는 황하가 대량의 흙모래를 싣고 황해로 흘러 들어간다. 또한 조석의 작용에 의해 모래가 심해로 흘러들지 못하고 연해지역에 쌓여서, 연해지역에는 여울이 형성되어 있다. 그래서 남북해역의 상이한 상태에 따라 건조된 선박도 그 선형이 달라질 수밖에 없다. 송나라 시기에는 여러 선형이 건조되었지만 그중에서 가장 유명한 것은 사선沙船, 복선福船, 광선廣船, 조선鳥船이다.

중국의 선박은 여러 학자들에 의해서도 거론이 되고 있지만 그렇게 상세하고도 체계적으로 정리된 것은 없다.3) 이 글에서는 송대에 존재하였던, 상술한 4대 선형에 대하여 중점적이고 체계적으로 그 특징을 논술하려고 한다.

---

1) 陈希育(1991),『中国帆船与海外贸易』, p.36.

2) 章巽(1986),『我国古代的海上交通』, p.66.

3) 김재근(1999),『우리 배의 역사』, p.44 ; 許逸(2000),『8-9世紀 우리나라 西海 및 隣接海域의 航路와 船型特性에 관한 研究』, p.119.

I. 사선

중국 북부 연안해역에는 사주沙州가 많은데, 이런 항로를 항행할 때 첨저선尖底船은 좌초하거나 전복될 위험이 있다. 북부 연안지역에 거주하고 있는 장인들은 반복적인 시행착오를 통해 수심이 얕고 여울이 많은 항로에서 항행할 수 있는 사선을 개발하였다. 사선의 원산지는 강소성의 숭명崇明이다. 건륭 연간에 발간된 『숭명현지崇明縣志』에는 "사선은 숭명사崇明沙를 넘나들 수 있기 때문에 붙여진 이름이다. 태창太倉, 송강松江, 통주通州, 해문海門 등에도 모두 사선을 건조한다."고 서술되어 있다. 당순지唐順之의 『무편武編』에서는 "사선은 숭명에서 최초로 만들었다."[4]고 기재하였으며, 심계沈啓의 『남선기南船記』에서도 "순사선巡沙船은 숭명의 삼사선식三沙船式과 같고 위험한 곳을 안전하게 다니는 데 마치 말이 평지를 달리는 것과 같다. 사람들은 항상 사선을 이용하였다."[5]고 기록하고 있다. 청나라 강희康熙연간에 발간된 『숭명현지』에 의하면, "숭명현은 당나라 무덕武德연간에 모래가 쌓여 형성된 곳이다."

이로부터 사선이 당 시기에 나타났다는 것을 알 수 있지만, 당시에는 사선이라고 부르지 않았다. 송대에는 '방사평저선防沙平底船' 또는 '평저선'이라고 불렸고, 원대에도 '평저선'이라고 불렸으며, 명 중기부터 '사선'이라 불리기 시작하면서부터 문헌에도 사선이라고 기재되었다. 사선은 예로부터 사주를 두려워하지 않고 그 위를 항행할 수 있는 특성을 가지고 있다. 사선은 '방사평저선'이므로 선저가 평평하기 때문에 좌주하여도 무방하였다.

사선은 대부분 수심이 얕은 북방해역을 항해했다. 그러나 이에만

---

4) 唐順之(明), 『武編』.
5) 沈啓(明), 「二百料巡沙船」, 『南船記』, p.50.

〈그림 2-1〉 사선6)

국한되지 않고 장강 유역인 강서, 안휘, 호북, 복건, 광동의 하천과
호수에서도 항해하였다는 기록이 있다. 그 외에도 사선은 원양무역에
사용되어 동남아지역에도 항해한 적이 있다. 인도네시아, 캄보디아
등의 일부 사원 벽壁에는 중국식 사선도가 그려져 있다. 또 외국의
서적에서도 고대 중국 사선이 활동하였던 기록이 있다. 버나드(H.
Bernard)는 『천주교 16세기 재화전교지天主敎十六世紀在華傳敎誌』에서 다
음과 같이 기록하였다.

"1594년 성 자비에르聖沙勿略(San Francisco Xavier, 1506~1552)는 말라카
부근에서 한 척의 중국식 사선을 발견하였는데, 이 선박은 적재량이
300~400톤 내외이고 3개의 돛대가 있었다."7)

---

6) 造船史话编写组(1979), 『造船史话』, p.112.
7) H. Bernard 著, 萧睿华 译, 『天主教十六世纪在华传教志』, p.61.

일본의 미야 야스히코宮泰彦는 『일지교통사日支交通史』에서 '고대 일본의 조선 장인과 선원이 모두 중국인이었다'고 적고 있다.[8] 이로부터 우리는 그 당시 중국 사선의 활동범위가 얼마나 넓었는가를 알 수 있다. 〈그림 2-1〉은 사선도이다.

사선은 특수한 자연조건과 다양한 환경에 적응할 수 있어, 하천, 호수, 바다 등 수역에서 항해할 수 있고, 화물의 운송이나 고기잡이에도 사용되었을 뿐만 아니라 전선으로도 활용되었다. 사선은 평저, 방두方頭, 방소方艄로서 관寬, 대大, 편扁, 천淺 등의 특징이 있다. 평저이므로 수심이 얕은 항로를 안전하게 항행할 수 있을 뿐만 아니라 사주를 두려워하지 않고 좌주할 수도 있었다. 적재량이 수백 톤 이상인 기타 대형 선박은 선체의 자중과 화물 무게의 압력에 의하여 선체가 부러지거나 파손될 수 있기 때문에 좌주해서는 안 된다. 그러나 중대형 사선은 선박 자체의 독특한 구조로 인하여 좌주를 두려워하지 않는다. 선저에는 종방향으로 여러 개의 두꺼운 널판자를 연결하여 만든, 양쪽 끝이 좁고 중간부분이 넓은 용골을 부착시켰는데, 이를 편용골扁龍骨 또는 중심저中心底라고 한다. 용골은 선체의 척추로서 선저의 중심부에 위치해 있고 선수미와 연결되어 있다. 용골은 선박이 좌주했을 때 선체의 중량을 견뎌낼 수 있고 수심이 얕은 곳을 항행할 때 해저와 접촉해도 부러질 위험이 없기 때문에 배의 안전성을 높인다.

사선의 양현에는 대람大欖[9]이 선수에서 선미까지 연결되어 있다. 중대형 사선의 대람은 일반적으로 4~6개의 굵고 긴 삼나무를 장부촉이

---

8) 造船史话編写组(1979), 『造船史话』, p.112.
9) "목선 양현 측판 위쪽에 종방향으로 설치한 두꺼운 선각판이다. 목선의 선각판이 가지고 있는 특유한 구조로서 선체의 종향강도를 높이며 외부의 충격을 받을 때 선체를 보호하고 또한 선체의 안전성과 복원력을 높인다." 水运技术词典編写组(1980), 『水运技术词典』, p.147.

음과 쇠못으로 연결해 만들어, 좌우현을 보호한다. 선박이 횡요하면 대랍이 물에 잠기기 때문에 선폭이 증가되어 복원력이 강해져 배의 전복을 방지한다. 사선의 횡적구조는 서양의 선박처럼 많은 늑골에 의해 강도를 높이는 것이 아니라 하나하나의 수밀 격창벽隔艙壁으로 횡강도를 높인다. 격창판은 위로는 횡량과 연결되어 있고 아래로는 선저용골과 연결되어 있으며, 선창은 밀폐되어 있다. 이러한 구조는 횡강도를 높여 선체의 변형을 막을 뿐만 아니라 각 선창이 서로 통하지 않기 때문에 사고가 발생하여 일부 선창에 물이 유입되어도 선박이 침몰하지 않는다. 사선이 용골, 대랍과 수밀격벽으로 건조되었기 때문에 종강도와 횡강도가 다른 선박보다 강하다. 따라서 선박 길이가 50~60m이고 선폭이 10여m이며 적재량이 수백 톤에 달하는 사선도 안전하게 좌주할 수 있다.

선폭이 클수록 선박은 안정성이 강하다. 사선은 선폭이 넓기 때문에 횡요각이 작으며, 또한 선수미가 모두 방형方形이기 때문에 종요를 막는 힘도 강하다. 선체가 납작하고 선심이 얕기 때문에 선체의 중심이 낮으며, 갑판 위의 구조물이 적어 바람을 맞는 면적이 기타 선형보다 상대적으로 작아 전복될 위험도 적다. 사선의 안전을 위하여 장인들은 또 다른 안전설비인 태평람太平籃을 설치하였다. 태평람은 돌덩이를 가득 담아둔, 대나무로 만든 광주리를 말한다. 항해 중 선현이 큰 파도나 측풍을 받아 심하게 동요하면 선원들은 양 현측의 적당한 곳을 선택해 이 광주리를 물속에 떨어뜨리면 횡요를 감소시켜 '태평'작용을 한다. 사선은 전복을 방지하는 여러 가지 장치를 가지고 있기 때문에 안정성이 다른 선형보다 월등히 높다.

일반적으로 선폭이 넓은 것은 선박의 안정성에는 유리하지만 항해 중 저항력이 증가되어 선속이 감소된다. 안정성을 확보하고 속력을 높이기 위하여 장인들은 사선의 특징에 근거하여 추진력을 높이는 방법을 고안하였다. 중대형 사선은 일반적으로 많은 활대를 장착한 여러 개의 횡범을 사용하였다. 돛의 모양은 '대전현비大展弦比'[10]인 장방형의 평형종범平衡縱帆이다. 이런 돛은 하천과 바다에서 모두 사용할 수 있으며, 돛면이 다른 돛보다 크기 때문에 배가 바다에서 항해할 때 풍압면적도 상대적으로 크게 되어 속력을 높일 수 있다. 하천에 진입하면 강둑이나 강안에 있는 나무의 영향으로 수면에 미치는 풍력이 감소된다. 그러나 사선은 큰 폭의 돛이 있어 위로 지나가는 바람을 이용하여 앞으로 나아갈 수 있다. 사선 외의 기타 선박은 선폭이 좁기 때문에 큰 돛을 장착하면 중심重心이 높아져 강한 바람을 만나면 전복될 위험이 있다.

사선은 흘수가 작아 측풍을 만나면 횡방향으로 밀리는 현상이 나타난다. 이런 현상을 막기 위하여 〈그림 2-1〉과 같이 피수판披水板을 설치한다. 그 외에도 피수판은 역풍이 불 때 지그재그항해에 사용된다. 사선은 흘수가 얕고 건현도 낮기 때문에 큰바람이 불면 파도가 갑판 위로 올라오는 단점이 있다. 조선장인들은 이러한 문제점을 해결하기 위하여 독특한 구조인 대량공大梁拱을 고안하여 건현의 유효치를 높였다. 〈그림 2-2〉는 대량공의 구조도이다.

대량공의 높이는 일반적으로 심의 2/5이며 선폭의 16%이다. 그 형태는 중간이 높고 양측이 낮으며, 낮은 곳에는 부갑판을 설치하여 주갑판과 일정한 공간을 이루고 있다. 이런 구조는 갑판 위로 올라 왔던 바닷물이 자연적으로 양현의 공간을 통하여 배출되기 때문에 선원들은 부갑판 위에서 작업을 할 수 있어 거대한 파도도 무시할 수 있었다. 그리고 부갑판은 주갑판이 햇볕에 내리쬐는 것을 막아주며, 또한 선창

---

10) 전展이란 돛의 높이를 가리키며 현弦은 돛의 너비를 가리킨다. 대전현비大展弦比란 높이가 크고 너비가 작은 범형帆型이다.

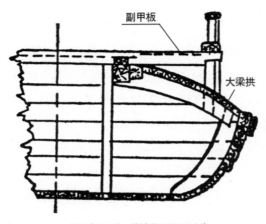

<副甲板>

<大梁拱>

〈그림 2-2〉 대량공 구조도[11]

의 용적을 확장시키는 동시에 부력도 증가시켜 선박의 안전성을 높인
다. 청의 춘수椿壽가 쓴 『절강해운전안浙江海運全案』에 의하면, 가장 큰
사선은 1500석(약 230톤)을 적재할 수 있고, 선박의 길이는 10장(약
33m), 선폭은 1장 8척(약 6m)이다. 선창의 순서는 선수에서부터 낭두창
浪頭艙, 포두창包頭艙, 외문창桅門艙, 중창中艙, 조창潮艙, 진문창進門艙과 소창
艄艙이며, 각 선창은 다시 3척 8촌 간격의 작은 선실로 나뉘었다. 중형,
소형 사선의 크기는 대형사선의 70%, 50%, 30%로 정해져 있다. 대형
사선에는 4개의 돛이 설치되어 있는데, 주외主桅, 두외頭桅, 미외尾桅와
두외 앞쪽 좌측에 설치한 '두칭頭稱'이라 부르는 작은 돛대가 있다.
주외의 높이는 일반적으로 배 길이의 70%이고, 두외는 60%, 미외는
30%이다. 주범主帆의 폭은 선폭의 2.2배이며, 두범頭帆, 미범尾帆의 폭은
각각 주범의 약 55%와 40%에 해당한다. 타병舵柄의 길이는 2장이며
닻은 3개인데, 무게는 각각 700kg, 600kg, 350kg이다. 세 가닥의 닻줄은

---

11) 造船史话编写组(1979), 『造船史话』, p.115.

길이가 각각 30보步, 70보, 85보이며 굵기가 서로 다르다.[12]

지금까지 발굴된 고대선 중에서 가장 대표적인 사선은 1984년 출토되고 1990년 복원되어 현재 중국 펑라이蓬萊 등주登州고선박물관에 진열되어 있는 원대에 사용되었던 봉래 고선이다. 발굴 당시 잔존한 선체의 길이는 28m이며, 선폭의 가장 좁은 곳은 1.1m이고 가장 넓은 곳은 5.6m, 높이는 1.2m이다. 선체는 앞부분이 좁고 선미는 4각형이며, 선수미의 선저는 위로 솟았다. 횡단면은 원호형圓弧形을 이루고 있으며 크기가 각기 다른 14개의 선창이 있다.[13]

용골은 두 개의 소나무를 연결하여 만들었다. 주용골의 길이는 17.06m, 선미에 연결된 용골은 5.58m이다. 주용골의 단면은 폭이 40㎝이고 두께는 30㎝이다. 선미 용골과 주용골이 연결된 부분의 단면은 주용골과 같으나 선미쪽으로 가면서 위가 좁고 아래가 넓은 사다리 모양인데 폭 20㎝, 두께 28㎝이다. 선수재의 주용골과 연결된 부분의 단면은 같지만 선수 쪽으로 가면서 작아져 두께는 25㎝이다. 주용골과 선미용골, 주용골과 선수재의 연결은 갈고리 모양의 연결형식과 장부 촉이음 형식을 취하였으며, 연결부위는 다시 보강재를 사용하여 강도를 높였다. 용골과 격창판의 연결은 쇠못鋼釘을 사용하였고, 용골과 좌우현 첫 번째 외판의 연결은 홈으로 된 갈고리 모양의 장부를 이용하였다.[14] 〈그림 2-3〉은 봉래선의 평면도 및 중앙종단면도이다.

외판은 단층의 삼나무로 만들었으며 그 두께는 12~28㎝이고 용골과 연결된 부분이 가장 두껍다. 외판의 층수는 선수와 선미가 모두 같지만, 선수부의 목판은 좁고 선체의 중간으로 갈수록 점점 넓어진다. 외판간의 종방향으로의 연결은 갈고리 모양의 장부이음 연결방법을 사용하였

---

12) 水运技术词典编辑委员会(1980), 『水运技术词典 : 古代水运和木帆船分册』, p.25.
13) 顿贺·王茂盛·袁晓春·罗世恒(1994), 「蓬莱古船的结构及建造工艺特点」, p.37.
14) 顿贺·王茂盛·袁晓春·罗世恒(1994), 「蓬莱古船的结构及建造工艺特点」, p.38.

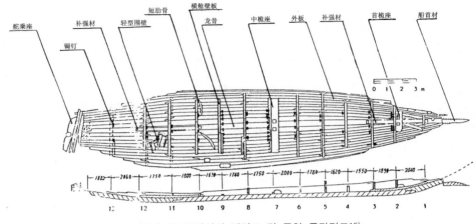

〈그림 2-3〉 봉래선의 평면도 및 중앙 종단면도[15]

고 횡방향의 연결은 평접방법을 사용하였다. 갈고리 모양의 연결부위
는 격창판이 있는 곳에 있고 쇠못을 박았으며, 보강을 위하여 목판을
덧대었다. 틈 사이는 염료로 메워 수밀성을 보증하였다.[16] 사선의
각 수치는 다음과 같다.

〈표 2-1〉 사선의 기하학적 기본 치수비[17]

명칭	길이L(m)	폭 B(m)	깊이D(m)	흘수T(m)	L/B	L/D	B/T	D/T	L/T
대형 사선	22.00 (30.12)	5.78 (6.62)	2.25	1.60	3.85	8.80	3.61	1.56	13.75
중형 사선 I	17.00 (21.00)	4.18 (4.28)	1.09	1.00	4.06	15.59	4.18	1.09	17.00
중형 사선 II	14.75 (19.40)	4.05 (4.30)	1.03	0.70	3.64	14.32	5.78	1.47	21.07
소형 사선	13.81 (14.16)	2.70	1.08	1.00	5.11	12.78	2.70	1.08	13.81

---

15) 顿贺·王茂盛·袁晓春·罗世恒(1994),「蓬莱古船的结构及建造工艺特点」, p.38.

16) 顿贺·王茂盛·袁晓春·罗世恒(1994),「蓬莱古船的结构及建造工艺特点」, p.45.

17) 許逸(2000),『8~9世紀 우리나라 西海 및 隣接海域의 航路와 船型特性에 관한 研究』, p.135.

상술한 도표에서 길이와 폭의 괄호 안의 수치는 전장全長과 전폭全幅이
다. 예컨대 대형사선의 총길이는 출소出艄를 포함하여 30.12m이며,
출소를 포함하지 않으면 22.00m이다.

Ⅱ. 복선

복선福船은 복건성 연해에서 건조된 선박을 가리킨다. 그 모양은
선수가 뾰족하고 선미는 넓으며, 선미의 형태는 말발굽 모양이다.
양현은 밖으로 불룩하게 나왔으며 갑판은 평평하고 넓다. 선현은 원목原
木을 쪼개서 만든 두꺼운 널판자를 덧대어서 강도를 높였다. 재료는
주로 복건성에서 나는 소나무, 삼나무, 녹나무, 남목楠木(녹나무의 일종)
등이다. 일부 복선의 선수창(혹은 선미창)은 활수창活水艙으로 설치되었
는데, 부력창 혹은 방요창防搖艙이라고도 한다. 선창의 만재흘수선 부근
에는 작은 구멍이 있다. 항해할 때 선수나 선미가 수면 아래로 내려갈
때 이 구멍을 통하여 물이 유입되고 선수나 선미가 수면 위로 올라올
때 선창에 유입되었던 물은 서서히 배출된다. 물의 출입을 통하여
선체의 급속한 상승을 방지한다. 선수의 양쪽에는 한 쌍의 선안船眼을
그려 사람들의 주목을 끈다. 길고 좁은 타는 앞으로 비스듬히 설치되어
있고, 대외大桅에는 질긴 천으로 만들고 활대를 장착한 삼각형 모양의
돛이 걸려있다.

송대에 이르러 복선은 가장 우수한 원양항해용 대선으로 널리 이용되
었다. "복건, 광동 남쪽의 바다는 넓고 수심이 깊어 … 첨저해선 6척을
선정하였는데, 선폭은 3장이고 선저 폭은 3척이다."[18]

研究』, p.135.

북송 시기 사신이 고려에 올 때에는 "먼저 복건과 양절감사兩淛監司에 위탁하여 객주客舟를 고용하게 하였다."[19] 복선은 대외무역에 상선으로 사용하였으며, 전선으로도 많이 사용되었다. 그중 가장 유명한 것은 대복선大福船, 초선哨船, 동선冬船, 해창선海滄船, 쾌선快船 등이 있다.[20] 『세해근사洗海近事』에는 대복선에 대해 다음과 같이 기록되어 있다.

"선수의 폭이 3장인 대복선을 모두 15척을 건조하였다. 본선의 목재는 공구槓楀(호깨나무)이다. 대외는 길이가 9장, 둘레가 6, 7척이고, 중외의 길이는 4장 5척, 두외는 3장 2척, 미외는 2장이다. 소두외小頭桅는 길이가 6장이며 둘레는 4척이다. 대외협大桅挾의 길이는 1장 8척, 너비는 2척, 두께는 1척이다. 두 쪽의 두외협頭桅挾이 있는데 하나의 길이는 1장 5척, 너비는 1척 5촌이며 두께는 5촌이다. 외좌桅座는 길이가 7척이고 너비는 3척이며 두께는 1척 6촌이다. 두용량頭龍樑은 길이가 1장 4척, 너비는 2척, 두께는 8촌이다. 둘레가 3척인 두 개의 삼목으로 만든 수궤水櫃 하나가 있는데, 궤구櫃口는 너비가 6척, 높이는 5척이다. 그 외에도 작은 수궤가 하나 있는데, 궤구의 너비는 4척, 높이는 3척 5촌이다. 두 개의 타가 있으며 타 하나의 길이는 3장 3척이고 철려목鐵黎木으로 만들었다. 타두舵頭는 길이가 1장 4척이고 타엽舵葉의 길이는 1장 8척이다. 각각의 타에는 타엽이 4쪽 있는데 삼나무로 만들었고, 두께는 2촌 5분이며, 길이는 1장 8척이고, 너비는 1척 2촌이다. 길이가 5장 2척인 두 개의 대노大櫓가 있다. 한 가닥의 삼나무로 만든 두초頭梢가 있는데, 길이는 4장 2척, 둘레는 2척 5촌이다. 길이가 2장이고 너비는 1척인 정錠이 6개가 있다. 두 줄의 종람棕䌫이 있으며, 종람 하나의

---

18) 徐松(淸), 『宋會要輯稿』.

19) 徐兢(宋), 「海道一 : 客舟」, 『宣和奉使高麗圖經』.

20) 造船史话编写組(1979), 『造船史话』, p.120.

길이는 70장이다. 4개의 멸람삭篾纜索이 있으며 각각의 길이는 60장이다. 대풍봉大風篷(주돛)의 너비는 5장 5척, 길이는 6장, 두봉頭篷의 너비는 2장 4척, 길이는 3장이다. 한 척의 대복선을 건조하는 데 오동 기름桐油 1200근, 석회 80석, 철정 3000근, 풀뿌리 1500근이 소요되었다."[21]

해전에 사용한 대복선은 선수미가 위로 높이 들렸고, 선체가 거대하여 하나의 요새와도 같다. 선저는 칼날과 같고 갑판은 넓어 백여 명의 병사들이 승선할 수 있다. 선체의 중요한 부분은 모두 뾰족하게 깎은 대나무를 꽂아 적들이 배에 기어오르는 것을 막았다. 선체는 4층으로 나뉜다. 1층에는 흙이나 돌을 적재하여 선박의 안정성을 유지한다.

〈그림 2-4〉 복선[22]

2층은 병사들의 활동장소이며, 3층은 취사실과 돛, 닻 등 선박도구를 놓아두는 곳이고, 4층은 노대露臺로서 대포를 장치하거나 활을 쏘는 곳이다. 병사들은 높은 곳에서 아래로 적선을 공격할 수 있다. 대복선은 선체가 거대하여 사람의 힘으로는 움직일 수 없고 풍력에 의해서만이 항행이 가능한데 순풍일 때는 위력이 상당하다.[23] 〈그림 2-4〉[24]는 복선의 항해도다.

---

21) 兪大猷(明), 『洗海近事』 卷之上, 齊魯書社, pp.29~31.
22) 造船史話編写組(1979), 『造船史话』, p.120.
23) 造船史話編写組(1979), 『造船史话』, p.119.
24) 造船史話編写組(1979), 『造船史话』, p.120.

III. 광선

〈그림 2-5〉 광선25)

광선廣船의 건조지는 중국 광동성이다. 이 선형의 특징은 선수가 뾰족하고 선체가 길다. 흘수가 비교적 크고 대량大梁의 호도弧度가 작기 때문에 갑판의 경사도가 작다. 비교적 뛰어난 항해성능을 갖고 있으며 속력도 빠르다. 선체의 구조는, 횡으로는 밀집된 늑골과 격창판으로 구성되었으며, 종으로는 용골과 대람으로 구성되었다. 〈그림 2-5〉는 광선의 항해도이다.

조선용재는 대부분 여지목荔枝木, 장목 및 광동성에서 생산되는 오람목烏欖木이다. 이런 재목은 질이 촘촘하고 단단하여 선박을 건조하기에 가장 알맞다. 광선의 앞쪽 양 선현에는 수직으로 움직일 수 있고, 선저 아래까지 뻗은 삽판揷板이 있다. 선미는 평형타를 장착하였는데, 개공타開孔舵로서 타엽에는 능형菱形으로 된 여래 개의 작은 구멍이 뚫어져 있다. 이런 타는 조종할 때 힘이 적게 들고, 또한 타의 성능에는 영향을 주지 않는 장점이 있다. 대형 광선은 두외와 중외가 모두 앞으로 기울었으며, 돛은 경범이다. 돛에 사용된 활대는 약간 굵고, 활대와 활대사이의 거리는 약간 넓다. 돛의 가장자리는 철사로 꿰맸다. 그리고 중소형 선박에는 모두 노櫓와 장樂을 설치하였다.26)

---

25) 造船史话编写组(1979), 『造船史话』, p.121.

광선의 역사는 아주 유구하다. 대외무역이 성행함에 따라 광동의 조선업은 급속히 발전하였다. 진인晉人 배연裵淵이 쓴 『광주기廣州記』에서는 "광주에 살고 있는 사람들은 모두 선박건조를 업으로 하고 있으며 벌목하여 배와 노를 만들어 수운에 종사한다."고 적었다. 당 현종 개원년開元年(713~741) 후 "광주에서 해외로 가는 항로"[28]는 중국 대외무역의 주요한 항로였고, 광주 역시 그 당시 대외무역의 중요한 항구였다. "해외 제국諸國은 밤낮을 이어 통상을 하였다."[29] 당시 광주항에는 중국의 많은 선박들이 정박하고 있었을 뿐만 아니라 여러 나라의 선박들도 많았다. 광선도 복선과 마찬가지로 무역선으로 사용되었을

〈그림 2-6〉 누선[27]

뿐만 아니라 전선으로도 많이 사용되었다. 전선으로 사용되었던 광선의 선형이 누선樓船, 몽동艨艟, 두함鬥艦, 주가走舸, 해골海鶻 등이 있다.[30]

그중에서 대표적인 광선은 누선이다. 즉 누선이란 갑판 위에 집을 지은 것이다. 누선은 춘추전국 시기부터 건조되기 시작했는데, 당송 시기에 이르러 상당한 발전을 이루었다. 〈그림 2-6〉은 누선의 항해도이다.

26) 造船史话编写组(1979), 『造船史话』, p.116.
27) 造船史话编写组(1979), 『造船史话』, p.64.
28) 歐陽修(宋), 『新唐書 : 地理志』.
29) 張九齡(唐), 『曲江集』.
30) 造船史话编写组(1979), 『造船史话』, p.120.

『석명釋名』에는 누선에 대하여 다음과 같이 서술하고 있다.

"갑판 위에 있는 선루를 여廬라고 하며, 여사廬舍라고도 한다. 여 위에 있는 선루를 비여飛廬라고 하며, 비여 위에 있는 선루를 비飛라고 한다. 가장 위에 있는 선루를 작실雀室이라고 하는데 망을 보고 경계를 서는 곳이다."[31]

이러한 누선은 선체가 웅장할 뿐만 아니라 배 위에 많은 창과 깃발을 꽂아 놓았으며, 활을 쏘고 창을 사용할 수 있는 구멍이 있다. 공방攻防 성능이 아주 뛰어나 마치 하나의 보루와도 같다. 기록에 의하면, 송나라 시기에 가장 큰 누선은 선체의 길이가 백여 보에 달하여 그 위에서 말도 달릴 수 있었다고 한다.

Ⅳ. 조선

조선鳥船은 소형쾌속선이며 4대 선형의 일종으로서 사선, 복선, 광선과 함께 해선의 주요한 선형에 속한다. 주요 건조지는 절강 연해지역이다. 청나라『절강해운전안浙江海運全案』의 기록에 의하면, 조선은 "선수가 좁고, 선폭이 넓으며, 선체가 길고 곧다. 돛대와 돛이 있는 외에 양측에는 두 개의 노가 있어 바람이 있을 때는 돛을 이용하고 바람이 없을 때는 노를 저어서 항행하는데 속력이 빠르고 민첩하다. 돛과 노를 이용하여 항행하는 모습이 마치 날아다니는 새와 같다." 따라서 조선은 이러한 특징 때문에 붙여진 이름이다.[32] 〈그림 2-7〉은 조선의

---

31) 造船史话编写组(1979),『造船史话』, p.64.

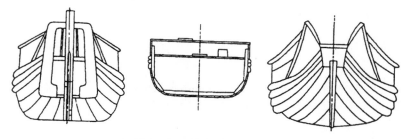

〈그림 2-7〉 조선의 선수미 형상[33]

선수미 형상이다.

송대의 조선술은 수당 시기의 조선술을 기반으로 하여 비약적으로 발전했다. 또한 다양한 해역의 항해에 적합한 종류의 선형이 개발되었는데, 그중에서 가장 대표적인 것은 4대 선형이다.

첫째, 사선은 장강 이북의 수심이 얕은 해역에서 안전하게 항해할 수 있는 평저선이다.

둘째, 복선은 수심이 깊은 복건성과 절강성 해역 및 원양에서 안전하게 항해할 수 있는 선박으로서 대복선, 초선, 동선, 쾌선 등이 있다.

셋째, 광선은 광동 지역에서 건조된 선박으로서 심수 항해에 적합하며 누선, 몽동, 두함, 주가, 해골선 등이 있다.

넷째, 조선은 절강, 복건 및 광동해역에서 널리 사용되던 선박이다.

---

32) 水运技术词典编辑委员会(1980), 『水运技术词典：古代水运和木帆船分册』, p.33.
33) 許逸(2000), 『8~9世紀 우리나라 西海 및 隣接海域의 航路와 船型特性에 관한 研究』, p.120.

참고문헌

〈사료〉

韓彦曾·趙廷健(淸), 『崇明縣志』卷十九, 蘇州圖書館影印版, 1760.

歐陽修(宋), 『新唐書:地理志』, 中華書局, 1975.

唐順之(明), 『武編』, 誠成文化出版有限公司, 1995.

徐兢(宋), 「海道一:客舟」, 『宣和奉使高麗圖經』, 商務印書館, 1937.

徐松(淸), 『宋會要輯稿』, 中華書局, 1957.

沈啓(明), 『南船記』, 船史硏究會, 1989.

劉熙(漢), 『釋名·釋舟』, 育民出版社, 1959.

兪大猷(明), 『洗海近事』卷之上, 齊魯書社, 1996.

張九齡(唐), 『曲江集』, 廣東人民出版社, 1986.

鄭若曾(明), 『鄭開陽雜著』, 國學圖書館, 1932.

椿壽(淸), 『浙江海運全案』, 上海圖書館, 1853.

〈연구논저〉

水运技术词典编辑委员会, 『水运技术词典·古代水运和木帆船分册』, 人民交通出版社, 1980.

造船史话编写组, 『造船史话』, 上海科学技术出版社, 1979.

章巽, 『我国古代的海上交通』, 商务印书出版社, 1986.

顿贺, 「莱古船的结构及其建造工艺特点」, 『船史研究』, 7期, 1994.

周世德, 「中国沙船考略」, 『科学史集刊』第5期 1963.

陈希育, 『中国帆船与海外贸易』, 厦门大学出版社, 1991.

許逸, 『8~9世紀 우리나라 西海 및 隣接海域의 航路와 船型特性에 관한 硏究』, 부경대학
　　　교박사학위논문, 2000.

H. Bernard 著, 蕭睿华 译, 『天主教十六世纪在华传教志』, 商务印书馆, 1934.

3장

송대 첨저선의 조선술과 구조

중국 송대의 조선술의 특징은 거대한 선박들이 건조되기 시작하였고, 관아와 민간에서 건조한 선박량이 뚜렷하게 증가된 것이다. 『송회요집고宋會要輯稿』에 의하면, "995~997년에 관아에서 건조한 선박은 3237척이고, 1017~1021년에는 2916척이다. 여기에 민간에서 건조된 선박을 합친다면 그 척수는 상당히 많을 것이다."[1]라고 기록하고 있다. 이 글은 사료와 송대 출토선 및 송대의 선박도船舶圖에 대한 연구를 통해 첨저선인 광선과 복선의 조선술에 대하여 살펴보기로 한다.

I. 모형선 제작 및 수거水渠

사회적인 수요와 경제발전, 그리고 조정의 지원으로 송대의 조선업은 빠르게 발전하여 조선소가 많이 지어졌는데, 특히 동남연해지역에

---

1) 徐松(淸), 『宋會要輯稿』.

널리 분포되어 있었다. 송대에 건조된 선박 중에서 첨저선인 광선과 복선이 가장 유명하였다. 서몽신徐夢莘은 저서『삼조북맹회편三朝北盟會編』에서 "해선은 복건성에서 만든 것이 가장 좋다."[2]고 기술하였다.

1. 모형선 제작

송대의 조선장인들은 선박을 건조할 때 보다 완벽하게 만들고 재료와 비용을 절약하기 위하여 여러 가지 방법들을 고안하였는데, 그중의 하나가 모형선의 제작이다. 금金 정륭연간正隆年間(1156~1160)에 장중언張中彦이 모형조선기술을 발명하였다고 한다. 선박을 건조할 때 장인들이 건조방법을 습득하지 못하므로 시공 전 "중언은 수공으로 작은 배를 만들었는데, 크기가 몇 촌밖에 되지 않았다. 선체는 아교를 쓰지 않고 걸개로 연결하였다. 이러한 걸개를 '고자묘鼓子卯'라고 하며 모형선의 각 부분은 분해할 수 있었다. 그는 장인들에게 분해방법을 가르친 후 그들로 하여금 (선체의) 각 부분을 일정한 비율로 확대해 만들게 하였다. 그런 후 다시 그 부재들을 조립하여 큰 선박을 건조하였다."[3]〈그림 3-1〉은 모형선제작도이다.

장중언과 동시대 사람인 송대의 처주지부處州知府 장학張鷽도 선박을 건조할 때 "먼저 작은 배를 만든 후 부품을 10배로 확대하여 큰 배를 만드는 방법"[4]을 사용하였다. 이러한 제작법은 설계도 출현의 기반이 되었다. 그 후 조선기술이 발전되어 모형선을 만들지 않고 새로 만들 배의 치수에 대해 배 모양을 종이에 그리고, 사용되는 재료, 인력과 대략의 가격을 기재한 후 조선공장에 보내어 선박을 건조하게 하였다.

---

2) 徐夢莘(宋),『三朝北盟會編』卷176, p.16.

3) 脫脫(元),『金史·張中彦傳』.

4) 中国航海学会(1988),『中国航海史 : 古代航海史』, p.113.

〈그림 3-1〉 모형선 제작도5)

『송회요집고宋會要輯稿』 식화食貨 편에는 다음과 같이 기술되어 있다.

"제치사制置司로부터 2부의 선박설계도를 받은 온주溫州 관리들은 사람을 파견하여 목재를 구입하고 모든 인력과 자재를 동원하여 25척의 배를 건조하였다."6)

이처럼 송대 관아에서는 이미 선박설계도를 사용하였던 것이다. 선박설계도의 제작은 모형선을 만드는 것보다 간단하고 여러 부를 복제할 수 있어 선박을 동시에 대량으로 건조하는 데 유리하였다.

---

5) 造船史话编写组(1979), 『造船史话』, p.130.
6) 徐松(清), 『宋會要輯稿』.

2. 활도滑道와 수거水渠

육지에서 건조된 작은 배는 여러 사람들이 힘을 모아 어깨에 들쳐 메거나 손으로 밀고 밧줄로 당겨서 강변까지 끌고 갈 수 있지만, 선체가 큰 선박은 이런 방법을 사용할 수 없다. 따라서 사람들은 여러 가지 방법을 고안하였다. 그중 한 가지 방법은 배가 있는 땅 위에서부터 강변까지 두 가닥의 홈을 판 후 물을 뿌려 홈 안쪽이 진흙이 되게 한다. 그 다음 선저에 종방향으로 두 가닥의 나무를 동여맨 후 홈을 따라갈 수 있도록 앞에서 밧줄로 당긴다. 배는 미끄러지면서 아주 쉽게 강변까지 이동한다. 다른 하나의 방법은 가을과 겨울의 건조기를 이용하여 하천이나 호숫가의 모래사장에서 선박을 건조하는 것이다. 선박이 건조된 후 여름에 장마철이 되면 배는 부력에 의하여 물 위에 뜨게 된다.[7] 『금사金史』 장중언열전張中彦列傳에는 이런 내용이 기재되어 있다.

"선박이 건조된 후 일꾼 수십 명을 동원하여 배 앞부분에 있는 곳부터 강가까지 경사지게 내리막길을 만들었다. 그런 후 그 위에 수숫대와 볏짚을 두텁게 깔고 양쪽에 대목大木을 놓았다. 새벽에 서리가 내린 시기를 이용해 사람들이 밧줄로 배를 끌기 시작하였는데 힘들이지 않고 진수하였다."[8]

그러나 선체가 점점 커지고 건조되는 선박의 양도 급속히 증가함에 따라 상술한 방법은 비실용적이 되었다. 또한 진흙땅이 압력을 견디는

---

7) 造船史话编写组(1979), 『造船史话』, p.126.

8) 脫脫(元), 『金史 : 張中彦傳』.

것도 한계가 있기 때문에 거대한 선체를 감당해낼 수가 없다. 장인들은 끊임없는 시행착오 끝에 계절의 제한을 받지 않고도 선박을 건조할 수 있는 선대船臺와 배를 아주 쉽게 진수할 수 있는 활도滑道를 개발하였다. 선대를 이용하여 선박을 건조하는 방법은 다음과 같다.

건조하기 전에 먼저 높이가 1m 정도 되는 많은 나무기둥을 세운다. 그 후 기둥 위에서 선박을 건조하기 시작한다. 건조가 끝난 후 선저에 활도의 횡방향으로 많은 원목을 깔아 놓는다. 나무기둥을 빼면 선박은 원목 위에 놓이게 되고 원목이 굴러가면서 배는 강가로 미끄러져 가게 된다.[9]

선박을 사용하다가 일부가 파손되거나 부식되어, 특히 물에 잠긴 부분이 파손되었을 때 해당 부위를 수리해야 한다. 작은 배는 사람의 힘으로 강 위로 끌어올릴 수 있지만 큰 배는 이러한 방법을 사용할 수 없다. 이런 문제를 해결하기 위하여 송대의 장인들은 '선오船塢'를 개발하였는데, 그 방법은 강가에 큰 연못을 파는 것이다. 못의 물이 하천의 물과 연결되어 있으면 '습선오濕船塢'라고 한다. 이때 선박을 못 안으로 입거시킨 후 둑을 쌓아 출구를 막는다. 그 후 못의 물을 뽑아버리는데 이때의 연못을 '건선오乾船塢'라고 한다. 건선오가 되면 선오에서 선박을 수리 및 건조할 수 있다. 북송 초년 감조관監造官 장평張平이 많은 사람들을 지휘하여 강가에 연못을 판 후 "강물을 끌어들여 연못에 배를 정박하게 하였다."[10] 이것이 습선오 사용에 관한 최초의 기록이다.

『몽계필담夢溪筆談』의 기록에 의하면, 황제의 측근 황회신黃懷信은 신종 황제의 용주龍舟를 수리할 때 선오를 이용하였다고 한다.[11] 금명지金

---

9) 造船史话编写组(1979), 『造船史话』, p.127.
10) 脫脫(元), 『宋史 : 張平傳』.
11) 沈括(宋), 『夢溪筆談』.

〈그림 3-2〉 선오[12]

明池 북쪽에 용주가 들어갈 수 있는 큰 못을 판 후 연못 밑에 여러 개의 나무기둥을 세우고 기둥 위에 나무 가름대를 놓았다. 둑을 터뜨려서 금명지의 물이 못으로 흘러들게 한 후 용주를 입거시켜 가름대 위에 놓이게 하였다. 그런 후 흙으로 입구를 막고 물을 뽑아내자 용주는 받침대 위에 놓였다. 수리를 마친 후 입구를 터서 물을 끌어들이자 용주가 물 위에 뜨게 되어 배는 다시 항행할 수 있게 되었다. 선오의 발명은 중국뿐만 아니라 세계 조선업의 발전에서도 큰 기여를 하였다. 〈그림 3-2〉는 용주를 수리할 때 사용하였던 선오이다.

Ⅱ. 선체구조 및 건조기술

지금까지 발굴된 실선 중에서 보존이 가장 잘된 것은 1974년 천주泉州

---

12) 造船史话编写组(1979), 『造船史话』, p.129.

에서 출토된 송대의 선박이다. 출토 당시 선체 갑판 위의 구조물은 부식되어 없었으나 아래 부분은 잔존해 그 당시 조선기술이 어느 수준이었는가를 추측할 수 있다.

1. 용골과 외판

천주선의 용골은 세 개의 소나무로 연결되어 있는데, 〈그림 3-3〉과 같이 전후 2개 부분으로 구성되어 있다. 용골의 앞부분과 뒷부분은 위로 만곡되어 있으며, 중간부분은 장부촉이음으로 연결되어 있다. 용골의 전체길이는 17.65m이고 주 용골의 길이는 12.40m이다. 용골의 횡단면은 폭이 42㎝, 두께가 27㎝이다. 선미용골의 길이는 5.25m이며, 횡단면의 치수는 주용골의 치수와 같다. 용골의 앞부분은 선수재와 연결되어 있다.

선수판은 녹나무로 만들었으며 잔존한 길이는 4.50m인데, 횡단면의 한쪽 치수는 용골의 단면치수와 같고 다른 한쪽은 18×20㎝이다. 주용골의 양쪽은 장부를 이용하여 선미재 및 선수재와 연결하였고, 연결부 장부의 길이는 34㎝이고 못을 박은 흔적은 없다. 주용골의 양쪽 끝의 횡단면에는 순항順航을 기원하는 보수공寶壽孔이 있다.

주용골의 외부에는 삼나무판을 덧붙였는데, 그 두께는 약 5㎝이고 못으로 고정하였다. 발굴 당시 일부만 남아있었지만, 용골의 양측과 선저부에도 이러한 목판을 부착하였던 흔적을 찾아 볼 수 있는데, 이는 주용골을 보호하기 위한 것으로 생각된다. 선미의 용골과 선수판은 위로 쳐들렸으며 외판으로 둘러싸여 있었다.

외판外板의 구조는 여러 겹으로 되어 있었다. 용골과 가까운 곳에 있는 첫 번째와 두 번째의 내측 외판은 장목을 사용하였고 그 외의 외판은 삼목을 사용하였다. 목질은 아주 좋아 무늬가 선명할 뿐만

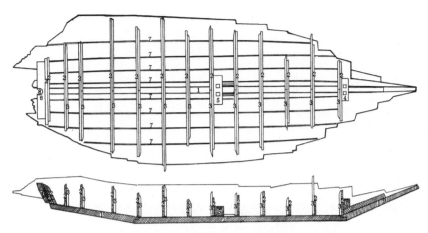

〈그림 3-3〉 천주선의 평면도 및 중앙종횡단면도[13]

아니라 섬유질도 단단하였다. 외판은 모두 통나무를 가공하여 만든 것으로 가장 긴 것이 길이가 1350㎝이며 폭은 35㎝이고, 가장 짧은 것은 길이가 921㎝이고 폭은 28㎝이다.

외판은 2중 혹은 3중의 목판으로 중첩된 구조인데, 내층 목판 두께는 8.2~8.5㎝이고 상하의 자모정순합子母釘榫合으로 연결하였다. 중간층 외판의 두께는 5㎝이고, 외측의 외판 두께는 4.5~5㎝이다. 용골로부터 내측 좌우에는 각각 14열 목판이 있고, 외측에는 좌현이 16열, 우현이 15열이다.

선체의 횡단면을 살펴보면 선저 외부의 양쪽에는 외판이 각기 4개의 계단모양으로 배열되었다. 첫 번째와 두 번째 계단의 거리는 50㎝, 두 번째부터 네 번째까지의 계단은 각각 90㎝이다. 각 계단마다 외측으로 10~12㎝씩 넓어진다. 제1열부터 제10열까지는 2겹으로 되어 있고 제11열부터는 3겹으로 되어있는데 그 두께는 18㎝이다.[14]

---

13) 福建省川州海外交通博物館(1978), 『泉州湾宋代海船发掘与研究』, p.17.

2. 늑골

천주선의 13개 선창에는 모두 녹나무로 만든 늑골이 있다. 비록 부식되었지만 그 형태는 잔존되어 있었다. 늑골은 격창벽과 선박외판의 접합된 곳에 부착되어 있고, 아래쪽은 용골과 접하고 위쪽은 선현 외측까지 연결되었다. 제3창과 제8창의 늑골은 선체 외측으로 약 40~50㎝정도 돌출되어 있다. 늑골은 1~2개의 목재로 만들었다. 제8창의 늑골이 가장 길었는데, 잔존길이가 5.14m이다. 나머지 늑골의 길이는 4.0~5.0m이며, 너비는 26~30㎝이다. 설치한 위치와 방향은 전후창이 다르다. 선박의 중심인 제7창을 기준으로 하여 전반부의 늑골은 격창벽의 뒤쪽에 고정하였고 후반부는 격창벽 앞쪽에 고정하였다. 이러한 설치법은 근대의 강선鋼船을 만들 때 사용하는 수밀격벽과 외판에 산형山型의 이음으로 늑골을 설치하는 것과 흡사하다.[15] 그러나 이것은 근대 강선을 건조할 때 말하는 늑골이 아니고 다만 격창벽을 보강하고 수밀을 위하여 설치한 것이다.

선박의 격창은 보존상태가 불완전하나 원래의 선창 위치를 보존하고 있었다. 가장 큰 선창은 제11창으로 너비는 1.84m이고, 가장 작은 것은 제12창으로 너비가 80㎝이다. 그 외의 선창은 0.90~1.46m이다. 선창의 깊이는 각기 다른데 13개의 선창 중에서 제8선창이 1.98m로 가장 깊고, 제1선창이 1.50m로 가장 얕다.

---

14) 福建省川州海外交通博物馆(1978), 『泉州湾宋代海船发掘与研究』, p.19.

15) 福建省川州海外交通博物馆(1978), 『泉州湾宋代海船发掘与研究』, p.20.

3. 수밀격벽

선창과 선창 사이는 격창벽을 이용하여 칸을 막았다. 격창벽은 여러 개의 목판으로 되었는데 숫자는 일정하지 않다. 제8선창의 격벽에 목판이 가장 많았는데 6개의 판재가 있었고, 그 높이는 1.86m이다. 제3선창의 격벽이 가장 낮았는데, 3개의 판재가 있었고 높이는 86cm이다. 제12선창과 제13선창의 선창 옆에 각각 떼어낼 수 있는 종격판을 설치하였다. 일부 선창 밑 부분은 부분적으로 점판墊板도 보존하고 있었다.16) 보통 격창판의 두께는 10~12cm이며 판과 판은 장부촉이음을 사용하였다. 각 창벽의 위쪽에는 아주 뚜렷한 격창판의 장부촉이음자리가 있는데, 이것은 당시 장부촉이음을 사용하였다는 것을 의미한다. 사용된 목재는 대부분이 삼나무이고, 녹나무도 사용되었다. 녹나무는 용골과 가까운 곳에 사용되었다. 이것은 설계자가 용골과 가까운 곳의 창벽이 항상 물에 젖기 때문에 내수성이 우수한 장목을 사용하여 부식을 방지하기 위한 것이다.17) 〈그림 3-4〉는 수밀격벽의 구조도이다.

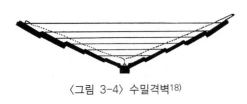

〈그림 3-4〉 수밀격벽18)

각창에는 수밀시설이 있다. 창벽에서 용골과 가까운 곳에는 12×12cm의 구멍이 있다. 격창판은 장부촉이음으로 상하를 연결하였으며 틈새는 뱃밥捻料으로 메웠다. 격판과 격판, 격판과 선내판 사이의 연결강도를 강화하기 위하여 편형철국扁形鐵鋦과 판국板鋦이 사용되었다. 예를 들면 제8창과 제9창의 창벽을 국鋦으로 연결된 흔적이 14곳이

---

16) 福建省川州海外交通博物館(1978), 『泉州湾宋代海船发掘与研究』, p.19.
17) 福建省川州海外交通博物館(1978), 『泉州湾宋代海船发掘与研究』, p.19.
18) 福建省川州海外交通博物館(1978), 『泉州湾宋代海船发掘与研究』, p.17.

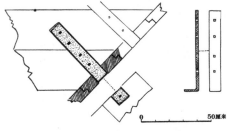
〈그림 3-5〉 편형철국 및 사용설명도[19]

나 된다. 이런 국판鋦板의 길이는 30cm, 너비는 5cm, 두께는 0.6cm이다. 국판은 곧고 한쪽이 만곡되었으며, 판신板身에는 4~5개의 네모진 못 구멍이 있다. 못을 박는 방법은 먼저 선외판과 가까운 곳에 격창판을 파서 판조板槽를 만든 후 안쪽에는 네모난 작은 구멍을 뚫는다. 국판을 작은 구멍으로 통과시킨 다음 이미 파놓은 판조에 맞춰서 국판이 선판과 단단히 물리게 하고 네모진 구멍에 작은 철정을 박는다. 이러한 방법으로 격창벽을 외판과 단단히 연결시켜 선체의 전체적인 강도를 높인다.[20] 〈그림 3-5〉는 편형철국扁形鐵鋦 및 사용설명도이다.

수밀격창은 여러 면에서 우수성을 가지고 있다.

첫째, 선박의 항침성抗沈性을 높이고 인원과 화물의 안전성을 확보한다. 선창과 선창이 격벽으로 나뉘어져 있어 항해 중에 한, 두 개 혹은 몇 개의 선창에 물이 스며들어도 다른 선창으로 흘러들 수 없다.

둘째, 분창分舱은 화물의 적양하 작업 및 관리에 편리하다. 위에서 서술한 천주선에서는 출토 당시 각 선창마다 많은 화물이 나왔다. 화물에는 화주의 이름이 새겨진 이름패도 있었는데, 그 당시 화물을 구분하여 실었다는 것을 설명한다. 분창으로 인해 화주들은 동시에 각기 다른 선창에서 화물을 적하할 수 있기 때문에 작업효율이 크게 향상될 뿐만 아니라 화물의 관리도 아주 편리하다.

---

19) 福建省川州海外交通博物馆(1978),『泉州湾宋代海船发掘与研究』, p.20.
20) 福建省川州海外交通博物馆(1978),『泉州湾宋代海船发掘与研究』, p.19.

셋째, 격창벽과 외판이 단단히 접합되어 선체의 횡강도를 높인다.
이런 우수성과 안전성 때문에 인도양과 남중국해 일대를 거쳐 중국을
왕래하는 아랍상인들 대부분이 중국의 송선을 이용하였다.[21]

4. 조선재의 접합기술

목선에서 조선재의 접합방법은 못, 장부촉이음, 틈막이 등의 기법이
있다.[22] 외판의 연결방법은 횡으로는 〈그림 3-6〉과 같이 평접平接과
탑접搭接을 혼용하였고, 종으로는 〈그림 3-7〉과 같이 활견동구滑肩同口,
사면동구斜面同口, 직각동구直角同口 등 방법을 사용하였다.[23]

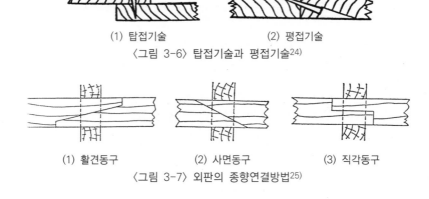

(1) 탑접기술   (2) 평접기술
〈그림 3-6〉 탑접기술과 평접기술[24]

(1) 활견동구   (2) 사면동구   (3) 직각동구
〈그림 3-7〉 외판의 종향연결방법[25]

---

21) 航运史话编写组(1978), 『航运史话』, p.148.
22) 許逸(2000), 『8~9世紀 우리나라 西海 및 隣接海域의 航路와 船型特性에 관한 硏究』,
   p.77.
23) 활견동구는 판재를 종향으로 연결하였을 때 그 모양이 사람 어깨 모양으로
   생겼다하여 붙여진 이름이며, 사면동구는 연결부위가 비스듬히 연결되어서
   붙여진 이름이고, 직각동구는 연결부위가 직각형태로 연결되었기 때문에 붙여진
   이름이다.
24) 造船史话编写组(1979), 『造船史话』, p.86.

송대의 목선은 장부촉이음과 철정으로 보강하는 기법을 널리 사용하였다. 종횡연결은 장부로 연결하였고 틈새는 마麻, 동유桐油, 석회를 사용하여 만든 뱃밥으로 메웠으며, 강도를 높이기 위하여 철정을 박았다. 철정을 박은 방법도 여러 가지가 있는데 주로 '삼參', '별別, '적弔', '삽揷'이 있다. 못도 사각형, 원형, 편형扁形의 못을 사용하였는데 모두 정모釘帽가 있었다.[27] 〈그림 3-8〉은 정순釘榫 접합기술 설명도이며, 〈그림 3-9〉는 철정 종류와 사용방법이다.

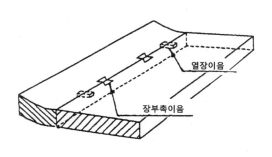

〈그림 3-8〉 철정 및 장부촉이음 연결법[26]

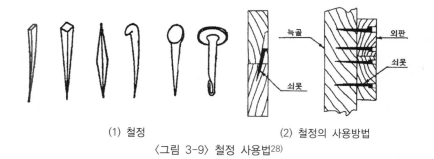

(1) 철정　　　　　　(2) 철정의 사용방법

〈그림 3-9〉 철정 사용법[28]

---

25) 水运技术词典编辑委员会(1980), 『水运技术词典 : 古代水运和木帆船分册』, p.203.

26) 許逸(2000), 『8~9世紀 우리나라 西海 및 隣接海域의 航路와 船型特性에 관한 研究』, p.78.

27) 福建省川州海外交通博物館(1978), 『泉州湾宋代海船发掘与研究』, p.19.

28) 許逸(2000), 『8~9世紀 우리나라 西海 및 隣接海域의 航路와 船型特性에 관한 研究』, p.78.

5. 염료와 염봉기술

천주선에서 외판 및 갑판의 상하좌우 연결은 모두 장부촉이음이 사용되었으며, 틈새는 마사麻絲, 죽여竹茹 및 동유를 혼합하여 만든 뱃밥으로 메웠다. 그 외에도 삼정參釘과 적정吊釘이 동시에 사용되었다. 그 당시 사용되었던 염료는 대체로 두 가지 종류로 나뉜다. 첫 번째 종류는 마, 동유, 석회(조개류)를 혼합하여 만든 것이고, 두 번째 종류는 동유, 석회를 혼합하여 만든 것이다. 첫 번째 종류는 목판과 목판 사이의 틈새나 파손된 부분이 비교적 큰 곳에 사용되었고, 두 번째 종류는 표면의 틈새를 메우거나 밀봉할 때 사용되었다. 동유는 염료의 주요한 성분이다. 동유는 중국의 특산으로서 유동 나무의 과실을 빻아서 기름을 낸 것인데, 방수 성능이 아주 뛰어나다.

석회는 염료를 만드는 중요한 성분으로서 사용량이 비교적 많다. 석회는 아주 강한 점착성을 가지고 있으며, 숙석회熟石灰는 공기 중의 이산화탄소를 흡수하여 물에 용해되지 않는 탄산칼슘으로 변한다. 석회와 동유를 혼합하여 만든 물질은 침수를 막고 틈새를 메우는 데 아주 좋은 재료다. 그 당시 사용되었던 석회는 대부분이 조개류를 가공하여 만든 것이다.

마근麻筋은 선판의 틈새를 메울 때 사용되는데, 마麻 혹은 마제품麻製品을 인공적으로 가공하여 만든 것이다. 이러한 마근은 틈새를 메울 때 상당히 유용하며 유회油灰의 선판에 대한 부착성능을 높이고, 유회염료가 마른 후에 갈라 터지는 것을 방지하기 때문에 염료의 강도를 높인다.

선판과 선판의 틈새는 마, 동유, 석회를 섞어 만든 염료로 메우지만, 선판 자체의 틈새, 구멍, 벌레구멍은 동유와 석회를 섞어 만든 염료로 메웠다. 선박을 건조할 때 쇠못을 박은 후 부식을 방지하기 위하여 철정을 목판 안으로 깊숙이 박아 넣고 그 위에는 유회염료로 철정을 완전히 덮어 공기나 해수와의 접촉을 피하였다.[29)

6. 선루

대부분의 해선은 갑판상에 선수루와 선미루가 설치되어 있는데, 이곳에서 선수와 선미 쪽을 견시할 수 있고, 선원들의 작업장과 생활공간으로도 활용된다. 중국의 춘추전국시대에 누선이 이미 사용되었고, 한대에 이르러서는 삼층 누선도 나타났다. 그러나 화물 운송을 위주로 하는 교역선은 적양하 작업과 복원성을 고려하여 선루가 1층 또는 2층으로 제한되었다. 『선화봉사고려도경宣和奉使高麗圖經』에서는 그 당시 해선의 선루에 대해 상세히 기록하였다. 서긍은 고려에 사신으로 타고 왔던 선박 '객주'의 구조에 대해서 다음과 같이 서술하였다.

"갑판 상부는 세 개의 구조물로 되어있다. 선수부의 선루는 주방으로서 부엌과 수궤水櫃가 있고, 아래는 선원들과 병사들이 거주하는 곳이다. 중부의 선루는 여러 개의 선실로 나뉘어져 있으며, 여객들이 거주하거나 화물을 싣는다. 선미의 비교적 높은 곳에 있는 선루는 선원과 여객들이 거주하는 객실이다. 그 위는 전망대, 조타실과 돛을 조종하는 곳이다. 객실은 관용과 사용으로 나뉘며, 화장실도 갖추어져 있다. 그 외에도 갑판에는 여객들의 편리를 위하여 천막을 쳐서 햇빛을 가려놓았다. 해선은 보편적으로 항해시간이 상당히 길기 때문에 선상 생활에 필요한 물품들을 완벽하게 비치하였다. 식량을 충족하게 비치하고 돼지를 기르며 술을 빚는다. 뿐만 아니라 나무통을 이용하여

---

29) 李国清(1986), 「对泉州湾出土宋代海船舩料使用情况的考察」.

생강, 향료, 야채 등을 재배한다. 선원들과 여객들은 신선한 돼지고기를 먹을 수 있고, 금방 빚은 향기로운 술도 마실 수 있다. 파, 마늘과 기타 야채를 먹을 수 있다."[30]

Ⅲ. 선박의 추진설비

선박의 출현과 함께 나타난 최초의 추진설비는 삿대이다. 그 후 오랜 시간이 지나 장槳, 노櫓 등 추진설비가 개발되었다. 삿대, 장, 노 등은 일반적으로 바람이 없거나 파도가 크지 않은 하천이나 호수, 운하 등에서 사용되었다. 그러나 강한 바람이 불고 거친 파도가 이는 해양에서의 주된 추진도구는 돛이었다.

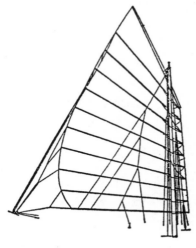

송대에 사용하였던 돛의 형태는 장방형, 선형扇形과 상부는 선형이고 하부는 장방형인 혼합형으로 나뉜다. 그중에서 혼합형이 가장 많이 사용되었다. 돛의 위쪽 가장자리와 아래쪽 가장자리를 정변頂邊과 저변底邊이라고 하며, 돛 줄이 있는 쪽을 후변後邊, 반대쪽을 전변前邊이라고 한다. 윗부분이 선형인 돛은 사정변斜頂邊과 후변의 곡선이 맞물

〈그림 3-10〉 중국 돛의 구조[31]

---

30) 徐兢(北宋),「海道一·客舟」,『宣和奉使高麗圖經』.
31) 水运技术词典编辑委员会(1980),『水运技术词典 : 古代水运和木帆船分册』, p.158.

려 뾰족한 끝을 이루는데, 이는 바람을 받는 데 유리하며 회전도 쉽다. 선상에서의 위치와 그 역할에 따라 돛은 주범主帆, 두범頭帆, 미범尾帆으로 나뉜다. 범죽帆竹의 장착 여부에 따라 경범硬帆과 연범軟帆으로 분류되며, 삼각형태의 연범도 있다. 〈그림 3-10〉은 중국 돛의 구조도이다.

돛도 여러 가지 모양으로 만들어졌다. 최초에는 돛을 대칭되게 돛대에 걸쳐 놓았으며, 돛대 양쪽의 돛 면의 크기가 같은 평형돛을 사용하였다. 이런 형식의 돛은 양쪽이 받는 풍력이 같아 순풍항행에는 유리하지만, 역풍이나 측풍일 때는 각도를 조절하기가 힘들다. 이런 문제를 해결하기 위하여 돛을 비대칭 형식으로 배치하여 폭이 작은 쪽이 바람을 맞게 하는 반평형돛이나 불평형돛이 사용되었다. 이런 형식의 돛은 바람의 압력 중심이 돛대와 멀지 않은 돛면에 있기 때문에 조종하기가 용이하다.[32] 돛을 올린 후 돛면과 돛대의 상대위치에 따라 평형돛, 반평형돛과 불평형돛으로도 나뉜다.[33] 〈그림 3-11〉은 당시 사용하였던 3가지 종류의 돛이다.

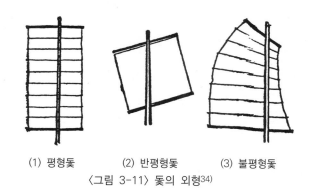

(1) 평형돛   (2) 반평형돛   (3) 불평형돛
〈그림 3-11〉 돛의 외형[34]

32) 造船史话编写组(1979), 『造船史话』, p.47.
33) 水运技术词典编辑委员会(1980), 『水运技术词典 : 古代水运和木帆船分册』, p.158.
34) 造船史话编写组(1979), 『造船史话』, p.48.

송대의 사신 서긍이 쓴『선화봉사고려도경』에는 당시 해선에 사용되었던 돛에 대하여 다음과 같이 기록되어 있다.

"대외大桅의 높이는 10장이고 두외頭桅는 8장이다. 순풍일 때는 50폭의 돛을 모두 올리며 편풍偏風일 때는 이봉利篷을 펴 바람을 받는다. 대외의 꼭대기에는 10여 폭의 작은 돛을 다는데 야호범野狐帆이라고 하며 바람이 없을 때 사용한다. 일반적으로 순풍을 만나기가 어렵기 때문에 돛을 사용할 때에는 이봉을 이용해야만 뜻대로 조종할 수 있다."[35]

여기에서 알 수 있듯이 송대의 해선에는 순풍일 때 사용하는 돛, 편풍과 역풍일 때 사용되는 돛, 미풍일 때 사용되는 돛 등 여러 가지 돛이 있었다. 돛이 많을수록 풍력을 충분히 이용하여 선박의 속력을 높일 수 있는 반면, 조작이 복잡한 문제점도 있다. 특히 폭풍이 갑자기 불어올 때 돛을 빨리 내리지 못하면 돛대가 부러지고 선박이 전복될 위험이 있다. 때문에 사람들은 다시 돛의 수를 줄이기 시작해 2개나 3개만 설치하거나, 하나의 돛대에 하나의 돛만 설치하였다.

돛대 꼭대기의 '두건정頭巾頂'과 돛 아래에 있는 '봉군篷裙'도 점차적으로 사용되지 않았다. 돛의 수가 적어졌지만 돛폭을 넓혀 바람 받는 면적을 크게 하였기 때문에 항속에는 큰 영향이 없다. 그리고 천으로 만든 돛에 대나무 가지를 꿰어 활대로 삼았다. 이런 돛은 돛면을 곧게 펼 수 있어 역풍 항해에 유리하며, 또한 범죽帆竹의 사용으로 강도가 높아졌기 때문에 쉽게 찢어지지 않는다. 또 다른 하나의 장점은 돛의 중량으로 인해 돛을 신속히 내릴 수 있다는 것이다. 송대 해선에서 사용된 돛은 일반적으로 돛대 뒤 부분에 있는 넓은 쪽의 변두리를

---

35) 徐兢(北宋),「海道一 : 客舟」,『宣和奉使高麗圖經』.

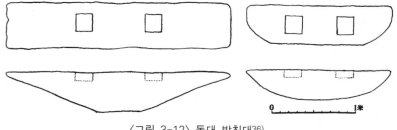

<그림 3-12> 돛대 받침대[36]

곡선형으로, 상부는 좁고 하부는 넓게, 혼합형으로 만들었다. 이런 형태의 돛은 풍압 중심이 더욱 낮아 배가 전복될 위험이 적다. 배가 폭풍을 만나 돛을 내릴 때에는 돛의 면적이 점차 적어져 배가 받은 풍력도 점차적으로 적어진다. 반대로 돛을 올릴 때는 돛의 면적이 급속하게 증가되므로 시기를 놓치지 않고 바람을 이용하여 배를 전진시킬 수 있다.[37] 그리고 돛대를 선체에 단단히 고정시키기 위하여 돛대 받침대가 사용되었다. <그림 3-12>는 송대 고대선에서 사용되었던 돛대 받침대의 모형도이다.

Ⅳ. 조종설비

타는 선박의 방향을 조종하는 중요한 설비이다. 독목주獨木舟 시기 사람들은 나무막대기로 방향을 조종하였으며 그 후 점차 '타장舵檣'으로 교체되었다. 최초의 타장이 생겼을 때 그 위치는 현측에 설치되어 있어 방향조종이 힘들고 효율도 낮았다. 특히 바다에서 항해할 때

---

36) 福建省川州海外交通博物馆(1978), 『泉州湾宋代海船发掘与研究』, p.21.
37) 造船史话编写组(1979), 『造船史话』, p.48.

바람과 파도 때문에 배의 횡요로 인하여 타장이 수면 위로 올라와 방향을 조종할 수 없게 된다. 이런 문제를 해결하기 위하여 타장은 점차 선미의 중앙으로 자리를 옮겼으며, 타장은 선미의 한 부분에 고정되어 타축을 중심으로 회전운동을 하게 되었다. 그리고 타장의 타주舵柱에는 횡으로 된 타병舵柄을 장치하였다. 이러한 형태의 타장은 그 모양이 장槳과 다를 뿐만 아니라 위치도 완전히 다르며 조작법도 근본적으로 다르다. 이후 타장은 장의 특징을 상실하였고 다만 회전을 통하여 방향을 조종하는 설비, 즉 타로 변하였다.[38] 그 후 타는 여러 종류로 발전되었고, 송대에는 다음과 같은 타들이 사용되었다.

첫째는 '승강타昇降舵'이다. 승강타는 수심의 깊이에 따라 위치를 상하로 조절할 수 있어 선박이 수심이 얕은 수역에 진입하거나 타가 필요하지 않을 때는 활차를 이용하여 들어 올릴 수 있다. 이런 방법으로 물에 대한 타의 저항력을 감소시킬 수 있을 뿐만 아니라 타가 수저에 부딪혀 훼손되는 것도 방지할 수 있다. 해선의 승강타는 대부분 선저 아래까지도 내려가는데 이런 깊이의 수심에서는 타가 선미에서 생기는 수류나 수압의 영향을 받지 않기 때문에 타의 효율을 높이고 배의 횡요를 감소시킨다. 송대의 사신 서긍은 『선화봉사고려도경』에서 다음과 같이 적고 있다.

"선박의 뒤쪽에 정타正舵가 있는데 대소 두 개로 나뉘며 수심의 깊이에 따라 수시로 바꾼다."[39]

더욱이 역풍항해를 할 때 승강타는 돛과 함께 방향을 조종하여

---

38) 造船史话编写组(1979),『造船史话』, p.26.

39) 徐兢(北宋),「海道一 : 客舟」,『宣和奉使高麗圖經』, 1937.

(1) 삼각평형타

(2) 청명상하도의 평형타

〈그림 3-13〉 평형타[40]

배의 안전을 담보할 수 있다.

둘째는 '평형타平衡舵'이다. 송대에 가장 보편적으로 사용되었던 타는 평형타이다. 〈그림 3-13〉과 같이 평형타는 타면의 일부를 타간舵杆의 앞부분에다 장치하여 타면의 압력중심과 타축舵軸의 거리를 단축시켰으며, 이로 인해 타를 조종하는 데 힘이 적게 들고 타의 회전이 빨라 선박을 신속하게 변침시킬 수 있다. 송대 화가 장택단張澤端의 명작 『청명상하도淸明上河圖』에 있는 객선과 화물선은 모두 이런 평형타를 설치하였다.[41]

셋째는 타면에 여러 개의 구멍을 뚫은 '개공타開孔舵'도 사용되었다. 타공은 타의 성능에 영향을 주지 않고, 타를 조종할 때 힘이 적게 든다. 〈그림 3-14〉는 개공타이다. 그리고 선미에 장착한 타를 고정시키고 선체의 강도를 보강하기 위하여 선미에는 타 받침대를 설치한다. 〈그림 3-15〉는 타 받침대의 모형도이다.

---

40) 造船史话编写组(1979), 『造船史话』, p.27.
41) 造船史话编写组(1979), 『造船史話』, p.28.

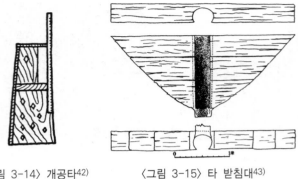

〈그림 3-14〉 개공타[42]   〈그림 3-15〉 타 받침대[43]

V. 정박설비

항해중 기상조건으로 인하여 정박이 필요할 때나 선박의 정비 또는
보급을 위하여 일정 장소에 머무를 때 사용하는 정박장치는 닻이다.
닻의 발전과정은 대략 석정石碇, 목석묘木石錨, 철묘鐵錨 등 3단계로 나눈
다. 석정은 인공적으로 제작한 최초의 정박도구로서 '정矴'으로도 불렸
다. 고서에는 "돌을 매서 정을 만들었다", "정을 내렸다" 등과 같은
기록이 많이 남아 있다. 닻줄의 한쪽 끝에 돌을 달아매고 다른 한끝은
선수에 동여맨다. 항해할 때는 정을 배위에 끌어올리고 정박 시에는
정을 물속으로 던져 넣는다. 돌 자체의 중량으로 인해 선박이 정박되는
것이다. 그러나 바람이 불고 파도가 크면 석정으로 선박을 정박시키기
어렵다. 그 후 오랜 기간이 지나 석정보다 한 단계 진보한 목묘木錨,
즉 목정木碇이 발명되었다. 목정은 비중이 비교적 크고 단단한 철력목鐵

---

42) 造船史话编写组(1979),『造船史话』, p.28.
43) 福建省川州海外交通博物馆(1978),『泉州湾宋代海船发掘与研究』, p.21.
44) 造船史话编写组(1979),『造船史话』, p.30.

〈그림 3-16〉 목정44)

力木 등으로 만드는데 두 개의 갈고리가 있다. 갈고리가 수저의 땅속을 파고든 후 생긴 힘은 목정 자체의 중력보다 몇 배나 된다. 〈그림 3-16〉은 목정이다.

사람들은 더 큰 파주력을 얻기 위하여 목정과 돌을 결합시켜 새로운 형태의 정박도구인 목석묘를 만들었다. 돌 양쪽에 나무막대기를 부착시킨 후 끈으로 단단히 동여맨다. 이러한 목석묘는 효과가 뛰어나고 재료를 구하기도 쉬우며, 가격이 저렴하여 철묘가 출현하기 전 오랜 기간 동안 널리 사용되었다. 송대의 사신 서긍이 고려에 올 때 탔던 선박도 이런 목석묘를 사용하였다.

"선수에 두 개의 나무기둥이 있고 중간에는 물레車輪가 있다. 물레 위에는 등삭藤索이 감겨져 있었는데 크기는 서까래와 같고 등삭의 길이는 500척이다. 한쪽 끝에는 정석을 달았으며, 돌 양측에는 나무갈고리를 부착시켰다. 해역으로 들어가기 전에 어느 산의 근처에서 정박하게 되어 정을 내려 수저에 닿게 하였다. 밧줄로 묶은 것처럼 배는 정지하였다."45)

그 후 철제도구가 보편적으로 사용되면서 철묘가 출현하였다. 최초로 '묘錨'자를 기재한 문헌은 남북조기 고야왕顧野王이 편찬한 『옥편玉篇』이다. 그러나 철묘를 사용한 시기는 이보다 빠를 것으로 추정된다. 송대에 사용한 묘錨는 『청명상하도』에서도 관찰할 수 있다. 만재한

45) 徐兢(北宋), 「海道一 : 客舟」, 『宣和奉使高麗圖經』.

한 척의 화물선이 변하汴河에서 항해하고 있는데, 선수미에는 모두 장노長櫓를 설치하고 6, 7명이 힘을 합쳐 노를 젓고 있다. 선수갑판에는 4개의 갈고리가 달린 철묘가 있으며 닻줄의 한쪽 끝은 반차盤車(물레)에 매어져 있다. 이러한 갈고리가 4개 달린 닻은 마치 그 형태가 예리한 발톱을 가진 고양이와 흡사하다고 하여 일부 문장에서는 '묘猫'자로 '묘錨'를 대체하기도 하였다.

"철묘를 사용하여 배를 멈추는데 한 척의 양선糧船에는 5개의 대묘大猫를 사용한다. 그중에서 가장 큰 것은 '간가묘看家猫'이며, 무게는 500근 좌우이다. 그 외에도 선수와 선미에 각각 2개의 철묘가 있다."[46]

이러한 사조묘四爪錨는 성능이 아주 뛰어난 철묘로서 견고하고 무거울 뿐만 아니라 해저에 닿은 후 두 개의 갈고리가 바닥을 깊숙이 물고 있기 때문에 파주력이 상당히 크다. 그리고 쇠로 만들었기 때문에 해저가 모래든 자갈이든 모두 투묘할 수 있다. 〈그림 3-17〉은 철묘를 제작하는 과정과 그 당시 사용되었던 묘이다. 철묘의 제작방법은 다음과 같다.

"먼저 4개의 갈고리를 만들고 점차적으로 다른 부분을 접합한다. 300근 이내의 철묘를 만들 때에는 먼저 직경이 1척 정도의 받침쇠를 화로 옆에 놓는다. 철묘용 쇠의 두 끝이 모두 뻘겋게 달았을 때 석탄불에서 끄집어낸다. 나무막대기로 집어서 받침쇠 위에 올려놓고 작업을 시작한다. 천근 정도의 철묘를 만들 때에는 주위에 나무기둥을 세워 틀을

---

46) 宋應星(明), 『天工開物』.
47) 席龙飞(2000), 『中国造船史』, p.231.

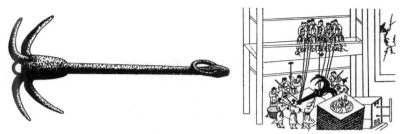

〈그림 3-17〉 고대의 철묘[47] (오른쪽은 철묘 제작도)

만든 후 여러 사람들이 그 위에 서서 쇠사슬을 잡고 작업을 한다. 그 끝 쪽에는 모두 철환을 장치하는데 들어올리거나 방향을 바꿀 때 편리하다. 갈고리와 철묘의 몸뚱이를 붙일 때 황토를 쓰지 않고 벽토로 된 부드러운 가루를 끊임없이 접합부위에 뿌린다. 그러면 접합된 부위는 아무런 흠집도 생기지 않는다. 대장간에서 만든 철묘 중에서 이것이 가장 큰 것이다."[48]

그 당시 사용하였던 묘람錨纜은 일반적으로 직경이 비교적 큰 종람椶纜이었다. 탄력이 있어 풍랑을 만나도 쉽게 끊어지지 않는다. 그 외에도 등삭藤索, 마승麻繩, 멸람篾纜 등을 사용하기도 하였다.[49]

"큰 돛대 앞에 반차(물레)가 있는데 그것은 묘를 걷어 올리는 도구다."[50]

반차의 위치는 선수갑판 위에 있으며 사용할 때는 반차의 구멍에

---

48) 宋應星(明), 『天工開物』.
49) 묘람錨纜이란 닻줄을 가리키며 종람椶纜은 종려나뭇잎으로 꼰 밧줄을 가리킨다. 등삭藤索은 등나무줄기로 꼰 밧줄이며 마승麻繩은 삼밧줄, 멸람篾纜은 대나무줄기로 꼰 밧줄을 가리킨다.
50) 賀長齡(淸), 『江蘇海運全案』.

나무막대기를 꽂아 넣어 여러 사람이 함께 돌린다. 묘람은 반차에 감기게 되고 묘는 수면 위로 올라온다. 그 외에도 선수부에는 장군주將軍柱라고 하는 부재가 있다. 장군주는 배가 부두에 닿아 계류할 때나 견인할 때, 또는 묘람을 맬 때에 사용된다.

송대에 건조된 첨저선은 현대 선박에서 사용하고 있는 우수한 조선기술을 상당부분 구사하고 있었으며, 그 특징은 다음과 같은 것들이 있다.

첫째, 용골을 설치하여 종강력을 높였다.

둘째, 2중, 3중의 덧댄 특수한 구조의 외판을 설치하여 선각판의 강도를 높였다.

셋째, 수밀격벽을 설치하여 횡강력을 높이고 일부 구획이 침수되었을 경우에도 선박의 침몰을 방지하게 하였다.

넷째, 조선재의 견고한 연결을 위한 정순釘榫 접합기술을 개발하였다.

다섯째, 외판 및 갑판의 이음새로 해수가 스며드는 것을 방지하기 위하여 염봉艌縫기술을 개발하였다.

여섯째, 추진력을 제고하기 위하여 여러 개의 돛을 설치하였으며, 사풍駛風기술을 완전히 습득하였다.

일곱째, 선박의 안전한 정박을 위하여 여러 개의 닻을 사용하였으며, 가장 큰 것은 몇 백 근에 달하였다.

참고문헌

〈사료〉

賀長齡(淸), 『江蘇海運全案』, 湖南圖書館, 1826.

徐兢(北宋), 「海道一 : 客舟」, 『宣和奉使高麗圖經』, 商務印書館, 1937.

徐松(淸), 『宋會要輯稿』, 中華書局, 1957.

宋應星(明), 『天工開物』, 廣東人民出版社, 1976.

脫脫(元), 『金史 : 張中彦傳』, 中華書局, 1975.

脫脫(元), 『宋史 : 張平傳』, 中華書局, 1977.

〈연구논저〉

福建省川州海外交通博物館, 『泉州湾宋代海船发掘与研究』, 海洋出版社, 1978.

水运技术词典编辑委员会, 『水运技术词典 : 古代水运与木帆船分册』, 人民交通出版社, 1980.

中国航海学会, 『中国航海史 : 古代航海史』, 人民交通出版社, 1988.

造船史话编写组, 『造船史话』, 上海科学技术出版社, 1979.

航运史话编写组, 『航运史话』, 上海科学技术出版社, 1978.

李国清, 「对泉州湾出土宋代海船舱料使用情况的考察」, 『船史研究』 第2期, 1986.

席龙飞, 『中国造船史』, 湖北教育出版社, 2000.

許逸, 『8~9世紀 우리나라 西海 및 隣接海域의 航路와 船型特性에 관한 硏究』, 부경대학교 박사학위논문, 2000.

4장

중국 전통 돛의 시대적 변천과 구조적 특징

중국의 전통 돛(이하에서는 고범古帆으로 통칭함)이 어느 시점에 나타났는지에 대해서는 학자들 간의 견해가 상이하다. 일부 학자들은 중국의 고범이 춘추전국春秋戰國 시기(기원전 770~221년)에 나타났다고 주장하고 있다.[1] 또한 일부 학자들은 중국의 고범이 대략 은상殷商 시기(기원전 1600~1046년)에 이미 나타났다고 주장하고 있다. 예컨대 양유杨槱는 "갑골문甲骨文에는 '범凡'자가 있는데, 상형문자象形文字로서 배의 범帆과 아주 유사하다. 따라서 상商나라 시기의 사람들은 아마도 이미 배에 돛을 설치한 후 바람을 이용해 항해하였을 것이다."[2]라고 주장하고 있다. 이외에도 탕즈바唐志拔,[3] 시룽페이席龍飛[4] 등의 전문가들도 중국의 고대 돛이 은상 시기에 나타났다고 주장하고 있다.

---

1) 王冠倬(2000), 『中国古船图谱』, p.46 ; 林华东(1986), 「中国风帆探渊」, p.88.
2) 杨槱(1962), 『中国造船发展简史』, p.8.
3) 唐志拔(1989), 『中国舰船史』, p.22.
4) 席龙飞(2000), 『中国造船史』, p.49.

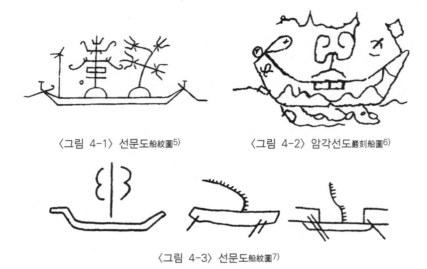

〈그림 4-1〉 선문도船紋圖[5]　　　　〈그림 4-2〉 암각선도巖刻船圖[6]

〈그림 4-3〉 선문도船紋圖[7]

중국 항해사 연구에서 고범의 출현 시기를 밝히는 문제는 흥미로운 주제이기는 하지만, 그 시원을 밝히는 데는 한계가 있을 수밖에 없다. 따라서 돛의 시원을 밝히는 문제보다는 돛의 구조와 특징을 밝히는 것이 선행되어야 할 과제라 할 수 있다. 왜냐하면 돛은 선박의 항해성능을 좌우하는 매우 중요한 설비이기 때문이다. 특히 중국의 전통 돛이 유럽이나 중동을 비롯한 여타 국가의 돛과는 다른 독특한 구조와

---

5) 1956년 호남성 상덕常德지역에서 사람 측면모양으로 되어 있는 구리걸상鈕銅墩이 발굴되었는데, 밑 부분에는 돛대와 돛이 그려져 있는 고선모양의 무늬장식이 있다. 학자들의 연구에 의해 이 구리걸상은 전국시대의 것으로 확인되었다.

6) 1989년 광동성 주해시珠海市 남수진南水鎭 고란도高欄島 보경만寶境湾에서 춘추전국 시기의 암각선도가 발견되었는데, 배의 양쪽이 쳐들려있고 3개 선창으로 되어 있었으며 중간부위와 선미에는 돛이 걸려 있었다.

7) 전국 시기 월족越族의 구리걸상 윗부분에 그려져 있는 배 무늬이다. 첫 번째 배의 중간부분에는 돛으로 추정되는 부채모양의 도형이 그려져 있다. 두 번째와 세 번째 배의 선수 선미에는 노로 추정되는 도형이 그려져 있고 중간부분에는 돛으로 추정되는 도형이 그려져 있다.

특징을 갖고 있다는 것은 익히 잘 알려진 사실이다. 이 글에서는 중국 고범의 구조와 특징을 시대적 변화 양상과 함께 정리해 볼 것이다. 이를 위해 Ⅱ에서는 중국 고범의 시대적 변화 양상에 대해 살펴보고, Ⅲ에서는 중국 고범의 구조적 특징을 정리해 볼 것이다. 이는 중국의 고범이 여타 문명권의 돛과 비교해 어떤 구조적 차이와 특징이 있었는지를 이해하는 데 시사점을 줄 것이다.

Ⅰ. 중국 고범의 시대적 변천

중국학자들은 사료연구를 통해 중국의 돛이 늦어도 전국 시기에는 이미 나타났으며, 동한東漢 시기(1~3세기)에는 안전성이 높고 성능이 우수한 중국 고범이 이미 사용되었다는 데 공감하고 있다. 이렇게 되기까지 대략 600~700년의 시일이 경과한 것으로 보고 있다.

동한 시기의 유희劉熙는 『석명釋名』에서 돛과 돛대와 관련해 다음과 같이 서술하였다. "범帆은 곧 범泛이다. 바람에 의해 활짝 펼쳐진 것을 범帆이라고 하는데, 배를 질주하게 한다. 그 앞쪽에 기둥을 세우는데 이를 외檣(돛대)라고 한다. 외檣는 곧 외巍인데 높이 솟아 있는 모양을 가리킨다."[8] 이와 같이 동한 시기의 사료에는 돛의 형태와 사풍駛風항해에 대해 아주 명확하게 기술되어 있다.

『태평어람太平御覽』에는 삼국시대(220~280년)의 동오東吳 사람인 만진萬震이 집필한 『남주이물지南州異物志』의 일부 내용이 수록되어 있는데, 돛과 관련해 아래와 같이 서술되어 있다. "배의 크기에 따라 앞뒤에 4폭의 돛을 설치하였다. 길이가 1장丈이 좀 넘고 창문 모양으로 생긴

---

8) 劉熙(東漢), 『釋名』, 釋舟.

노두목盧頭木의 잎을 엮어서 돛을 만들었다. 4폭의 돛은 정면으로 향하지 않고 모두 비스듬히 조절하여 바람을 받게 한다. 바람이 뒤쪽 돛에 부딪힌 후 반사되어도 마찬가지로 풍력을 얻을 수 있으며, 풍력의 크기에 따라 돛을 더하거나 줄인다. 비스듬히 설치된 돛으로 바람을 받기 때문에 높아도 위태롭지 않아 질풍과 거센 바람을 두려워하지 않고 빠르게 항해할 수 있다.'9) 이로부터 중국 고선은 여러 개의 돛대와 돛을 설치하였으며, 돛의 조작기술도 비교적 발달해 있었음을 알 수 있다. 여기에서 가리키는 여러 개의 돛은 주범主帆과 보조용 돛을 가리키며, 일외일범一桅一帆이 아니었다.

〈그림 4-4〉 당대의 강선10)

지금까지 알려진 연대가 가장 이른 중국 고선도형은 감숙성甘肅省 돈황敦煌 45호 동굴에 그려진 당나라 시기의 범선도인데, 7~10세기의 작품으로 확인되었다. 왕관주오王冠倬는 이 벽화를 기초로 선형도를 복원하였는데, 〈그림 4-4〉에서 알 수 있듯이, 하나의 돛대와 방형 돛을 장치한 강선江船으로서 선타船舵 대신 노櫓를 사용해 방향을 조종하였다. 승객과 선원들의 복장으로 보았을 때 당대의 강선이 분명하다.

송대에는 다양한 회화작품이 나타났지만, 송나라 시기 사람들이 그린 당대 중국의 고선도는 상당히 적다. 수십 년간의 자료수집과 연구를

---

9) 李昉等(北宋),『太平御覽』卷771, 舟部四.

10) 왕관주오王冠倬가 감숙성甘肅省 돈황敦煌 45호 동굴 벽화에 그려져 있는 당대 범선도를 모본으로 그린 당대의 강선.

11) 남송대의 이당李唐이 편찬한『강산소경도江山小景圖』에 수록된 강선.

〈그림 4-5〉 남송대의 강선11)

〈그림 4-6〉 송대의 강선12)

통해 왕관주오는 저서『중국고선도보中國古船圖譜』에 송대 강선 3척 밖에 수록하지 못하였다.

〈그림 4-5〉와 〈그림 4-6〉에서 관찰할 수 있듯이, 3척의 강선에는 모두 장방형 포범을 설치하였으며 돛을 활짝 펴고 순풍항해를 하고 있다. 〈그림 4-5〉의 좌측 강선은 주돛대主橙가 중간부의 앞쪽으로 치우쳐 있으며, 갑판건물이 정연하게 설치되어 있고 빽빽이 늘어서 있는 것으로 보아 객선일 개연성이 크다. 우측 강선은 주돛대가 선체 앞부분에 설치되어 있으며 갑판건물이 오두막 형태로 되어 있는 것으로 보아 화물선인 것으로 보인다. 〈그림 4-6〉의 강선도 주돛대가 선체 앞부분에 설치되어 있으며, 승객들의 복장으로 보았을 때 객선일 가능성이 크다. 상술한 3척의 송나라 선박도船舶圖는 당나라 시기의 선박에 비해 범삭帆索(돛줄), 갑판건물의 외형 및 특징, 타 등이 더욱 섬세하게

---

12) 송대에 편찬된『강범산시도江帆山市圖』에 수록된 강선.

그려져 있음을 알 수 있다. 학자들의 연구에 의하면 선장은 약 10여m에 달한다.

당·송·원 시기 중국의 해상교통과 해외무역은 상당히 발달하였지만, 원양해선과 관련한 선박도는 사료에서 발견된 것이 없다. 근래에 송대의 영파고선寧波古船, 천주고선泉州古船 및 원대의 봉래고선蓬萊古船 등이 발굴되면서 당시 해선의 돛대 및 돛에 대해 알 수 있게 되었다. 중국 고선전문가들은 연구를 통해 영파고선, 천주고선, 봉래고선의 모형선을 제작하였는데, 그 선형도船形圖는 〈그림 4-7〉, 〈그림 4-8〉, 〈그림 4-9〉와 같다.

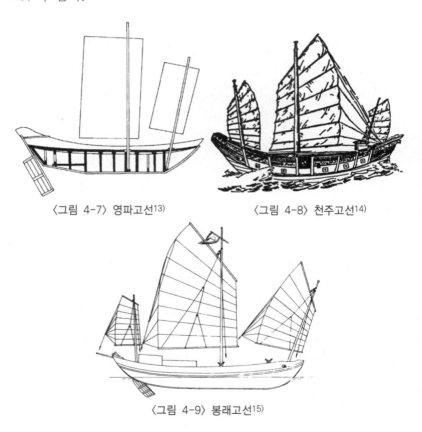

〈그림 4-7〉 영파고선13)　　　　　〈그림 4-8〉 천주고선14)

〈그림 4-9〉 봉래고선15)

상술한 3척의 해선에서 영파고선은 2개의 돛대와 2폭의 돛을 장착하였으며, 천주고선과 봉래고선은 3개의 돛대와 3폭의 돛을 장착하였음을 알 수 있다. 이들 3척의 고선의 돛을 보았을 때 중국의 고범은 송원대에 이르러 발전의 정점에 이르렀음을 확인할 수 있다.

II. 중국 고범의 구조와 특징

중국 고범의 구조는 상당히 정치精緻하다고 할 수 있다. 예를 들어 방형 돛의 구조를 설명하면 다음과 같다. 상단 가장자리를 범정변帆頂邊 또는 범정연帆頂緣이라 부르고, 하단 가장자리를 범저변帆底邊 또는 범저연帆底緣이라고 부른다. 범정변(또는 범정연)은 일반적으로 경사를 이룬 직선으로 되어 있기 때문에 사정연斜頂緣이라고도 한다. 돛의 각도(방향)를 조종하는 돛줄을 범각삭帆角索이라고 하는데, 범각삭이 위치한 돛의 가장자리를 범후변帆後邊 또는 범후연帆後緣이라 하고, 반대쪽을 범전변帆前邊 또는 범전연帆前緣이라고 한다. 범후변(또는 범후연)은 일반적으로 곡선모양으로 되어 있다. 범정변과 범후변이 만나는 곳이 바로 돛의 정점인데, 후상각後上角이라고 하며 높은 곳에 위치해 있기 때문에 사풍시 회전에 유리하다. 범정변에 위치한 횡방향으로 설치된 나무장대 또는 대나무를 범정횡항帆頂橫桁이라고 하며 돛 상단의 범죽帆竹과 함께 묶는다. 중간 위치에는 제이提耳를 설치해 돛을 올리거나 내릴 때 사용하는 돛줄 또는 제두삭提頭索을 연결한다. 범정횡항은 돛의 모든 무게와 돛을 올릴 때의 힘을 감당한다. 범저변에 설치된

---

13) 王冠倬, 『中国古船图谱』, p.139.

14) 造船史话编写组(1979), 『造船史话』, p.98.

15) 席龙飞(1989), 『蓬莱古船与登州古港』, p.57.

나무장대 또는 대나무를 범저항帆底桁 또는 범하항帆下桁이라고 하는데, 돛을 내렸을 때 돛의 하단에 위치해 있다.

범정횡항과 범하항 사이의 돛폭에는 일정한 간격의 횡방향으로 된 여러 개의 범죽을 설치하는데, 봉죽篷竹, 범간帆竿, 판조板條, 범탱조帆撐條라고도 한다. 이러한 범죽은 대부분 대나무를 사용하며 길이가 부족할 때는 대나무 두 가닥을 연결하여 사용한다. 범죽은 돛폭의 한 켠에 설치하거나 돛폭의 양켠에 상호교차되도록 설치하기도 한다. 양켠에 범죽을 교차되게 설치했을 경우 양측이 받는 바람의 강도는 동일하다. 범죽은 돛폭에 종방향으로 설치된 여러 개의 삭환索環(줄고리)을 관통한 후 돛폭 양단의 구멍에 삽입시켜 동여맨다. 중국 고범의 범죽은 큰 돛폭을 상대적으로 작은 여러 개의 돛폭으로 분할하기 때문에 받는 힘이 상대적으로 균등하다. 또한 돛폭이 횡방향으로 활짝 펼쳐지게 하기 때문에 풍력을 더욱 효과적으로 이용해 항속을 높일 수 있는 장점이 있다. 범죽의 설치는 포범도 경범의 장점을 소유하게 되었다.

중국 고범은 모두 범죽을 설치하는데, 범죽은 탄성이 강하기 때문에 바람을 받을 때 호형을 이루고 쉽게 절단되지 않는다. 범죽은 다음과 같은 이점이 있다. 첫째, 범죽은 돛폭이 종방향으로 평평하게 펼쳐질 수 있게 하여 바람 받는 면적을 증가시킨다. 둘째, 바람의 크기에 따라 정확히 필요한 면적만큼 돛을 올릴 수 있다. 셋째, 범죽 자체의 무게를 이용해 돛을 내릴 수 있기 때문에 인력을 절약하고 노동 강도를 줄인다. 넷째, 범죽을 줄사다리로 사용하여 돛폭의 어느 지점에도 올라갈 수 있다. 다섯째, 돛폭의 재질이 튼튼하지 않아도 또한 돛폭에 많은 구멍이 뚫려도 범죽으로 인해 쉽게 찢어지지 않아 항해에 큰 영향이 없다.

중국의 고범은 돛폭의 수직강도를 보강하기 위해 수직방향으로 여러 가닥의 끈을 감는데 일반적으로 그 간격은 40cm이다. 또한 돛폭의

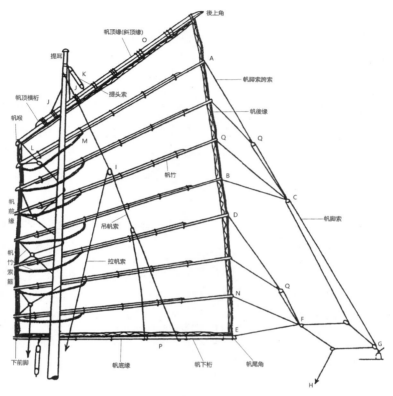

〈그림 4-10〉 중국 고범의 구조16)

견인강도를 강화하고 범죽의 위치를 고정하기 위해 돛폭의 네 변두리에
끈을 감는데, 이를 범망삭帆網索 또는 범변근帆邊筋이라고 한다. 돛의

---

16) 郑明·桂志仁(2013),「中华帆-中国传统舟船帆篷的起源与发展」,『中国文化遗产』4,
   p.27. 〈그림 4-10〉에서 GC, GF는 주료삭主繚索, ABDNE는 복료삭復繚索, ABC는
   위쪽 돛줄[上撓]부분, DEF는 아래쪽 돛줄[下撓]부분, G는 하단볼트[环端螺栓], H는
   돛줄 인도[繚索引導]부분, I는 돛 승강[升降]시스템, J는 주범조삭主帆吊索, K는 보조주
   범조삭輔助主帆吊索, L은 돛줄 인도위치 제한고리[索引限位索籠], M은 위치제한고리
   [限位索籠], N은 광승框繩, O는 상범항上帆桁, P는 하범항下帆桁, Q는 돛줄 고정기구[繚
   索固緊器]이다.

네 변두리 외측에 감은 끈을 외변근外邊筋이라 하고 내측에 위치한 끈을 내변근內邊筋이라고 한다. 일부 거대한 돛은 좌우 두 개의 돛폭을 연결하여 만드는데, 연결부위의 내측과 외측에 사용된 끈을 중근中筋이라고 한다.

중국 고범에서 삭구索具(돛줄)는 돛대, 돛과 함께 완벽한 추진체계를 구성한다. 돛폭에 설치된 돛대의 한쪽을 감싼 삭고索籠(줄고리)를 포외승抱桅繩이라고 하는데, 범죽 및 돛을 돛대에 밀착시키는 줄고리다. 이러한 고리는 삼, 대나무, 넝쿨 등을 사용해 만든다. 하나의 범죽 앞쪽 부분에는 모두 상호 평행된 한 가닥의 포외승이 있는데, 한 쪽을 돛폭의 범변근에 연결한 후 돛대를 지나 다른 한쪽을 범죽에 고정한다.

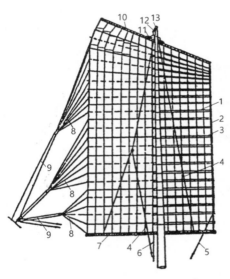

〈그림 4-11〉 중국 고범의 삭구[17]

돛을 조작하는 범삭을 범각삭帆脚索이라고 하는데 자각삭子脚索과 총각삭總脚索으로 구성되었으며, 항해 시 돛의 각도를 조절하고 바람에 의해 생기는 횡방향으로의 추진력을 담당한

17) 水运技术词典编写组, 『水运技术词典』, p.158. 〈그림 4-11〉에서 (1)은 범죽帆竹, (2)는 범변근帆邊筋, (3)은 포외람抱桅攬, (4)는 적범삭吊帆索, (5)는 정범승定帆繩, (6)은 랍범삭拉帆索, (7)은 범저항帆底桁, (8)은 자각삭子脚索, (9)는 총각삭總脚索, (10)은 범순횡항帆順橫桁, (11)은 효이撬耳, (12)는 제두삭提頭索, (13)은 적범활차吊帆滑車이다.

다. 자각삭의 한쪽 끝은 범후연의 범죽 말단에 직접 연결되어 있으며 한쪽 끝은 활차에 연결되어 있는데, 일반적으로 2~3개 조로 구성되어 있다. 따라서 범후연의 상하 돛폭은 모두 균일하게 힘을 받기 때문에 돛폭이 바람을 받는 데 유리하다. 총각삭은 길고 납작한 활차를 통해 각 조의 자각삭과 연결되어 있는데, 한쪽 끝은 선미의 타주舵柱의 상단 또는 선미의 정점에 고정한다. 총각삭은 조타수가 책임지고 조종하는 데 풍향, 풍력과 항해방향의 변화에 따라 수시로 총삭각을 당기고 풀거나 회전시켜 범각을 조절하여 풍력을 최대한 이용하여 항해한다.

돛을 올릴 때 사용되는 범삭에는 적범삭吊帆索, 정범삭定帆索, 농범삭攏帆索, 제두삭提頭索, 랍범삭拉帆索 등이 있다. 적범삭은 돛을 올릴 때 사용되는 돛줄이고, 정범삭은 반평형범의 수직위치를 고정하는 돛줄이며, 농범삭은 돛폭이 돛대쪽으로 근접시키는데 사용되는 돛줄이다. 제두삭은 돛을 올릴 때 돛폭 상단의 가름대에 위치한 제이提耳와 연결된 돛줄이다. 랍범삭은 돛을 올릴 때 사용되는 제두삭과 연결된 돛줄이다. 이와 같이 삭구는 돛과 함께 하나의 완전한 구성체를 이룬다.

중국 고범은 2천여 년의 발전과정을 거쳐 최종적으로 다른 나라의 돛과는 완전히 상이한 독특한 특색을 구비한 돛으로 발전하였다. 중국 고범은 대체적으로 4각형, 부채형 또는 구형矩形으로 된 경범硬帆으로서 전형적인 종범縱帆이다. 중국 고범은 사항사각형斜桁四角形 반평형 종범이라고도 하는데, 돛대를 중심으로 자유회전이 가능하다. 특징은 돛의 앞쪽 변두리가 돛대와 비교적 가까이 위치해 있는데, 일반적으로 돛폭의 1/6~1/3이 돛대 앞쪽에 놓여 있으며 돛의 뒤쪽 변두리는 돛대와 멀리 떨어져 있다. 돛폭에는 돛을 조종하는 여러 종류의 범삭(돛줄)이 설치되어 있어 돛의 방향조절이 상당히 편리하다. 항해시 돛의 각도를 조절하는 동시에 승강타昇降舵를 사용해 사풍항해를 할 수 있다.

중국 고범을 형태에 따라 구분하면, 〈그림 4-12〉와 같이, 장방형,

〈그림 4-12〉 중국 고범의 3대 유형[18]

방형, 부채형 등으로 분류할 수 있다. 강선과 해선의 돛은 일반적으로 장방형으로 되어 있고, 각각의 돛대에 높이 걸려있다. 근해 소형선은 대부분 방형 탱간범撑杆帆을 사용하는데, 사간범斜杆帆이라고도 한다. 해상의 각기 다른 높이의 바람을 충분히 이용하기 위해 근해 대형선, 원양해선 등은 대부분 사간斜杆 4각형 또는 부채형 돛을 사용한다.

돛폭과 돛대의 상대적 위치로 구분할 때 중국 고범은 평형범平衡帆, 반평형범半平衡帆, 불평형범不平衡帆 등으로 분류할 수 있다. 평형범은 돛을 올린 후 돛폭의 종향 중간선이 돛대에 위치해 있다. 돛폭의 양측은 기본적으로 대칭되는데, 장방형 모양으로서 강선에서 많이 사용하고 지그재그 항해에는 사용되지 않는다. 반평형범은 돛을 올린 후 돛대가 돛폭의 종향 중간선과 돛 앞쪽 변두리의 사이에 놓이는데, 사풍항해시 돛폭의 대부분이 돛대 뒤쪽에 놓이고 돛 상단의 정점도 돛대 뒤쪽에 놓인다. 돛의 중심이 뒤쪽에 위치해 있기 때문에 조작이 수월해 지그재그 항해를 해야 하는 해선에 많이 사용된다. 불평형범은 돛을 올린 후 돛대가 돛의 변두리에 위치해 있는데, 대부분이 상단이 평평한 방형연범方形軟帆으로서 강선 및 소형 연해해선에서 많이 사용된다.

18) 郑明·桂志仁(2013), 「中华帆-中国传统舟船帆篷的起源与发展」, p.27.

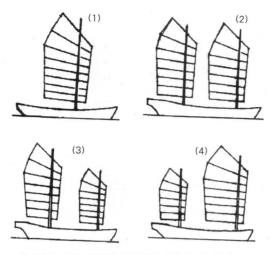

〈그림 4-13〉 야거리 및 당두리의 돛대 설치도[19]

중국 고선은 한 척의 배에 돛대와 돛을 설치할 때 배의 크기와 용도(강선 또는 해선)에 따라 돛의 개수와 크기가 상이하다. 〈그림 4-13〉은 돛대가 하나인 야거리와 돛대가 두 개인 당두리의 돛대 설치도를 나타난 것이고, 〈그림 4-14〉는 돛대가 세 개인 세대박이의 돛대 설치도이다.

원양 해선은 일반적으로 3개의 돛대를 세우고 3폭의 돛을 설치하는데, 각각 주돛主帆, 선수돛頭帆, 선미돛尾帆 등으로 호칭하며, 설치방법은 〈그림 4-14〉와 같다. 주돛은 크기가 가장 큰데, 사풍항해시 주된 역할을 한다. 선수돛은 선수 쪽 가장 앞부분의 돛대에 설치된 돛을 가리키는데, 주돛 다음으로 크다. 선수돛은 바람 받는 면적을 증가시킬 뿐만 아니라

---

19) 郑明·胡牧·钟铠(2011), 「中华帆的起源与发展」, 『國家航海 1』, p.177. 〈그림 4-13〉에서 (1)은 야거리 범선이고 (2), (3), (4)는 당두리 범선이다. (2)의 전후 돛은 크기가 동일하고 (3)은 앞쪽 돛이 작고 뒷부분 돛이 크며 (4)는 반대로 앞쪽 돛이 크고 뒤쪽 돛이 작다.

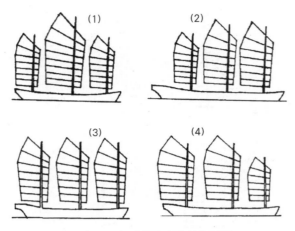

〈그림 4-14〉 세대박이의 설치도[20]

풍압중심을 낮추기 때문에 안전성을 높이고 조작성능을 향상시켜 항속을 높인다. 갑자기 큰 바람을 만났을 때는 주돛을 내리고 선수돛만 사용한다. 선미돛은 선미에 설치된 돛을 가리키는데, 주돛이나 선수돛에 비해 상당히 작다. 주로 바람 받는 면적을 증가시켜 항속을 높이는 외에 타와 함께 항해방향을 조절하는 역할을 해 지그재그 항해시 회전반경을 줄이는 역할을 한다. 만약 한 척의 배에 2개 이상의 주돛을 설치했을 경우 전주범前主帆, 중주범中主帆, 후주범後主帆 등으로 분류하며, 후범도 2개 이상 설치했을 경우 좌후범左後帆, 우후범右後帆 등으로 분류한다.

　돛의 높이는 돛대의 제한을 받는다. 돛의 하단은 반드시 돛대 받침대와 돛틀 위쪽에 조타수의 시선에 영향을 미치지 않도록 설치하며,

20) 郑明·胡牧·钟铠(2011), 『中华帆的起源与发展』, p.177. 〈그림 4-14〉는 세대박이 범선이다. 돛의 설치상황을 보면 (1)은 중앙 돛이 크고 전후 돛이 작으며 (2)는 뒤쪽 돛이 작고 중앙 돛과 앞쪽 돛이 크다. (3)은 전후 돛과 중앙 돛이 모두 동일하고 (4)는 앞쪽 돛이 작고 중앙 및 뒤쪽 돛이 크다.

〈그림 4-15〉 중국 고범의 보조 돛 유형[21]

돛의 상단은 돛대 정점에 설치한 활차滑車의 아래쪽에 놓이도록 한다. 돛 상단은 사선각도가 50°에 달하기 때문에 상단의 정점이 돛대 정점보다 2m 이상 높을 때도 있는데, 이는 돛을 최대한 활짝 펼쳐 돛대정점 위쪽의 고층바람을 충분히 이용하기 위해서이다.

선수돛, 선미돛 및 주돛의 높이의 비례수치는 각 돛대 간의 높이의 비례수치와 기본적으로 일치한다. 그 수치는 각각 0.7과 0.5이며, 일부

---

21) 水运技术词典编写组(1980), 『水运技术词典』, p.160. 〈그림 4-15〉에서 (1)과 (7)은 외도外挑, (2)는 좌군坐裙, (3)은 천교天橋, (4)는 전삽화前插花, (5)는 후삽화後插花, (6)은 이오耳捂이다.

선박은 선수돛의 상단 정점이 주돛의 상단최저점과 일치하도록 설치한다. 돛폭과 관련해 명나라 해선은 "돛폭이 선폭과 동일하다."는 기록이 있지만, 그 후 선박 건조기술이 발전하면서 대부분 복선福船과 광선廣船의 주돛폭은 선폭보다 넓어졌는데, 일부 주돛의 폭은 선폭의 2~2.5배에 달하기도 했다. 이는 돛대와 돛의 높이가 제한된 관계로 바람을 받는 면적을 증가시키기 위해 부득이 취한 조치이다. 선수돛, 선미돛의 폭은 주돛폭의 각각 0.3과 0.5에 해당된다. 모든 돛폭의 총면적은 선박의 만재배수량 또는 적재량과 일정한 비례관계를 보이고 있다. 대체적으로 3~4㎡/적재량이며, 선수돛, 선미돛과 주돛의 면적비례수치는 일반적으로 0.3~0.4와 0.1~0.2이다.

중국 고범은 선수돛, 주돛, 선미돛 외에도 바람을 충분히 이용하기 위해 보조돛을 사용하기도 하였다. 이러한 보조돛은 설치한 위치에 따라 시대에 따라 상이한 명칭을 사용하였다. 주돛 또는 선수돛의 옆쪽에 설치한 보조돛을 '외도外挑' 또는 '외괘外挂'라고 호칭하였으며, 주돛의 아래쪽에 설치한 보조돛을 '좌군坐裙'이라고 호칭하였다. 주돛의 상단과 선수돛의 상단 사이에 설치된 보조돛을 '천교天橋'라고 호칭하였으며, 선수돛 상단과 선수 사이에 비스듬히 설치된 보조돛을 '전삽화前揷花'라고 호칭하였다. 또한 주돛 상단과 선미 사이에 비스듬히 설치된 보조돛을 '후삽화後揷花'라고 호칭하고 주범 상단과 선수 사이에 비스듬히 설치된 보조돛을 '이오耳梧'라고 하였다. 이외에도 돛대 상단에 설치된 방형 돛을 '두건정頭巾頂' 또는 '야호범野狐帆'으로 불렀다. 이러한 보조돛에서 '외도', '좌군'이 순풍항해시 사용되고, 기타 보조돛은 편풍偏風항해시 사용된다. 하나의 보조돛은 돛의 면적을 증가하여 항속을 높일 수 있을 뿐만 아니라 돛의 풍압중심을 낮춰 안전하게 항해할 수 있게 했다.

중국 고범은 초기에 대부분 천연재료를 이용해 만들었다. 예컨대

나뭇잎, 대나무 잎, 대나무 껍질, 갈대, 부들 등을 엮어서 만들었는데, 이들 재료로 만든 돛은 약간 거칠고 두꺼우며 무겁다. 이러한 재질로 만든 돛을 일반적으로 봉篷이라고 호칭하는데, 모두 경범硬帆에 속한다. 면적이 큰 돛은 약 1㎡ 정도의 부들자리나 삿자리를 여러 개 연결해 일정한 정도 크기의 돛폭을 만든 후 변두리는 풀리지 않도록 끈으로 단단히 꿰매고 중간에는 범죽帆竹을 설치해 강도를 높였다. 이러한 제작방법은 상당히 오랜 기간 사용되었다.

그 후 생산기술이 발전되어 삼麻, 실絲, 면棉 등을 이용해 만든 천이 나타나면서 돛도 이와 같은 천을 이용해 제작하였는데, 이러한 돛을 포범布帆이라 하며 상당히 가볍다. 천주고선 출토 당시 선미부에서 상당한 크기의 대나무 삿자리가 발견되었는데, 이 해선은 경범을 사용하였을 것으로 추정할 수 있다.

중국 고범은 오랜 역사적 과정을 거쳐 발전해 왔다. 중국 고범의 기원과 관련해 중국학자들은 서로 상이한 견해를 보이고 있다. 일부 학자들은 은상시기에 나타났다고 주장하고 또 일부 학자들은 춘추전국시기에 나타났다고 주장하고 있다. 비록 그 시원에 대해서는 견해가 상이하지만 모두 늦어도 춘추전국시기에는 이미 나타났다는 데 인식을 같이 하고 있다. 사료에는 중국 고범과 관련해 많은 내용이 기재되어 있지만, 현재까지 전해내려 온 당시 사람들이 그린 범선도帆船圖가 수록된 사료는 극히 적다. 명대에 이르러서야 범선도가 대량으로 나타나기 시작하였다. 이와 같은 범선도를 통해 중국 고범의 특징과 구조를 종합해 보면 다음과 같다.

첫째, 중국 고범은 대부분 천연재료, 즉 대나무껍질, 갈대, 부들 등을 엮어서 만들었으며, 그 후 기술이 발달하면서 삼, 실, 면 등으로 제작된 천을 이용해 만들었다.

둘째, 중국 고범의 돛폭에는 횡방향으로 수량이 일정하지 않은 범죽을 설치하였는데, 이러한 범죽은 대나무 또는 나무장대로 만들었다. 범죽은 돛폭을 반듯하게 펼쳐 바람 받는 면적을 증가시켜 항속을 높였으며 또한 자체의 무게를 이용하여 신속히 돛을 내릴 수 있어 작업효율을 높였다. 범죽의 설치로 인해 돛폭에 많은 구멍이 뚫려도 여전히 사용할 수 있어 비용을 절약할 수 있다.

셋째, 중국 고범은 발전과정에서 용도와 해역에 따라 장방형, 제형, 부채형의 돛으로 발전하였다.

넷째, 선박의 크기와 용도에 따라 고선에 설치된 돛대와 돛은 그 수량과 방법이 상이하다. 예컨대 돛대와 돛이 각각 3개일 경우 돛은 "선수돛이 작고 중앙돛과 선미돛이 큰" 방식으로 설치하거나 "선미돛이 작고 선수돛과 중앙돛이 큰" 방식으로 설치하였으며, 또는 "중앙돛이 크고 선수돛과 선미돛이 작은" 방식으로 설치하기도 하였다.

다섯째, 중국 고선은 매 돛대에 한 폭의 돛을 설치한 외에도 보조돛을 설치하였다. 즉 2개의 돛대 사이거나 주범主帆의 변두리에 돛을 설치하였는데, 설치위치에 따라 외도外挑, 좌군坐裙, 천교天橋, 전삽화前揷花, 후삽화後揷花, 이오耳捂 등으로 나뉜다.

여섯째, 돛을 조종하기 위해 중국 고선의 돛에는 각종 기능을 구비한 많은 범삭帆索을 설치해 돛을 올리거나 내리고 방향을 조절하였다.

이상에서 살펴본 것처럼, 중국의 고범은 주변국인 한일의 전통돛은 말할 것도 없고, 동남아시아, 서남아시아, 중동 및 유럽 그 어느 지역에서도 볼 수 없는 독특하고 정교하며 다양한 형태로 발전하였다. 이는 다른 여러 문명과 이기에서와 같이 해양활동의 기본 도구인 선박과 돛에서도 중국 문명의 고유한 특성이 잘 나타난 사례라고 할 수 있다.

참고문헌

〈사료〉

佚名(宋代),『江帆山市圖』, 臺北故宮博物院收藏, 1100.

劉熙(漢),『釋名：釋舟』, 育民出版社, 1959.

李唐(南宋),『江山小景圖』, 臺北故宮博物院收藏.

李昉等(北宋),『太平禦覽』卷771, 舟部四, 中華書局, 1960.

〈연구논저〉

水运技术词典编写组,『水运技术词典』, 北京：人民交通出版社, 1980.

郑明·胡牧·钟铠,「中华帆的起源与发展」,『国家航海』1, 上海中国航海博物馆, 2011.

郑明·桂生仁,「中华帆－中国传统舟船帆篷的起源与发展」,『中国文化遗产』4, 中国文化遗
       研究院, 2013.

造船史话编写组,『造船史话』, 上海：上海科学技术出版社, 1979.

唐志拔,『中国舰船史』, 北京：海军出版社, 1989.

席龙飞,『中国造船史』, 武汉：湖北教育出版社, 2000.

席龙飞,『蓬莱古船与登州古港』, 大连：大连海运学院出版社, 1989.

杨槱,『中国造船发展简史』, 上海：上海交通大学出版社, 1962.

王冠倬,『中国古船图谱』, 北京：生活·读书·新知三联出版社, 2000.

林华东,「中国风帆探渊」,『海交史研究』2, 外交通史研究会·福建省泉州海外交通史博物馆,
       1986.

중국 고대 항해도 및 항해도구

해도海圖라 함은 바다와 연해의 육지를 그린 것이고 항해도航海圖는 항해를 목적으로 그린 해도이다. 중국 고대의 수로도水路圖, 해로도海路圖, 침로도針路圖 등은 모두 항해를 목적으로 그린 것이기 때문에 항해도에 해당된다. 항해도 외에도 해양과 관련된 해도에는 해방도海防圖, 연해형세도沿海形勢圖 등이 있다. 현대나 고대를 막론하고 선박이 출항지에서 출발하여 안전하게 목적항에 도착하려면 선박이 튼튼해야 했을뿐만 아니라 선박조종기술 및 선박의 위치와 항해방향을 확정하는 것과 같은 선진적인 항해기술을 갖추어야 한다.

중국은 수천 년의 항해역사를 가지고 있다. 구석기시대에 중국 선조들은 이미 바다와 접촉하였으며 신석기시대에 이르러서 연해지역 거주민들은 배를 만들어 사용하기 시작하였다. 서주西周 시기(기원전 1046~771년) 동부 연해지역의 여러 민족들은 해상활동을 상당히 활발하게 진행하였으며 춘추전국春秋戰國 시대(기원전 770~221년)에는 비교적 큰 규모의 해상활동을 하였다. 진시황秦始皇은 통일된 정권인 진秦나라(기원전 221~207년)를 건국한 후 여러 차례 연해지역을 순찰하였었는데, 그 발자취가 요녕遼寧 서부, 하북河北, 산동山東, 강소江蘇, 절강浙江 등 연해지역까지 미쳤다. 이 시기의 가장 유명한 항해활동은 서복徐福의 원양항해이다. 한漢나라 시기(기원전 202~기원후 263년)에는 스리랑카에 이르는 해상 실크로드가 형성되었다. 해상교통의 발전과 더불어 해양에 관한 사람들의 인식도 풍부해졌으며 상대적으로 고정된 해상항로가 형성되면서 항해도의 출현에 기초를 마련하였다.

Ⅰ. 고대 항해도

1. 명 이전의 항해도

당唐 시기(618~907년) 중국의 항해활동은 상당히 활발하게 진행되었으며 지도학地圖學도 상당히 발달해 유명한 지도가 나타나기도 하였다. 오늘날까지 보존되어 온 그 시기의 해도가 아직 발견된 것은 없지만 역사 문헌의 기재로부터 그 당시 해도가 존재했음을 확인할 수 있다. 가탐賈耽(730~805년)은 당 중기의 유명한 지리학자인데 그가 집필한 『해내화이도海內華夷圖』는 상당히 유명하다.

> "너비는 3장丈이고 높이는 3장 3척尺인데 1촌寸이 100리里에 해당하다. … 4극極을 축소하여 도폭에 담았으며 100개 군郡을 도폭에 그렸다. 광활한 우주를 담았지만 좁아 보이지 않고 자연스러우며 주차舟車가 다니는 길이 한눈에 들어온다."[1]

---

1) 劉昫(後晋), 『舊唐書 : 賈耽傳』 卷138, 列傳 第88.

여기에서 말하는 "주차가 다니는 길"은 수륙교통로를 가리키는 것이므로 『해내화이도』를 항해도라고 해도 과언이 아니다.

송원宋元 시기(960~1368년)의 사료에서 해도에 관한 기록을 다수 발견할 수 있다. 1123년 서긍徐兢이 급사중給事中 노윤적路允迪 및 중서사인中書舍人 부묵경傳墨卿을 따라 고려로 출사하였다가 돌아온 후 『선화봉사고려도경宣和奉使高麗圖經』을 집필하였는데, 이 저서의 34~39권에는 '해도海道'에 관한 내용이 기록되어 있다. 즉 절강浙江 용강甬江(닝보에 위치함)에서 시작해 고려에 이르기까지 경과한 모든 항로를 기재하였다. 이 중 "신주神舟가 통과한 도서와 초석을 근거로 해도를 그렸다."[2]는 기록이 있다. 비록 그 후 이런저런 원인으로 원도原圖가 분실되었지만 분석을 통해 산, 도서, 초석의 형태를 그린 원시적인 항해도임을 알 수 있다. 또한 신주는 초보산招寶山, 호두산虎頭山, 매령梅嶺, 해려초海驢礁 등 모두 42개 지명을 경과하였다고 기록하였다. 이와 같이 해로 옆에 산, 도서, 초석 등의 도형을 그림으로 표기한 것이 바로 중국 고대 원시적 항해도인 것이다.

송 시기의 왕응린王應麟이 집필한 『옥해玉海』 15권에는 다음과 같은 내용이 기재되어 있다.

"(소흥紹興) 2년 5월 추밀원령樞密院令 정보에 의하면 적이 회양淮陽과 해주海州에 주둔해 있으며 배를 이용해 몰래 남하를 시도함으로써 강소江蘇, 절강浙江지역을 진동시켰다. 강소해역 남부지역은 해도海道를 이용하면 빠르게 도착할 수 있으며 절강, 강소지역을 왕래할 수 있다. 양절로兩浙路 통수를 불러서 관원을 파견해 … 도본圖本을 바쳤다고 들었다."[3]

---

2) 徐兢(北宋), 『宣和奉使高麗圖經』.

여기에서의 도본은 해로도海路圖를 말하는데 이는 1132년에 발생한 일이다.

『송사宋史』 475권에는 1135년 10월에 유예劉豫가 해도海道와 전함모형을 바쳤다는 기록이 있다.[4] 또한 『신원사新元史』의 기재에 의하면, 남송 말년 금나라 군사가 양번襄樊을 포위 공격할 때 학자 김리상金履祥이 남송 조정에 금나라 군사를 물리칠 방책을 제시하였다.

> "대군이 해로를 이용해 연계燕薊로 진공하면 양번의 포위는 자동적으로 해결된다고 아뢰었다. 동시에 항로와 묘박지를 상세히 서술하였는데 주현州縣 및 해중의 도서와 해로의 원근, 난이점을 일일이 기록하였다. 그러나 송나라 관원은 이 방책을 채택하지 않았다. 백안伯顔의 부대가 임안臨安을 점령할 때 이 책과 해도를 획득한 후 송나라의 재고품, 도서, 기기 등을 해로로 연경燕京으로 운송하도록 명하였다. 그 후 주청朱淸, 장선張瑄이 개척한 해운항로는 김리상이 표기한 도서와 한 치의 차이도 없다."[5]

위의 기록을 통해 당시 김리상이 제안한 항해도는 비교적 정확했음을 알 수 있다.

---

3) 王應麟(南宋), 『玉海』 卷15, 「紹興海道圖」.

4) 脫脫(元), 『宋史』.

5) 柯劭忞(淸), 『新元史』 列傳131, 「儒林一」.

2. 명대 항해도

(1) 중국 최초의 고대 항해도

항해술이 발전하면서 명대에 항해와 관련된 많은 저서들이 발간되었다. 송대부터 지남부침이 항해에 사용되었기 때문에 항로를 '침로'라고도 불렀던 관계로 이러한 저서들을 일반적으로 '침경針經' 또는 '침로부針路簿', '수로부水路簿'라고 불렀다. 명대의 이와 같은 저서들로는 『도해방정渡海方程』, 『항해침경航海針經』, 『사해지남四海指南』, 『침보針譜』, 『침위편針位篇』, 『해도경海道經』 등이 있다. 이 중 『해도경海道經』에 중국 최초의 고대항해도인 『해도지남도海道指南圖』가 수록되어 있다.

『해도지남도』는 명나라 인들이 송나라와 원나라, 더 이른 시기의

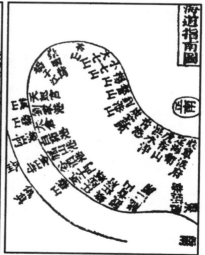

〈그림 5-1〉 해도지남도海道指南圖[6]

---

6) 孙光圻(2005), 『中国古代航海史』, p.342.

조운항로를 기초로 하여 그린 것이다. 『해도지남도』는 3쪽의 2면지에 그려져 있는데 모두 6폭이며 서로 이어 맞출 수 있다. 그림의 오른쪽이 남이고 왼쪽은 북이며 위쪽이 동향이고 아래쪽이 서향이다. 그림은 주로 북쪽의 요하遼河의 지류인 류하柳河에서 시작해 남쪽의 영파寧波(현재 닝보)에 이르는 해상조운항로가 지나는 연안의 자연특징 및 독특한 지형지물의 이름 등을 표기하였다. 이 항해도는 현재까지 중국 내에서 발견된 최초의 내해 항해도이다.

(2) 류구과해도琉球過海圖

명 시기에 발간된 '침경'에는 『해도지남도』와는 다른 원시적 유형의 항해도인 '산서도초도山嶼島礁圖'와 '침로도針路圖'가 수록되어 있다. 이 중 대표적인 것이 『류구과해도』이다. 『류구과해도』는 1579년 류구琉球로 출사하였던 소숭업蕭崇業이 귀국한 후 발간한 『사류구록使琉球錄』에 수록되어 있는 침로도이다. 중국의 복건福建 매화소梅花所에서 출발하여 류구의 나하항那霸港에 이르는 침로를 기재하였으며 그 모양은 장폭으로 되어 있다. 이 침로도에는 다음과 같은 내용이 기재되어 있다.

"매화두梅花頭에 정남풍이 불 때 동사산東沙山에서 진침辰針 방향으로 6경更을 항해한 후 다시 진손침辰巽針 방향으로 2경을 항해하면 소류구두小琉球頭에 도착한다. 을묘침乙卯針 방향으로 4경을 항해하면 팽가산彭佳山에 이르고 묘침卯針 방향으로 10경을 항해하면 조어서釣魚嶼에 이른다. 다시 을묘침 방향으로 4경을 항해하면 황미서黃尾嶼에 이르며 또 다시 묘침 방향으로 5경을 항해하면 적서赤嶼에 이르고 묘침 방향으로 5경을 항해하면 고미산古米山에 이른다. 그 후 을묘침 방향으로 6경을 항해하면 마치산馬齒山에 이르며 최종 류구에 순조롭게 도착할 수

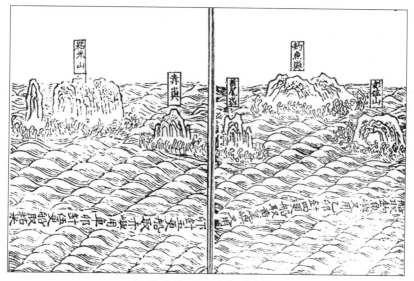

〈그림 5-2〉 류구과해도8) (일부)

있다."7)

이 침로도는 대체적으로 좌측이 동쪽이고 우측이 서쪽이며 위측이 남쪽이고 아래측이 북쪽이다. 침로는 서쪽에서 동쪽 방향으로 전개되었으며 침로의 북쪽에는 동사산東沙山, 동용산東涌山, 남이산南已山의 모양이 그려져 있고, 남쪽에는 동장산東墻山, 평가산平佳山, 소류구小琉球, 계롱서鷄籠嶼, 화병서花瓶嶼, 팽가산彭佳山, 조어서釣魚嶼, 황미서黃尾嶼, 적서赤嶼, 고미산古米山, 마치산馬齒山, 계뢰미溪賴米 등 산과 도서가 그려져 있다.

---

7) 본 논문에서 "××침針"은 방위를 가리키고 "×경更"은 항해거리를 가리킨다. 경更은 항정航程과 항해거리를 가리키는데 1경에 해당되는 거리가 20㎞, 25㎞, 30㎞라고 각각 주장하고 있다. 방위에 관한 상세한 내용은 지남부침을 참고하기 바람.
8) 명대 발간된 『사류구록使琉球錄』을 참고하였음.

(3) 정화항해도鄭和航海圖

　명 시기(1368~1644년)는 중국 고대 항해활동이 정점에 달하던 시기
이다. 성조成祖는 명의 정치적 영향력을 강화하고 안정적인 국제환경을
조성하기 위해 막강한 경제력을 바탕으로 선진적인 조선기술과 항해술
을 이용해 '정화하서양鄭和下西洋'이라는 위대한 원양항해를 실시하였다.
원양항해과정에서『정화항해도』가 탄생되었는데 명나라의 모원의茅元
儀가 1621년에 집필한『무비지武備誌』에9) 수록되어 있으며 제작연대는
대체로 15세기 초이다.

　『정화항해도』는 총 44개 도폭으로 구성되어 있는데, 이 중에는 40폭
의 항해도와 4폭의 과양견성도過洋牽星圖가 있다. 44폭의 그림을 연결하
여 놓으면 총 길이가 630㎝에 달한다. 앞부분의 40폭 항해도는 정화하서
양의 항로 및 경과지역의 지리개황을 그렸는데 주로 항해와 관련된

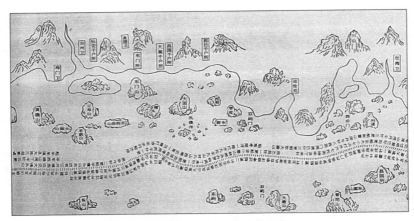

〈그림 5-3〉 정화항해도(일부)10)

---

9) 茅元儀(明),『武備誌』, 1621.
10) 중국 국가도서관에서 소장하고 있음.

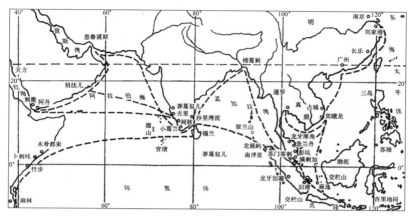

〈그림 5-4〉 정화항해도[11]

요소들이 포함된다. 이러한 요소에는 육지와 도서의 연안형태, 여울, 초석, 항구, 하구, 연해도시, 산봉우리 및 항로표지로 사용할 수 있는 육지의 지물인 보탑, 사원, 다리, 깃대 등이 포함되며 또한 항로와 이에 대한 설명도 포함된다. 이외에도 지리적 명칭과 지물이름 500여 개를 상세히 표기하였으며, 각 지역과 관련된 도폭은 표기한 내용도 다르며 각 항해구역의 항해특징을 잘 나타내고 있다. 예컨대 장강하구에서 말라카해협에 이르는 항로는 기본적으로 연안항로이고 또한 주로 지남부침으로 항해하였기 때문에 그림 위쪽에 방위方位, 항정航程이 비교적 상세히 기록되어 있다. 그러나 인도양 횡단항로는 주로 지남부침 항해와 천문항해를 겸용하였기 때문에 이에 관련된 그림에는 항로에 관한 설명 외에도 천체고도가 표기되어 있다.

40폭의 항해도는 항로를 중심으로 배치되었는데 매 도폭의 방위는 서로 다르다. 표기된 항로는 오늘의 강소성江蘇省 남경南京에서 출발한 후 장강하구를 지나 연안을 따라 남쪽으로 향한다. 중남반도中南半島,

---

11) 孙光圻(2005), 『中国古代航海史』, p.399.

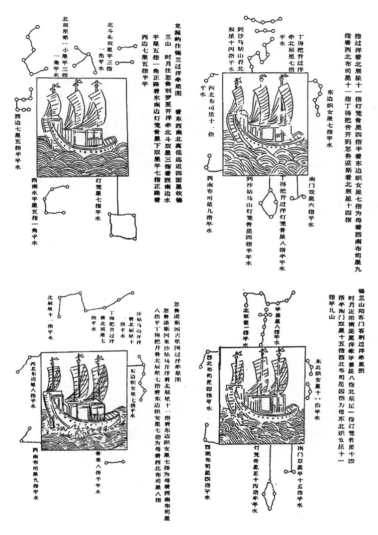

〈그림 5-5〉 견성도[12]

말레이반도, 말라카해협을 경과해 몰디브에 도착하는 항로는 두 갈래

---

12) 『해도학개론海圖學概論』을 참고하였음.

로 나뉜다. 한 갈래는 인도양을 횡단하여 아프리카 동해안의 모가디슈에 도착한 뒤 연안을 따라 북상하여 호르무즈에 이르는 항로이고, 다른 한 갈래는 아랍 해역을 거쳐 호르무즈로 직행하는 항로이다. 항해도에는 총 100여 개의 왕복항로가 표기되어 있는데 항로에 관련된 항해방향(전통적인 24방위로 표시), 항정('경更'을 단위로 함) 및 관련 항로의 수심 깊이, 초석분포 등에 대한 설명이 표기되어 있다.

4폭의 '과양견성도'는 천문항해에 사용되는 전용도인데 매 폭의 중심에는 범선이 그려져 있고 주위에는 천문항해에 필요한 별자리가 그려져 있으며 별자리의 명칭, 방위 및 고도가 표기되어 있다. 천체고도는 '지指', '각角'을 단위로 사용하였으며 1지는 4각에 해당되는데 대체로 1.9°에 해당한다.

'정화항해도'는 항로설명서에 의존하지 않고 단독으로 발행된 중국 최초의 항해도이며 체계적인 항해도집航海圖集으로서 중국 항해도 발전사에서 중요한 이정표이기도 하다.

(4) 남해천서南海天書 '경로부更路簿'

펑아이친馮愛琴의 남해천서 '경로부更路簿'에 의하면, 현재까지 발견된 '경로부'에는 '남해경로經南海更路經', '서남사경부西南沙更簿', '주명동註明東, 북해경로부西更路簿', '거서去西, 남사적수로부南沙的水路簿' 등이 있다. 이러한 항해도는 중국 해남도 어민들이 서사군도, 남사군도 등 남해해역에서의 어로활동을 기초로 그린 것인데 항로, 천문지식, 기상과 수문지식 및 항해선로표지도 등이 포함된다. 이러한 항해도에 표기된 지명은 대부분 현지 언어를 사용했을 뿐만 아니라 판본의 내용 차이로 인해 판독이 상당히 어려워 '남해천서'로 불리고 있으며 현재 중국 광동성박물관 및 해남성海南省박물관에 소장되어 있다. '경로부'는 남해

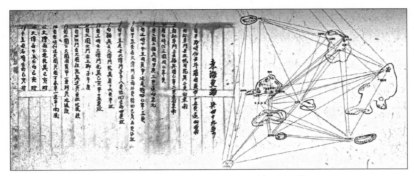

〈그림 5-6〉 남해천서 '경로부'의 일부[13]

어민들이 최초로 만든 것인데, 정화하서양鄭和下西洋 이전 복건福建 지역
선원들이 만든 수로부水路簿를 참조해 자신들이 남중국해 어로작업을
통해 쌓은 항해경험을 기초로 만든 것이다. 명 중기부터 점차 세상에
알려지기 시작했으며, 명 말기, 청 및 중화민국 시기에 널리 이용되었다.
'경로부'는 시간, 항해방향 및 거리가 표기되어 있는데, 어선의 특징,
해수방향, 유속, 풍향 및 소요시간 등을 결합시켜 어선을 조선해 목표로
항해하는 데 상당히 유리하다. 현재 보존되어 있는 경로부는 10여
권이 있으며, 남중국해의 100여 개 지명 및 중요한 해양자료, 예컨대
항해방향, 시간, 거리, 해류유속, 기후변화, 도서와 암초명칭 등이 기재
되어 있다. '경로부'에는 남중국해에 널려있는 도서, 초석, 사주 등이
136개(동사군도 1개, 서사군도 38개, 남사군도 97개)가 기재되어 있다.
이를 통해 해남도 어민들의 활동범위가 광동연해, 북해, 해남도연안,
중남반도中南半島, 서사군도와 남사군도 등 광대한 해역을 포함하고
있음을 알 수 있다. '경로부'는 어민들이 남중국해 해역에서 생활하고
어업활동에 종사한 역사를 증명하는 중요한 자료이다.

---

13) 해남성박물관에 소장되어 있음.

II. 고대 항해도구

1. 망두望斗 및 양천척量天尺

중국인들은 아주 오래 전부터 천문항해기술을 익히고 있었으며, 천문지식과 도구를 이용해 항해중 별을 관측하고 높이를 측정하여 선박의 항해 방향과 대체적인 지리적 위치를 확정하여 안전항해를 하였다.

고대 사료에는 중국 하夏 시기(약 기원전 2070~기원전 1600년)에 이미 북두칠성을 관측하였다는 기록이 있으며, 상商(약 기원전 1600~약 기원전 1046년)과 주周 시기(기원전 1046~기원전 256년)에는 새로운 별을 관측하였다고 한다. 춘추시기에는 621개 행성적도좌표수치와 황도내외도수가 확정된 『석씨성표石氏星表』가 출판되었는데 이는 세계에서 가장 이른 별자리표 중 하나이다. 한 시기에는 원양항해가 발전함에 따라 천문항해술이 한 단계 더 발전되었으며 136권에 달하는 천문항해도서가 출판되었다.

북송北宋 시기(960~1127년)에도 천체관측을 통해 항해방향을 확정하는 데 한정되어 있었다. 즉 태양, 달, 북두칠성이나 어느 한 별을 관측하여 동서남북 등 방향을 확정하지만 제한되어 있었으며 선박 위치를 확정하지는 못했다. 장시간 동안의 대양항해과정에서 바닷바람과 해

〈그림 5-7〉 송대 천주 고선에서 발견된 양천척[14]

---

14) 孫光圻(2005), 『中國古代航海史』, p.6.

류의 영향으로 인해 지정항로를 이탈하는 상황이 자주 발생한다. 결국 제시간에 목적지에 도착하지 못하거나 또는 표류상황이 발생하고 심할 때는 좌초하고 전복되어 배가 침몰되는 심각한 해양사고가 발생하기도 한다. 이러한 해난사고를 미연에 방지하기 위해서는 선박위치를 비교적 정확하게 확정할 수 있는 수단과 도구가 필요하였다. 즉 일정한 천체의 방위와 높이를 관측, 측량해 관측 당시 본선本船이 소재한 지리적 위치를 확정하는 것이 필요하였다. 이러한 천문정위술天文定位術은 육지 표지가 필요 없으며 날씨가 좋고 수평선이 뚜렷하기만 하면 실시할 수 있는 장점이 있다. 예컨대 지리적 위도가 낮을수록 북극성의 관측고도는 작아지고 관측각도도 작아진다. 반대로 지리적 위도가 높을수록 북극성의 관측고도가 커지고 관측각도도 커진다. 이러한 요소는 북반구에서 항해하는 선박으로서는 상당히 중요한 정위가치定位價値가 있다.

사료에 의하면 송대 중국 선원들은 이미 항해도구를 사용해 북극성 고도를 측정하여 선박의 지리적 위치를 확정했다고 한다. 남송南宋 초기(1127~1279년)의 건염建炎 3년(1129년) 감찰사 임지평林之平이 전당 강錢塘江에서 장강에 이르는 해방사무海防事務를 전담할 때 광선廣船과 복선福船에는 '망두望斗'라는 북두칠성관측의北斗七星觀測儀를 비치하고 있으며, 망두를 사용하여 북두성의 높이를 관측한다고 서술하였다. 전문가들의 연구에 의하면 이 형태는 아랍인들이 자주 사용하는 'kamal' 식 십자측천의十字測天儀와 유사하다고 한다. 천체고도관측단위는 '지指' 이다.

이외에도 1974년 중국 천주泉州에서 출토된 송나라시기의 해선선창에서 천체고도를 측정하는 도구인 '양천척量天尺'이 발견되었다. 관측 원리는 십자측천의와 동일하다.

2. 지남부침指南浮針

최초의 지남침은 전국시대(기원전 403~기원전 221년)에 나타난 '사남司南'이다. 사남은 천연자석을 가공해 둥근 숟가락 모양으로 만들어 방향을 측정하는 도구인데 상하좌우로 흔들리는 선상에서 사용하기에는 적합하지 않다. 따라서 송 시기 인공자화기술이 나타난 후 점차적으로 선상에서 사용가능한 방향측정기인 '지남부침'이 발명되었다.

북송의 과학자인 심괄沈括이 1063년에 집필한 『몽계필담夢溪筆談』에는 인공지남침 제조방법을 상세히 소개하였다.

"방가方家는 자석을 갈아서 뾰족한 바늘을 만드는데 남쪽을 가리킨다. 그러나 늘 약간 동쪽으로 기울며 완전히 남쪽을 가리키지 않는다."15)

동시에 지남침을 제조하는 4가지 방법을 소개하였다.

"수부지남침은 많이 흔들리고 손톱 및 사발 가장자리도 모두 가능하며 회전이 더욱 빠르지만 쉽게 미끄러져 떨어지기 때문에 달아 매는 것이 가장 좋다."16)

상술한 네 가지 방법 중 항해용으로 사용하기에는 수부침이 가장 간편하고 실용적이다. 왜냐하면 배가 흔들려도 용기 중의 물은 언제나 수평을 유지하기 때문에 그 위에 떠있는 수부침도 안정적으로 남북을 가리킬 수 있다. 제조방법은 "지남침을 횡방향으로 등심초燈心草를 관통

---

15) 沈括(北宋), 『夢溪筆談』 卷24, 「437. 指南針」.
16) 沈括(北宋), 『夢溪筆談』 卷24, 「437. 指南針」.

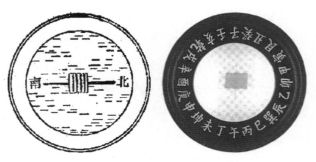

〈그림 5-8〉 지남부침 및 수부나반[17]

한 후 물위에 띄워놓으면 남쪽을 가리키는데 늘 병위丙位 쪽으로 약간 기운다."[18] 여기서 말하는 "늘 병위 쪽으로 약간 기운다."고 하는 것은 정남正南에서 동쪽으로 15° 정도 기운다는 것을 설명하는데 이는 그 당시 지자기 편각의 존재를 인식했음을 설명하는 것이며 이는 방향확정의 정밀성을 상당히 높였다.

지남부침을 이용해 항해했다고 기재한 최초의 사료는 북송 선화원년 宣和元年(1119년) 주욱朱彧이 편찬한 『평주가담萍洲可談』이다.

"주사舟師는 지리를 알고 있는데 밤에는 별을 관측하고 낮에는 태양을 관측하며 흐린 날씨에는 지남침을 관찰한다."[19]

학자들의 연구에 의하면 주욱이 상술한 내용은 자신의 부친으로부터 전해들은 것이라고 한다. 그의 부친 주복朱服은 원부元符 2년(기원 1099 년)에서 숭녕崇寧 원년元年(1102년)에 이르는 기간 광주에서 관리로 있었다. 이로부터 중국 선원들이 지남부침을 사용한 시기는 늦어도

---

17) 孫光圻(2005), 『中國古代航海史』, p.6.
18) 寇宗奭(北宋), 『本草衍義』 卷5, 「磁石」.
19) 朱彧(北宋), 『萍洲可談』 卷2.

11세기 말기로 추정할 수 있다. 이외에도 북송 선화宣和 5년(1123년) 서긍徐兢이 집필한 저서『선화봉사고려도경宣和奉使高麗圖經』에서도 지남부침과 관련한 기록이 있다.

"밤에는 해양에 머물 수 없어 별만 바라보면서 앞으로 가는데 만약 날씨가 흐리면 지남부침을 사용하여 남북을 확인한다."[20]

선상에서 지남부침을 사용하기 시작할 초기에는 다만 흐린 날씨에만 사용하는 보조도구로 사용되었음을 알 수 있다. 그러나 사용하는 과정에서 뛰어난 성능으로 인해 그 후에는 선원들이 항해방향을 확정하는 필수도구로 자리를 잡았다. 남송의 조여적趙汝適은 "선박이 왕래할 때는 오직 지남침에 의존하며 밤낮으로 조심히 관찰하는데 작은 오차도 생사에 관계된다."[21]고 강조하였다. 오자목吳自牧도 "비가 오거나 바람이 불고 날씨가 흐릴 때는 오직 나침에 의존해 항해하는데 화장火長(선장)이 책임지며, 작은 오차가 있어도 안 되는데 이는 배 모든 사람의 생명에 관계되기 때문이다."[22]고 지적하였다.

그 후 정확히 항해방향을 확정할 수 있는 수부나반水浮羅盤이 발명되었다. 수부나반은 초기 나침반의 일종인데 수부침과 원형 방위판이 조합되어 만들어진 것이다. 방위판에는 12지지地支의 자子, 축丑, 인寅, 묘卯, 진辰, 사巳, 오午, 미未, 신申, 유酉, 술戌, 해亥 등 12개 한자로 원판을 12등분한 후 이 12개의 한자 사이에 다시 천간天干의 갑甲, 을乙, 병丙, 정丁, 경庚, 신辛, 임壬, 계癸 등 8개 한자 및 팔괘八卦의 건乾, 간艮, 손巽, 곤坤 등 4개 한자를 삽입하여 24개 방위의 나반을 만든다. 매 글자

---

20) 徐兢(北宋),『宣和奉使高麗圖經』卷34,「海道一·牛洋礁」.
21) 趙汝適(南宋),『諸蕃誌』卷下,「海南」.
22) 吳自牧(南宋),『夢梁錄』卷12,「江南艦船」.

사이는 15° 차이가 난다. 만약 인접한 2개 글자 중간을 또 하나의 방향으로 보았을 때 수부나반은 매 방향마다 7°30′의 차이가 있는 48개 방위를 가진 수부나반이 된다. 사용할 때에는 먼저 자子, 오午를 남, 북에 맞추고 항해방향이 어느 글자와 관련이 있는지를 관찰한다. 만약 어느 글자와 정확히 맞아떨어지면 이를 '단침丹針'이라 하고 '모침某針' 또는 '단모침丹某針'이라 부른다. 만약 항해방향이 2개 글자 사이에 있을 때는 '봉침縫針' 또는 '모모침某某針'이라고 부른다.

3. 견성판牽星板

명나라 정화하서양鄭和下西洋 때도 여전히 천문항해술을 이용하여 원양항해를 하였는데 주로 천문 정위술定位術과 견성술牽星術을 사용하였다. 정화 선대가 별을 관측할 때 사용한 도구는 '견성판牽星板'이다.

"소주蘇州의 마회덕馬懷德은 견성판 한 벌을 가지고 있는데 12개 조각으로 되어 있으며 오목烏木으로 만들었다. 작은 것에서 시작해 크기가 점차 커지는데 큰 것은 길이가 7여 촌寸에 달한다. 1지指, 2지 등에서 시작하여 12지까지 표기되어 있으며 모두 상세하게 명확히 새겨져 있다."[23]

"또 상아 한 조각이 있는데 길이가 2촌이고 4각이 모두 없으며 위에는 반지半指, 반각半角, 1각角, 3각 등 글자가 새겨져 있다."[24]

학자들의 연구에 의하면 견성판은 오목으로 만든 12개의 정방형

---

23) 李詡(明), 『戒庵老人漫筆』 卷1, 「周髀算尺」.
24) 李詡(明), 『戒庵老人漫筆』 卷1, 「周髀算尺」.

목판으로 구성되었는데 매 하나의 목판은 그 변의 길이 차이가 1지(약 2cm)이며, 가장 작은 목판의 변의 길이는 약 2cm인데 1지라고 부른다. 가장 큰 목판의 변의 길이는 약 24cm인데 12지라고 부른다. 사용법은 한손에 견성판을 잡은 후 팔을 곧게 펴서 눈으로 견성판의 상단과 하단을 바라본다. 만약 견성판의 상단이 정확히 관측하려는 별을 가리키고 하단이 정확히 수평선을 가리키면 이 견성판의 '지수指數'가 곧 관측하려는 별의 높이가 된다.

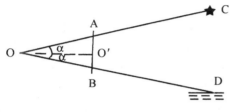

〈그림 5-9〉에서와 같이 변의 길이가 2cm인 견성판을 사용했을 경우 다음과 같은 결과를 추리할 수 있다.

견성판 변의 길이 AB가 2cm이고, 팔의 길이인 OO'는 약 60cm이며 O는 관측자

〈그림 5-9〉 견성판 천체고도 측정법

의 눈이다. C는 관측하려는 별이고 D는 수평선이다. 직삼각형 AOO'에서

$$\tan \alpha = \frac{OA}{OO'} = \frac{1}{60} = 0.0166$$

즉 $\alpha = 0.95°$, 따라서 $2\alpha = 1.9°$

이로써 1지가 $1.9°$임을 알 수 있다.

지指 아래 단위는 각인데 1각은 1/4지에 해당하다. 『정화항해도』의 기록에 의하면 정화 선대가 관측한 천체는 상당히 많지만 그중에서 가장 많이 관측된 천체는 북두칠성(작은곰자리 α)인데 23차례나 관측되었다. 그리고 화개성華蓋星(작은곰자리 β, γ)이 9차례, 등롱골성燈籠骨星(남십자자리)이 8차, 직녀성(거문고자리 α)이 7차례, 서북포사성西北布司星(쌍둥이자리)이 6차례, 서남포사성西南布司星(전갈자리 β)이 5차례,

남문쌍성南門雙星(켄타우루스자리α, β)이 3차례 관측되었으며, 북두쌍성北斗雙星(큰곰자리a, β), 수평성水平星(용골자리), 칠성七星(플레이아데스 산개성단)이 각각 2차례씩 관측되었다. 북두칠성, 화개성, 등롱골성이 빈번히 관측된 것은 북두칠성이 북쪽에 위치해 있고 위치가 변함이 없을 뿐만 아니라 수평선 높이가 관측점의 위도와 동일하기 때문에 항해방향과 선박 위치를 확정할 수 있기 때문이다. 선박이 북위 6°이남 해역에 위치하였을 경우 북두칠성의 수평고도는 상당히 낮아 관측하기 어렵기 때문에 여전히 하늘 높이 떠있는 화개성을 관측한 것이다. 등롱골성은 북두칠성과의 지수합계指數合計가 15지인 까닭에 남반구 해역에서 항해할 때 이 별자리를 관측하여 항해방향과 선박위치를 확인하였다.

연구에 의하면 중국 고대 항해도는 당 시기에 나타났지만 여러 가지 원인으로 인해 현재 우리가 볼 수 있는 중국 최초의 항해도는 명 시기에 출판된 『해도경』에 수록된 『해도지남도』이다. 그 후 명 시기에 많은 항해도가 나타났는데, 대표적인 것이 『정화항해도』, 『류구과해도』, 『남해천서』 등이다. 이러한 항해도는 모두 중국 항해도의 전형적인 특징을 갖추고 있는데, 모두 '대경법對景法'을 사용하여 항해도를 그렸다. 즉 항해도에 항해와 관련된 하천, 해안선, 항구, 도서, 여울, 초석, 연안도시, 산봉우리, 다리, 보탑, 사원, 깃대 등 지형지물을 상세히 표기하였다. 이외에도 일부 해역에 표기된 항로는 상당히 간략하여 문자 설명을 첨부하였다. '정화항해도'에는 지명과 침로를 표기하는 것이 증가하였다. 예컨대 모 지역에서 어떤 침위針位로 얼마의 거리를 항해하면 어느 지역에 이른다는 문자 설명이 첨가되어 있다. 이와 같이 도형, 명칭표기 및 문자설명을 상호간 결합시키는 방법으로 항해과정에서 필요한 실제적 수요를 충족시켰다. 항해과정에서 항해도에 그려진 그림과 실물을 하나하나 대조하여 현재 선박의 위치를 판단하고 항로를 결정할 수 있다.

고대 중국 선원들은 항해과정에서 '망두', '양천척', '견성판' 등의 도구를 이용하여 북두칠성 등 별들을 관찰하고 높이를 측정했으며, 이를 통해 선박의 위치와 항해방향을 확정하였는데 이는 선박의 안전항해를 보장하였다. 그 후 송 시기 수부지남침이 해선에서 사용됨에 따라 나침이 점차적으로 항해방향을 확정하는 주요 도구로 되었다. 따라서 중국 해선은 전천후 항해를 할 수 있었다.

참고문헌

〈사료〉

刘昫(後晋), 『旧唐书：贾耽传』 卷138, 列传第88, 中华书局, 1975.

沈括(北宋), 『夢溪筆談』 卷24, 「437. 指南針」, 團結出版社, 1996.

寇宗奭(北宋), 『本草衍義』 卷5, 「磁石」, 商務印書館, 1959.

朱彧(北宋), 『萍洲可談』 卷2, 商務印書館, 1941.

徐兢(北宋), 『宣和奉使高麗圖經』 卷34, 「海道一·半洋礁」, 商務印書館, 1937.

趙汝適(南宋), 『諸蕃誌』 卷下, 「海南」, 商務印書館, 1937.

吳自牧(南宋), 『夢粱錄』 卷12, 「江南艦船」, 浙江人民出版社, 1984.

王应麟(南宋), 『玉海』 卷15, 「绍兴海道图」, 江苏古籍出版社, 1988.

李诩(明), 『戒庵老人漫笔』 卷1, 「周髀算尺」, 中华书局, 1982.

茅元仪(明), 『武备志』, 学识斋, 1868.

柯劭忞(清), 『新元史』 列传131, 「儒林一」, 中国书店出版, 1988.

〈연구논저〉

孙光圻, 『中国古代航海史』, 海洋出版社, 2005.

6장

고선의 안전 관련 선박구조와 설비

　연안에서 원양으로 항해범위의 확대는 항해기술 및 조선기술의 발전과 따로 떼어 생각할 수 없다. 중국의 고대 해선은 장기간의 발전과정을 통해 점차적으로 항해해역의 환경에 가장 적합한 선박인 사선, 복선, 광선으로 발전하였다. 이를 평저선과 첨저선으로 분류하기도 한다. 평저선이나 첨저선을 막론하고 항해를 하는 과정에서 피해갈 수 없는 문제는 풍랑이다. 특히 항해 중 거센 풍랑으로 인해 선체가 해체되거나 절단되어 침몰되는 해양사고가 발생할 수도 있다. 이러한 해양사고를 미연에 방지하고 안전항해를 도모하기 위해 중국 조선 장인들은 선박을 건조할 때 종방향 및 횡방향의 강도를 강화하는 선박부재를 설치하였다.

Ⅰ. 안전항해를 위한 선박구조

1. 종방향 보강부재 : 용골

1) 사선

사선의 항해해역은 장강 이북의 황해다. 황하로 인해 대량의 모래와 흙이 황해로 유입됨에 따라 연안에는 상당히 많은 갯벌과 사주沙洲가 형성되어 선박의 항행에 많은 어려움을 주었다. 중국인들은 장기간의 경험을 통해 이와 같은 해역에 적합한 선박인 사선을 건조하였다. 사선의 주요 특징은 평저平底, 방두方頭, 방미方尾인데[1] 사선은 선저가 상당히 견고하여 선박이 갯벌에 얹히는 것을 두려워하지 않는다. 사선의 선저용골은 여러 개의 두꺼운 판재로 건조된 양단이 좁고, 중간이 넓은 평평한 복栿 형태로 되어 있는데, '편용골扁龍骨' 또는 '중심저中心底'라고도 한다.[2] 이와 같이 선저의 중앙부위에 위치한 선수미를 관통한 용골은 배가 갯벌에 얹힐 때 선체의 무게를 이겨낼 수 있을 뿐만 아니라 해저와 접촉해도 문제가 없다.

이외에도 사선의 양현에는 선수미를 관통한 대랍大欐을 설치해 선체

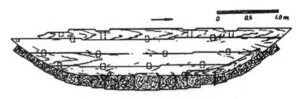

〈그림 6-1〉 사선의 선저용골[3]

1) 沈毅敏, 「沙船发展演变纵横谈」, p.20.
2) 造船史话编写组(1979), 『造船史话』, pp.112~113.
3) 席龙飞(2000), 『中国造船史』, p.213.

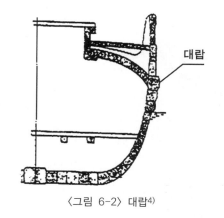

〈그림 6-2〉 대랍[4]

의 종강도를 높였다. 중대형 사선의 대랍은 일반적으로 4~6개의 굵고 긴 삼나무를 사용하는데 선체의 좌우 선현을 보호하고 파랑의 충격을 막아내는 데 중요한 역할을 한다. 또한 선체가 좌측 또는 우측으로 기울어졌을 때 대랍이 물에 잠기기 때문에 선폭을 증가시켜 선박의 안전성을 높였다.[6]

이뿐만 아니라 횡요를 줄이고 종강도를 더욱 강화하기 위해 평저선인 사선의 선체 좌우선현외측에는 경수목梗水木(또는 비판舭板)이라는 부재를 설치하였는

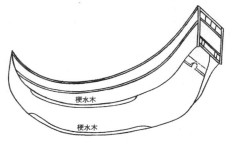

〈그림 6-3〉 선저에 위치한 경수목[5]

데, 그 위치는 선저와 선현의 연결부에 위치해 있다.[7] 선수미로 관통된 경수목은 현대 선박의 빌지킬(bilge keel)에 해당하며 배의 횡요를 줄이고 강기슭이나 부두에 닿을 때 선저와 해저의 충돌로부터 배를 보호한다.

---

4) 席龙飞(2000), 『中造船史』, p.217.
5) 席龙飞(2000), 『中国造船史』, p.174.
6) 造船史话编写组(1979), 『造船史话』, p.113.
7) 水运技术词典编辑委员会(1980), 『水运技术词典』, p.147.

(2) 첨저선

〈그림 6-4〉 천주선의 용골[8]

〈그림 6-5〉 천주선의 3중 외판구조[9]

1974년 중국 천주에서 발굴된 송대의 해선은 전형적인 첨저선이다. 해선의 선저에는 두 가닥 굵은 소나무를 연결하여 만든 방형용골이 선수미를 관통했는데, 이는 선체의 종강도를 강화하여 선체가 절단되지 않도록 보강하였다.[10] 선체의 종강도를 한층 강화하기 위해 용골 외 첨저선도 사선과 마찬가지로 선체의 양현에 좌우 대칭되게 종방향으로 하나 또는 여러 개의 대랍과 경수목을 설치했으며,[11] 또한 현판을 2중, 3중으로 건조해 선체의 강도를 높였다.

광선도 복선과 마찬가지로 선수미를 관통한 용골을 설치해 종강도를 강화하였다.

---

8) 福建省泉州海外交通史博物館(1987), 『泉州湾宋代海船发掘与研究』, p.17.

9) 福建省泉州海外交通史博物館(1987), 『泉州湾宋代海船发掘与研究』, p.191.

10) 福建省泉州海外交通史博物館(1987), 『泉州湾宋代海船发掘与研究』, p.16.

11) 水运技术词典编辑委员会(1980), 『水运技术词典』, p.147.

2. 횡방향 보강부재 : 수밀격벽 및 늑골

중국의 고대 해선은 그 유형을 막론하고 선박의 횡강도를 높이기 위해 선체 내부에 횡방향으로 된 수밀격벽을 설치하였다. 선박의 크기에 따라 설치된 격벽 수는 일정하지 않은데, 두께는 일반적으로 10~12㎝ 이고 판재와 판재는 장부촉이음을 사용해 연결하였다. 판재는 대부분 삼나무와 녹나무를 사용했는데, 용골과 인접한 쪽에 장목을 사용하였다. 이것은 용골과 인접한 곳의 격벽판이 항상 물에 젖기 때문에 내수성이 강한 녹나무를 사용해 부식을 방지했다.[12] 그리고 격벽의 판재와 판재, 격벽과 외판, 격벽과 저판의 연결부에는 삼, 석회, 동유桐油 등을 혼합하여 만든 뱃밥으로 틈새를 메워서 물이 새는 것을 막았다. 〈그림 6-1〉과 〈그림 6-5〉에서 선체의 수밀격벽을 관찰할 수 있는데, 이러한 수밀격벽은 많은 장점을 가지고 있다.

첫째, 선박의 항침성능抗沈性能을 높여 승선원 및 화물 안전을 확보할 수 있다. 선창은 수밀격벽으로 나뉘어져 있기 때문에 항해과정에서 한, 두 개의 선창에 물이 스며들어도 다른 선창으로 유입될 염려가 없다.

둘째, 수밀격벽이 외판과 단단히 접합되어 선체의 횡강도를 높인다. 중국 고선은 격벽판을 보강하고 선체의 횡강도를 한층 강화하기 위해 늑골을 설치하였다. 천주 고선에 설치된 늑골을 살펴보면, 늑골은 격벽판과 외판이 접합된 곳에 부착되어 있고 하단은 용골과 접하고 상단은 선현 외측까지 연결되었다. 설치한 위치와 방향은 중앙 돛대를 기준으로 서로 다른데, 앞부분의 늑골은 격벽판의 뒤쪽에 설치하고 뒷부분의 늑골은 격벽판 앞쪽에 설치하였다.[13] 비록 중국 고선의 늑골

---

12) 福建省泉州海外交通史博物館(1987), 『泉州湾宋代海船发掘与研究』, p.19.

은 서양 선박처럼 완전한 늑골은 아니지만 일정한 정도로 선체의 횡강도를 높일 수 있었다.

II. 횡요 방지를 위한 선박설비 및 조작기술

1. 피수판

고대 범선이 바다에서 항해할 때는 바람을 이용해 전진해야 한다. 그러나 모두가 아는 바와 같이, 풍향이 일정하지 않기 때문에 선박에 이러저러한 영향을 미친다. 순풍일 때는 배가 쾌속으로 직진할 수 있지만, 선미 좌우 양측에서 불어오는 측순풍側順風, 선박 좌우 양측 선현에 90° 각도로 불어오는 횡풍 또는 선수 좌우 양측에서 사선으로 불어오는 측역풍側逆風 등을 이용해 항해할 때는 배가 앞으로 항해하는 과정에서 횡방향으로 밀리는 현상이 발생한다.

평저형인 사선이 항해할 때는 횡방향으로 밀리는 현상이 특히 뚜렷하다. 닻을 이용해 횡방향으로 밀리는 현상을 일정한 정도로 완화할 수는 있지만, 타가 선저 밑으로 뻗어 있지 않아 그 효과가 미미하다. 따라서 중국의 사선에서는 일반적으로 선체가 횡방향으로 밀리는 현상을 방지하는 전문설비인 피수판披水板을 설치하였다.

피수판은 요타腰舵 또는 교두翹頭라고도 부른다. 사선에서 바람을 이용해 항해할 때 사용하는 보조도구로서 일반적으로 변의 길이가 일치하지 않은 직사각형의 두껍고 단단한 주목欄木, 밤나무栗木, 거목椐木으로 만든다.[14] 길이는 일반적으로 선폭과 동일하고 두께는 길이에

---

13) 福建省泉州海外交通史博物館, 『泉州湾宋代海船发掘与研究』, p.20.

따라 다르다. 모양은 상단이 좁고 하단이 약간 넓은 형태로 되어 있다. 일반적으로 중앙돛대의 양측에, 선미에서 선장의 4/10에 해당되는 곳에 설치하며 좌우 양현에 각각 한 개씩 설치한다. 평상시에는 대칭되게 선현의 양측에 설치하는데, 일반적으로 중대형 사선의 피수판은 도르래를 이용해 조작하고 소형선은 밧줄을 이용하여 조작한다. 역풍 항해시나 지그재그 항해시에는 풍하 쪽 피수판을 순서대로 입수시켜 선체가 횡방향으로 밀리는 현상을 줄이거나 방지했으며 선체의 복원력을 높이고 항해 방향의 안전성을 강화하였다. 일부 사선의 선수 계선주 係纜柱의 양현에 작은 피수판을 설치해 필요할 시에는 중앙부위의 피수판과 조합하여 사용하고 빈 배일 경우에는 선수 피수판만 사용한다.[15]

피수판의 기원은 당대까지 거슬러 올라간다. 당대 이전李筌이 집필한 저서 『태백음경太白陰經』에는 해골선海鶻船과 관련하여 다음과 같이 기술되어 있다.

<그림 6-6> 해골선海鶻船[16]

"좌우선현에는 부판浮板이 설치되어 있는데, 마치 송골매鶻의 날개와 같아 풍랑이 거세도 전복될 위험이 없다."[17]

즉 피수판은 사선이 항행

---

14) 何卫国, 「别具特色的中国帆船」, p.103.
15) 辛元欧, 『上海沙船』, p.150.
16) 辛元欧(2004), 『上海沙船』, p.149.
17) 李筌(唐), 『太白陰經』 卷四, 「戰具·水戰具」.

〈그림 6-7〉 피수판이 설치된 사선18)

할 때 돛과 타를 보조하는 유력한 보조도구로 이용되었다. 명대의
송응성宋應星도 『천공개물天工開物』에서 피수판에 관련해 다음과 같이
서술하였다.

"선장船長이 너무 길고 바람이 거세어 타력이 약해지자 급히 한 쪽
켠의 피수판을 내려 그 추세를 막았다."19)

상술한 내용에서 피수판은 늦어도 명대에 이미 사용되었음을 알
수 있으며 사풍항해시 횡방향으로의 밀리는 현상을 방지하는 역할을
했음을 알 수 있다.

---

18) 造船史话编写组, 『造船史话』, p.112.
19) 宋應星(明), 『天工開物』, 「舟車第九 漕舫」.

2. 중삽판中插板

광선廣船은 첨저선인 관계로 사선에 비해 횡방향으로 밀리는 현상이 덜하지만 주로 수심이 깊고 파랑이 거센 해역에서 항해하기 때문에 여전히 횡방향으로 밀리는 현상이 발생한다. 이러한 밀리는 현상을 방지하기 위해 광선에는 항해용 보조도구인 중삽판中插板이라는 부재를 설치하는데 저삽수판底插水板이라고도 한다.

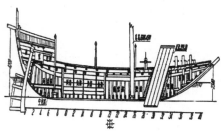

〈그림 6-8〉 광선의 중삽판[20]

중삽판은 직사각형의 두꺼운 목판으로 만드는데, 상단에 종방향으로 3~4개의 구멍을 뚫은 후 나무막대를 삽입하여 중삽판의 높이를 조절하였다. 중삽판은 중앙돛대 전방의 종향 중앙선에 위치해 있다. 갑판과 저판을 수직으로 관통한 종방향으로 된 방형구멍은 그 길이와 폭이 삽수판보다 약간 크고 구멍의 주변은 수밀되어 있다. 중삽판의 조작은 갑판에 설치된 도르래를 이용해 상하로 조작한다.

사풍항해시 횡방향으로 밀리는 현상이 발생하면 중삽판을 선저 밑으로 삽입하여 저항력을 증가시켜 횡방향으로 밀리는 현상을 줄인다. 역풍항해시에는 타와 동시에 사용해 지그재그 항해를 하는 데 상당히 효과적이다. 중삽판은 광선만이 고유한 부재인데 사선의 피수판과 동일한 역할을 한다.

일부 광선에는 중삽판 외에도 수삽판首插板을 설치하는데, 피수판과

---

20) 何国卫(2018.4.10.),「话说广船的開孔舵和插板技术」主题讲座.

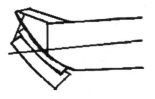

〈그림 6-9〉 광선의 수삽판[21]

동일한 역할을 한다. 수삽판은 직사각형의 두꺼운 목판으로 되어 있는데, 평상시에는 선수갑판에 비치해 둔다. 선수판의 외측 중앙부에 종방향으로 두 가닥 나무막대를 설치하여 중간에 홈을 만든다. 사풍항해시 선체가 횡방으로 밀리면 수삽판을 선수에 있는 홈에 끼워서 입수시킨다. 상단에는 끈을 매서 수시로 들어 올릴 수 있도록 하였다. 또한 뾰족한 선수창의 수밀격벽 앞쪽 부분에 있는 구멍을 통해 두 가닥 철봉을 선체 외측으로 돌출시켜 수삽판을 중간에 끼워서 삽판의 위치를 고정시킨다.

3. 승강타昇降舵

중국 고대의 복선에는 사선처럼 피수판을 설치하지 않으며 또한 광선처럼 중삽판도 설치하지 않는다. 복선의 타는 사선이나 광선과 상이한 특징을 구비하고 있는데 이를 이용해 선체의 횡방향으로의 밀림현상을 줄인다. 즉 복선의 타는 그 특징이 좁고 길며 선저 아래쪽까지 삽입할 수 있다. 선저까지 삽입된 타는 항해 중 방향조절 역할이 탁월할 뿐만 아니라 횡방향의 저항력이 생겨 사선의 피수판과 같이 선체가 횡방향으로 밀리는 현상을 줄일 수 있다. 수심이 깊은 해역에서는 타를 선저 밑으로 삽입하고 수심이 얕은 해역에서는 타가 해저에 닿는 것을 방지하기 위해 위로 들어 올린다. 따라서 복선의 타는 수심에 따라 수시로 그 깊이를 조절할 수 있을 뿐만 아니라 교체할 수 있는 승강타를 설치하였다. 타의 상하조절은 선미에 장착한 물레를 사용하

---

21) 何国卫(2018.4.10.),「话说广船的開孔舵和插板技术」主题讲座.

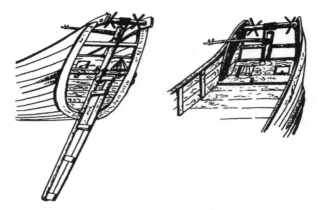

〈그림 6-10〉 복선의 타 및 선미물레[22]

였다.

중국의 다양한 해선은 선체의 횡방향으로 밀리는 현상을 줄이기 위해 다양한 부재를 설치하였지만 그 효과는 동일하다. 이와 동시에 항해과정에서 돛의 각도를 적절히 조절해 풍력을 최대한 이용함으로써 횡방향으로 밀리는 현상을 최대한 줄였다.

4. 태평람太平籃

사선에는 안전을 보장하기 위해 태평람太平籃이라는 설비를 선미에 설치하고 있다. 청대에 편집 출판된 『강소해운전안江蘇海運全案』에는 태평람과 관련해 아래와 같이 기술하였다.

"대나무로 만들며 안에는 돌을 채워두는데 대양항해시 또는 풍랑이 거셀 때 태평람을 수중에 떨어뜨리면 선체는 흔들리지 않는다."[23]

---

22) 席龙飞(2000), 『中国造船史』, p.309.

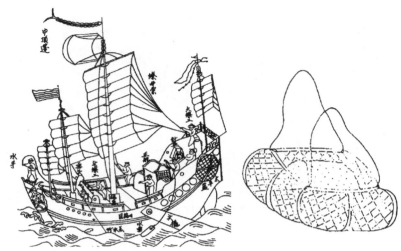

〈그림 6-11〉 태평람을 비치한 사선[24]   〈그림 6-12〉 태평람[25]

이와 같은 설명을 통해 우리는 태평람은 죽편으로 엮어 만든 둥그스름한 형태의 대나무 광주리임을 알 수 있다. 태평람의 주변에는 큼직한 구멍이 많이 뚫려져 있고 안에는 일정한 양의 돌멩이들을 담았다. 광주리 입구는 안쪽으로 오그라질 수 있게 제조되었으며 입구 가장자리에는 두 가닥의 끈을 관통시켜 선체에 매달거나 이동하는 데 편리하도록 설계되었다. 사선이 항해 중 폭풍을 만나 선체가 풍하측으로 밀리거나 심한 횡요가 발생할 때 일정한 무게를 가지고 있는 태평람을 풍상측의 선현 수중에 떨어뜨린다. 태평람의 무게가 풍상측 선현의 수중에 위치해 있기 때문에 선체는 일정한 평형을 유지하고 횡요를 줄여 안정을 되찾게 된다.

소형 복선형 어선도 태평람을 선수에 비치하였다. 이러한 태평람도

---

23) 請朝廷, 『江蘇海運全案』 卷12 ; 李崇州, 「太平籃·太平筐考略」, p.92.

24) 王冠倬, 『中国古船図譜』, p.200.

25) 李崇州, 「太平籃·太平筐考略」, p.93.

죽편으로 엮었으며 원형으로 되었는데 마치 체와 같다. 위에는 구멍이 촘촘하게 나있고 입구 가장자리에는 여러 가닥의 끈을 상호 교차되게 매서 광주리 모양을 유지하였다. 견인용 긴 끈의 한 끝을 교차점에 매고 다른 한끝은 선수에 동여맨다.[26] 어선은 어로작업을 위해 먼 바다에 나가서 십여 일간 머물러 있어야 했을 뿐만 아니라 고대에는 일기예보와 같은 기상예측이 불가능했기 때문에 종종 폭풍과 조우할 때가 있었다. 이런 상황에서 배의 풍랑을 맞받아 전진하여야만 횡방향으로 밀리는 현상을 방지하고 배가 전복되는 것을 막을 수 있었다. 그러나 배가 앞으로 나가는 과정에서 풍랑의 충격으로 선체가 심하게 흔들리는 현상이 발생하는데 이때 어민들은 비치한 태평람을 수중에 떨어뜨려 선체를 안정시켰다.

III. 안전항해를 위한 항해장비

1. 범 및 타의 조종기술

고대 해선이 사풍항해시 순풍이면 당연히 쾌속항해를 할 수 있어 좋은 일이지만, 시종여일하게 순풍항해만을 기대할 수는 없다. 대부분은 측순풍, 횡풍, 측역풍을 이용해 항해해야 하며 역풍항해도 해야 한다. 만약 이 경우 돛의 방향을 조절하지 않으면 배는 전진하지 못할 뿐만 아니라 횡방향으로 밀리는 현상이 발생하고 심지어 뒤로 밀리는 현상이 발생한다. 따라서 순조롭게 전진할 뿐만 아니라 선체의 횡방향으로 밀리는 현상을 줄이기 위해 고대 중국 선원들은 장기간의 항해

---

26) 李崇州, 「太平篮·太平筐考略」, p.95.

〈표 6-1〉 상이한 풍각風角에서의 최대유효 범각[27]

	풍각(α)	최대유효 범각(β)
──────▶ 선수방향 ◀────── 선미방향 ·············▶ 바람방향 ──── 돛		
β	0°	90°
β α	15°	82.5°
β α	30°	75°
β α	45°	67.5°
β α	60°	60°
β α	75°	52.5°
β α	90°	45°
β α	105°	37.5°
β α	120°	30°
β α	135°	22.5°

경험을 바탕으로 각종 풍향에 적합한 돛 조종기술을 발명하였다.

풍향과 선체 종방향의 중앙선(선수방향)이 형성된 협각을 풍각風角 α라고 하고 돛폭과 선체 종방향의 중앙선(선수방향)이 형성된 협각을 범각帆角 β라고 할 때 순풍시의 풍각은 0°이고 역풍시의 풍각은 180°이며, 측순풍, 횡풍, 측역풍 등의 풍각은 차례로 0~180° 사이이다. 풍각이 클수록 범각은 작아지며 선속도 점차 작아지고 풍각이 0°일 때의 순풍항해시에는 최대항속에 도달한다. 일정한 풍각에서 적당한 범각을 취하면 최대한의 풍력을 이용할 수 있을 뿐만 아니라 선체의 횡압현상을 줄일 수 있다.

〈표 6-1〉에서 알 수 있듯이, 가장 효과적인 범각은 언제나 풍향 반대방향과 선수방향이 이루는 협각의 분각선分角線에 놓인다. 즉 순풍일 때 풍각은 0°이고 풍향 반대방향과 선수방향이 이루는 협각은 180°이기 때문에 최대의 유효 범각은 90°이다. 이것이 일반적으로 말하는 횡범橫帆이며 사풍항해시 사용할 수 있는 최대 범각이다. 측역풍의 풍각이 135°일 때 최대유효 범각은 22.5°밖에 되지 않으며, 이는 사풍항해시 취할 수 있는 최소유효 범각이다. 만일 그 수치가 더 작을 경우 선속이 상당히 느리게 되며 정역풍일 경우는 범각이 0°가 되어 배는 후진하게 된다. 따라서 정역풍을 맞게 되면 일반적으로 타와 돛을 조종하여 돛이 받는 바람 방향이 135°보다 작게 하고 지그재그 항해를 해야 한다.

사선은 흘수가 작고 천수淺水해역에서 항해하기 때문에 타를 선저 밑으로 삽입할 수 없다. 따라서 사선이 지그재그 항해를 할 때는 돛과 피수판을 상호 조합하여 사용한다. 선박이 지그재그 항해시 타를 사용해 선수를 왼쪽(또는 오른쪽)으로 돌려 범각이 22.5°보다 크게 비스듬히

---

27) 辛元欧(2004), 『上海沙船』, p.160.

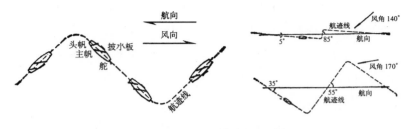

<그림 6-13> 지그재그 항해도[28]

전진한다. 그 후 타를 풍하측으로 약간 트는 동시에 풍하측 선현에
위치한 피수판을 내려서 선체의 횡방향으로 밀리는 것을 최소한으로
줄인다. 배가 일정한 거리를 항행했을 때 재빠르게 풍상측으로 타를
돌리는 동시에 돛의 각도를 조절해 선수가 대각도로 바람을 맞받아
오른쪽(또는 왼쪽)으로 반대방향을 향해 비스듬히 전진한다. 이때는
풍상현과 풍하현이 바뀌게 되며 돛도 풍향이 바뀌면서 자연적으로
선회하게 된다. 전진방향이 바뀌면서 돛폭은 다시 최대유효범각을
유지하게 된다. 그 후 타를 다시 풍하 쪽으로 트는 동시에 풍하 쪽의
피수판을 내리고 이미 풍상 쪽에 위치하게 된 수중에 있는 피수판을
들어올린다. 이와 같은 항해를 반복하면서 선박은 지그재그 항해를
통해 전진하게 된다. 지그재그 항해시 모든 선원들의 분업은 필수인데
범각의 조절, 타의 조종, 피수판 조작 등은 모두 전문인력이 전담하여
한마음으로 협력하여 움직여야 한다.

정역풍의 지그재그 항해시는 반드시 사선으로 항행한 거리가 동일해
야만 시종일관되게 22.5° 이상의 범각을 유지할 수 있다. 선박의 사선형
항적과 항해방향이 45° 전후의 협각을 유지하면서 등변삼각형의 항적
을 이루는 항법을 대구창對口戧 항법이라고 한다. 사선의 풍각이

28) 辛元欧(2004), 『上海沙船』, p.162.

135°~180° 사이인 측역풍일 경우에도 여전히 지그재그 항해를 해야 한다. 예컨대 풍각이 좌측 전방 140°의 역풍일 때 오른쪽으로 방향을 틀어 항해하게 된다. 선수를 우측으로 틀면 최대 유효범각을 얻게 되기 때문에 항해거리는 상대적으로 길게 되고 선수방향과 항해방향이 이루는 협각은 상대적으로 작다. 일정한 거리를 항해한 후 방향을 바꿔 좌측으로 항해할 때 항해방향과 협각은 상대적으로 크다. 이때 선체방향과 항해방향의 협각은 전자가 5°이고 후자는 85°가 된다. 풍각이 좌측 전방의 170° 경우의 측역풍일 때 정역풍항해에 근접하며 선수방향과 항해방향의 협각은 전자가 35°이고 후자는 55°이며 양자의 합계는 언제나 90°이다.

복선에는 피수판이 없는 관계로 지그재그 항해시 돛과 타를 상호 조합하여 역풍항해를 하고 광선은 돛, 타, 중삽판 등을 조합하여 항해한다.

2. 수심 측정술

고대 중국 선원들은 항해중 수시로 연추를 사용해 수심을 측정하였다. 선박이 생소한 해역이나 근해해역에서 항해할 때 좌초하거나 갯벌에 얹히는 것을 미연에 방지하기 위해서는 수심측정이 필요하다.

"항해할 때는 수심이 깊은 것을 두려워하지 않고 수심이 얕아 좌초하는 것을 두려워한다. 선박이 평평하지 않아 기울어 전복되면 원상복구할 수가 없기 때문에 항상 밧줄에 연추를 달아매 깊이를 측정하였다."[29]

---

29) 徐兢(北宋), 『宣和奉使高麗圖經』 卷34, 「海道一 : 客舟」.

줄끈

연추

〈그림 6-14〉 수심측정용 연추[30]

서긍徐兢의 『선화봉사고려도경 宣和奉使高麗圖經』에는 송대 고선이 황하 입구에 위치한 갯벌을 통과 할 때의 정경을 다음과 같이 기술 되어 있다.

"선원들은 매번 갯벌을 지날 때마다 상당히 힘들어하는데 여러 번 연추로 수심을 측정하였다."[31]

원대의 선원들도 수심측정을 상당히 중요시하였다. 해선이 흑수양 (심해)에서 절강연안의 백수양白水洋에 진입하면 수심이 얕고 암초가 산재하기 때문에 수심을 측정하면서 서서히 전진하였다.

"대나무 작대기로 찔러본 결과 2장丈에 달했으며 점차 1장 5척尺으로 줄어들었다. 수저가 진흙으로 되어 있고 수심이 약 1, 2척에 달했는데 넓은 갯벌이 틀림없어 서쪽으로 서서히 항해하였다."[32]

이외에도 송대의 선원들은 기름을 연추에 바른 후 묻어나온 물질을 통해 해저 상태를 파악하였다. 즉 아무 것도 묻어나오지 않으면 해저가 자갈, 또는 넓은 바위로 되어 있어 묘박이 불가능하며 묘박시에는 닻의 파주력이 없어 선체가 파랑에 밀릴 수가 있기 때문이다. 진흙이나 모래가 묻어 나오면 닻가지가 파주력이 생겨 묘박이 가능하다. 주욱朱彧

---

30) 辛元欧(2004), 『上海沙船』, p.155.
31) 徐兢(北宋), 『宣和奉使高麗圖經』 卷34, 「海道一 : 蓬萊山」.
32) 闕名撰(明), 『海道經』, 「海道」.

의 『평주가담(萍洲可談)』에는 아래와 같은 내용이 기재되어 있다.

"10장에 달하는 밧줄로 해저 진흙으로 끌어올려서 냄새를 맡는다."[33]

즉 묻어나온 모래나 진흙의 냄새, 색깔, 성분 등에 대한 분석을
통해 수중해양생물의 생존상태를 확인해 항구의 원근을 판단하였다.
만일 진흙, 모래 등에서 썩은 냄새가 날 경우 해안이나 항구에 가깝다고
판단할 수 있다. 왜냐하면 해안에 거주하고 있는 인류가 버린 생활오수
나 폐기물로 인해 연안의 해양생물이 대량으로 번식하거나, 죽고 부식
되어 썩기 때문이다.

이외에도 중국 고대 선원들은 수심과 조석간의 상호관계를 이용해
선박의 통항가능 여부를 판단하였다. 어떤 해역은 표면상 수심이 여유
가 있는 것 같지만 사실은 묘박하거나 표박하면 위험이 발생할 수
있다. 왜냐하면 일단 썰물이 지면 배는 좌초하거나 갯벌에 얹히고
전복되기 때문이다. 또한 일부 해역은 표면상 수심이 약간 얕지만
밀물을 따라 조심히 항행하면 항해할 수 있기 때문이다.

3. 닻

배가 항해 중 기상조건으로 인해 또는 선박의 보수, 물자보급 등을
위해 정박이 필요할 때는 닻을 사용해 정박해야 한다. 송대 선원들은
선박안전을 도모하기 위해 "배가 심해에 진입하기 전에는 산 근처에
정박하였는데 닻을 내려 해저에 닿게 하면 밧줄로 동여맨 것처럼
배는 갈 수 없게 된다."[34] 즉 대양에 진입하기 전 배를 산 근처에

---

33) 朱彧(北宋), 『萍洲可談』 卷二.

정박시켜 거센 풍랑을 피해 배의 손상을 막았으며 또한 닻가지가 해저를 단단히 잡을 수 있어 닻이 끌리는 현상을 막았던 것이다. 이외에도 닻을 이용해 파랑을 이겨내고 선체를 안정시켰다. "풍랑이 거세면 유정游矴을 내리는데 그 역할은 대정大矴과 같다."[35] 이와 같은 유정은 선체의 횡요를 줄여 선박안전을 보장하였다.

원대에 이르러 닻의 사용기술은 더욱 발전하였는데 주위 해역환경에 따라 다양한 닻 기술을 사용해 선박의 안전을 확보하였다. 첫째, 닻을 내릴 때 풍향에 따라 다양한 조작법을 사용하였다. 예컨대 "폭풍이 갑자기 불어 닥쳐 미처 항구에 진입할 수 없을 경우 풍상측에 여러 개의 철묘를 신속하게 투척하고 밧줄로 단단히 묶었다. 화물을 만재한 선박일 경우 선원들은 해수가 선창에 유입되는 것을 막기 위해 수시로 살피고 곳곳에 염료로 틈새를 막았다. 소선일 경우 풍랑의 위험정도에 따라 근처의 묘박지로 이동하였다."[36]

둘째, 닻을 내릴 때 물길에 따라 다양한 조치를 취하였다. "금산사金山寺 서쪽 10여 리 되는 수역은 물살이 급하기 때문에 닻을 내릴 수 없다."[37] 물살이 급해 닻이 벗겨지거나 닻줄이 끊어질 위험이 존재하기 때문이다.

셋째, 닻을 내릴 때 해저의 상태에 따라 각기 다른 조치를 취하였다. 예컨대 "해저가 암석이거나 단단한 흙으로 되었을 경우 철묘도 파주력이 없기 때문에 닻이 끌릴 위험이 존재하므로 묘박할 수 없으며 해저가 물렁한 진흙으로 되어 있으면 반드시 닻을 내려야 한다."[38] 즉 닻가지가

34) 徐兢(北宋), 『宣和奉使高麗圖經』 卷34, 「海道一 : 神舟」.
35) 徐兢(北宋), 『宣和奉使高麗圖經』 卷34, 「海道一 : 神舟」.
36) 闕名撰(明), 『海道經』, 「准備緩急」.
37) 闕名撰(明), 『海道經』, 「海道」.
38) 闕名撰(明), 『海道經』, 「海道經」.

해저의 갯벌을 단단히 잡아 파주력을 강화해 선체를 안정시킬 수 있다고 강조하였다.

중국의 고대 선박은 항해과정에서 안전항해를 보장하기 위해 다양한 선박 부재와 장치, 보조장비를 활용하였다.

첫째, 선체강도를 보강하여 선박안전을 확보하였다. 평저선인 사선이나 첨저선인 복선, 광선에는 모두 선수미를 관통한 종방향으로 된 용골과 좌우선현에 대칭으로 여러 개의 대랍 및 경수목을 설치해 선체 종방향의 강도를 보강하였다. 또한 선체의 횡강도를 높이기 위해 중국 고선에는 수밀격벽과 늑골을 설치하였는데, 이는 횡강도를 보강했을 뿐만 아니라 침수를 막아 항해의 안전을 확보하였다.

둘째, 선체가 횡방향으로 밀리는 현상을 줄이기 위해 사선, 복선, 광선에서는 자신만이 고유한 부재를 설치하였다. 사선에서는 선체 중앙부와 선수부 양현에 대칭으로 설치한 피수판을 번갈아가며 물속에 집어넣어 횡압현상을 막았다. 광선에서는 중삽판, 수삽수판을 설치해 횡방향으로 밀리는 현상을 막았으며, 복선에서는 선저 밑으로 뻗은 타를 이용해 횡압현상을 막았다.

셋째, 선박이 항해과정에서 횡풍으로 인해 선체의 횡요가 심할 때, 또는 갑자기 폭풍과 조우해 파랑을 정면으로 받아 항해해야 할 때는 태평람을 수중에 떨어뜨려 선체의 안전성을 확보하였다.

넷째, 선박이 천수해역에서 항해하거나 생소한 해역에서 항해할 때 좌초하거나 갯벌에 얹히는 것을 방지하기 위해 연추 또는 대나무 작대기를 사용하여 수시로 수심을 확인하였다.

다섯째, 선박이 항해과정에서 묘박할 필요가 있을 때 닻이 끌려 표류하게 되는 것을 방지하기 위해 해저 상태를 확인해 선박과 선원들의 안전을 확보하였다.

참고문헌

〈사료〉

李筌(唐), 『太白陰經』 卷四, 「戰具·水戰具」, 軍事科學出版社, 2007.

徐兢(北宋), 『宣和奉使高麗圖經』 卷34, 商務印書館, 1937.

朱彧(北宋), 『萍洲可談』 卷2, 商務印書館, 1941.

闕名撰(明), 『海道經』, 學識齋, 1868.

宋應星(明), 『天工開物』, 「舟車第九:漕舫」, 廣東人民出版社, 1976.

賀長齡(淸), 『江蘇海運全案』 卷12, 湖南圖書館, 1826.

〈연구논저〉

福建省泉州海外交通史博物馆, 『泉州湾宋代海船发掘与研究』, 海洋出版社, 1987.

水运技术词典编辑委员会, 『水运技术词典』, 人民交通出版社, 1980.

造船史话编写组, 『造船史话』, 上海科学技术出版社, 1979.

席龙飞, 『中国造船史』, 湖北教育出版社, 2000.

沈毅敏, 「沙船发展演变纵横谈」, 『航海』, 2015년 제3기.

辛元欧, 『上海沙船』, 上海书店出版社, 2004.

王冠倬, 『中国古船图谱』, 生活·读书·新知三联书店, 2000.

李崇州, 「太平篮·太平筐考略」, 『自然科学史研究』, 2005년 제1기.

何国卫, 「别具特色的中国帆船」, 「别具特色的中国船帆」, 『中国船检』, 2018년 제1기.

何国卫, 「话说广船的开孔舵和插板技术」 主题讲座, 广州博物馆, 2018년 4월 10일.

7장

해상 실크로드와 선박

한무제漢武帝는 중국 동남 연해지역을 통일한 후 막강한 경제력과 선진적인 조선기술 및 항해기술을 바탕으로 인도양으로 통하는 원양항로를 개척하였다. 이 원양항로에서 운송되는 화물이 비단인 관계로 역사학자들은 '해상 실크로드(sea silk road)'라고 불렀다. 한나라 시기에 개척된 해상 실크로드는 수당隋唐 시기의 발전을 거쳐 송원宋元 시기에는 더욱 발달했으며, 명 초에 최전성기에 달하였다.[1] 해상 실크로드 초기에 이용된 항구와 발전과정에서 이용된 항구는 커다란 차이가 있었다. 한나라 시기의 주요 항구는 북부만北部灣의 서문徐聞, 합포合浦였지만, 당나라 시기에는 광주廣州로 바뀌었으며, 이외에도 천주泉州, 복주福州, 명주明州(현재 닝보寧波), 양주揚州, 등주登州(현재 펑라이蓬萊) 등의 항구도 차츰 두각을 나타내기 시작하였다. 그러나 송원 시기에 이르러서는 천주가 광주를 제치고 주요항구로 성장하였으며, 명나라 시기 특히 정화하서양鄭和下西洋 시기에는 해상 실크로드와 관련된 대외항구가

---

1) 陈炎(1992),「略论'海上丝绸之路'」, pp.161~162.

중국 연해지역에 널리 분포되었다.

일부 학자들은 해상 실크로드에 인도양으로 통하는 남부 원양항로 외에도 한반도와 일본으로 통하는 동부항로가 포함되어야 한다고 주장 하고 있다. 항로의 특징과 목적지에 따라 2개 항로에서 왕래하던 선박의 선형을 추정해 볼 수 있다. 동부 해상 실크로드의 목적지가 한반도와 일본인 관계로 이 항로에서 왕래하던 선박은 대체로 중국의 사선沙船, 복선福船과 한선韓船, 화선和船이었을 것이다. 남부 원양항로의 목적지는 동남아시아와 남부아시아, 서부아시아 및 북아프리카인 관계로 이 항로에서 왕래한 선박은 중국의 복선과 남양선南洋船, 인도선印度船, 아라비아선阿拉伯船 및 서양선西洋船이었을 것이다.

2개 항로에서 주요한 역할을 한 항로는 남부 원양항로이며, 이 항로에 서 왕래하던 선박 중 수량이 가장 많은 선박은 아마도 중국선이고, 그중에서도 복선이 가장 많았을 것으로 추정된다. 왜냐하면 복선은 "위쪽이 저울대와 같이 평평하고 아래쪽은 칼날과도 같아 파도를 뚫고 항해하는 데 상당히 유리하여"[2] 원양항해에 적합하기 때문이다. 중국 해선은 선체가 거대하여 페르시아만 내해에서 항행할 수 없어 아라비아 강과 아바단(Abadan, 이라크와 인접한 섬)항 일대에 정박해야 했으며, 서쪽의 유프라테스강까지 가려면 화물을 작은 배에 옮겨 실어야 했다.[3] 이는 아라비아해역까지 항해한 중국 선박이 첨저선尖底船임을 시사한 다. 1974년에 출토된 천주 송나라 고선과 2007년에 출토된 송대 고선 '남해1호'가 모두 복선인데, 이는 복선이 해외무역의 주역이었음을 입증하고 있다.

이와 반대로 중국 사선은 평저平底이고 선수미가 네모난 형태인

---

2) 徐兢(北宋), 「海道一：客舟」, 『宣和奉使高麗圖經』第34卷.

3) 章巽(1986), 『我国古代的海上交通』, p.48.

관계로 파도가 크고 바람이 거센 남부 해역에서는 횡압이 커 표류 위험이 크다. 따라서 사선의 항해에 적합한 해역은 수심이 옅은 장강 이북의 황해(北洋이라고도 했음)다. 광선도 비록 첨저선이기는 하지만 "그 형태가 아래쪽이 좁고 위쪽이 넓어 마치 두 날개를 편 것과 같다. 내해에서는 안정적이지만 외해에서는 동요가 심하다."[4] 즉 아래쪽이 좁고 위쪽이 넓은 관계로 선박중심이 안정적이지 못하다. 뿐만 아니라 광선의 돛폭은 상당히 넓어 선폭을 초과하기 때문에 순풍시에는 쾌속항해를 할 수 있지만 역풍이나 횡풍을 만나면 전복될 위험이 크다. 따라서 원양항해에 적합한 선형이라고 할 수 없다.

사료에 의하면, 중국 상인들뿐만 아니라 외국 상인들도 중국 해선을 선호하였다.[5] 그렇다면 중국과 외국 상인들이 무엇 때문에 중국 해선을 선호하였는지를 복선의 조선기술과 특징에 대한 분석을 통해 살펴보려고 한다.

Ⅰ. 항해 기간 단축

중국의 복건지역은 예로부터 해선의 건조지로 명성이 자자하였으며, "장漳, 천泉, 복福, 흥화興化 등 연해지역 주민들은 자신의 재력으로 선박을 건조해 무역에 종사해 이익을 얻고자 했다."[6] 복건지역에서 건조된 해선은 첨저선으로서 선수가 뾰족하고 선미가 넓으며 선수미가 위로 들려있다. 또한 "위쪽은 저울대와 같이 평평하고 아래쪽은 칼날과

---

4) 茅元儀(明), 『武備志』 第116卷 ; 席龙飞(2000), 『中国造船史』, p.249.

5) 席龙飞(2000), 『中国造船史』, p.121.

6) 徐松(清), 「刑法二」, 『宋會要輯稿』 第137卷. 장漳, 천泉, 복福, 흥화興化는 복건성의 장주漳州, 천주泉州, 복주福州와 흥화興化를 가리킨다.

〈그림 7-1〉 송대 복선인 천주선[7]

같아 파도를 뚫고 항해하는 데 유리하다."[8] 이와 같은 장점으로 인해 예로부터 "해선은 복선이 최상"[9]이라는 평판을 얻었다. 복선의 횡단면은 V자 모양으로 되어 있기 때문에 흘수가 깊어 선체의 횡요를 줄이는 데 효과가 뛰어나기 때문에 높은 안전성을 구비하고 있다. 또한 복선의 선수는 뾰족해 선수에 대한 파랑의 충격을 줄이고 해수의 저항력을 대대적으로 감소할 수 있어 파랑을 뚫고 항해하는 데 상당히 유리하다. 즉 선저와 선수가 뾰족한尖底尖首 형태를 가진 복선은 안전항해를 할 수 있을 뿐만 아니라 더욱이 쾌속항해를 할 수 있어 왕복 항해시간을 상당히 단축할 수 있는 장점을 가지고 있다.

복선의 또 다른 특징은 돛대가 높고 돛이 많은 것이다. 복선의 "중앙 돛대는 높이가 10여 장丈에 달하고 선수돛대는 8장에 달하는데"[10]

---

7) 中國 泉州海外交通史博物館所藏.

8) 徐兢(北宋),「海道一：客舟」,『宣和奉使高麗圖經』第34卷.

9) 呂頤浩(淸),「論舟楫之利」.

10) 徐兢(北宋),「海道一：客舟」,『宣和奉使高麗圖經』第34卷 ; 辛元歐(2004),『上海沙船』, p.50.

〈그림 7-2〉복선의 돛대 물레[11]

돛대에는 각양각색의 돛이 장착되어 있다. "순풍일 때는 포범布帆 50폭을 펼치고 편풍偏風일 때는 경범硬帆을 사용하는데 좌우로 펴서 바람을 받는다. 중앙 돛대의 꼭대기에는 10폭의 작은 돛이 있는데, 야호범野狐帆이라고 하며 바람이 멎었을 때 사용한다. 팔면풍八面風 중 역풍에서는 항해할 수 없다. … 대체로 순풍은 만나기 어렵기 때문에 포범은 경범보다 사용하기가 불편하다."[12] 예컨대 대양항해시 해선이 측역풍側逆風, 측순풍側順風이나 횡풍橫風을 만나면 경범을 이용해 지그재그 항해를 하고 순풍일 경우에는 포범을 사용하여 항해한다. 바람이 멎었을 때는 중앙돛대 꼭대기에 있는 야호범을 이용해 항해한다. 이와 같이 복선은 여러 방향의 바람을 이용해 항해할 수 있기 때문에 항해시간을 줄일 수 있다. 이러한 돛은 크고 무겁기 때문에 돛대 측면에 설치된 물레로 조종한다.

복선이 이와 같은 우수한 조종성능을 갖추었기 때문에 풍랑이 거세고 수심이 깊은 남양해역에서도 안전하게 쾌속항해를 할 수 있다. 따라서 효율성을 중시하는 상인들이 안전하고 소요시간을 단축할 수 있는 복선을 선호했을 것임은 두말할 나위 없다.

---

11) 席龙飞(2000), 『中国造船史』, p.307.
12) 徐兢(北宋), 「海道一 : 客舟」, 『宣和奉使高麗圖經』第34卷 ; 辛元欧(2004), 『上海沙船』, p.50.

Ⅱ. 항해 안전

〈그림 7-3〉 송대 복선의 3중 외판[13]

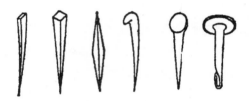

〈그림 7-4〉 복선에서 사용된 쇠못[14]

복선은 "거대한 방형목재로 건조하며"[15] 외판이 외측으로 돌출되어 있다. 외판 외측에는 반원형 판재를 부착해 충돌시 선체를 보호하게끔 되어 있다.[16] 이러한 외판은 부식에 강한 삼나무 또는 녹나무를 사용하였다. 또한 선체강도를 높이기 위해 복선은 외판을 2, 3중으로 건조하며, 쇠못과 장부촉이음을 사용해 외판을 연결한다. 이외에도 삼, 동유桐油, 석회를 혼합해 만든 뱃밥으로 모든 연결부위의 틈새를 메워 수밀성능을 높였다. 이러한 건조기술은 선체의 안정성을 대대적으로 향상시켜 안전 항해와 선원 및 화물의 안전을 확보하는 데 중요한 역할을 하였다.

---

13) 福建省泉州海外交通史博物馆(1987), 『泉州湾宋代海船发掘与研究』, p.191.
14) 席龙飞(2000), 『中国造船史』, p.167. 활견동구滑肩同口는 판재를 종향으로 연결하였을 때 그 모양이 사람어깨 모양으로 생겼다하여 붙여진 이름이며, 사면동구斜面同口는 연결부위가 비스듬히 연결되어서 붙여진 이름이고 직각동구直角同口는 연결부위가 직각형태로 연결되었기 때문에 붙여진 이름이다. 구자동구鉤子同口는 연결부위가 고리형태로 연결되어 붙여진 이름이다.
15) 徐兢(北宋), 「海道一 : 客舟」, 『宣和奉使高麗圖經』 第34卷.
16) 庄为玑·庄景辉(1987), 「泉州宋船結构的历史分析」, 『泉州湾宋代海船发掘与研究』, p.82.

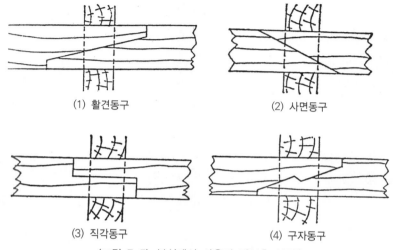

(1) 활견동구　　　　　　(2) 사면동구

(3) 직각동구　　　　　　(4) 구자동구

〈그림 7-5〉 복선에서 사용된 장부촉이음[17]

　선체의 안정성과 횡강도를 높이기 위해 복선의 선체 내부에는 수밀격벽을 설치하였다. 이로 인해 선박의 한 선창에 누수가 발생했을 경우 누수가 다른 선창으로 흘러들 수 없게 된다. 해수가 다른 선창으로 흘러갈 수 없기 때문에 선체는 일정한 부력을 유지할 수 있어 침몰사고를 방지할 수 있으며 선박을 인근 항구나 연안까지 운항해 보수할 수 있다.

　횡강도를 보강하기 위해 복선에서는 수밀격벽을 설치한 것 외에도 늑골을 설치하였다. 늑골의 설치위치는 중앙돛대를 경계로 선체의 전후가 다르다. 즉 선체 전반부의 늑골은 격벽 뒤쪽에 설치하고, 선체 후반부의 늑골은 격벽 앞쪽에 설치하였다. 이는 격벽의 강도와 선체의 횡강도를 한층 강화하였을 뿐만 아니라 선체의 전후방향에서 오는 파랑의 충격을 막아내는 데 유리하다. 복선에서는 단단한 마미송馬尾松

---

17) 席龙飞(2000), 『中国造船史』, p.166.

으로 된 선수미를 관통한 용골을 설치해 선체의 종강도를 보강하였다. 이외에도 선체의 양측 흘수선 부근에 각각 3개의 경수목梗水木을 설치해 선체의 종강도를 보강하였다.

『선화봉사고려도경』에는 "선체의 복부 양측에 대나무로 만든 주머니 囊를 묶어서 파도를 막으며 화물적재시 주머니의 수면 초과여부로 경중을 판단한다."는[18] 기록이 있다. 즉 복선은 선체 양측에 부착한 주머니로 선체부력을 증가시켜 선체의 안전성을 향상시켰을 뿐만 아니라 적재과다로 인한 선박침몰을 방지하였다.

복선이 항해 중 좌초나 충돌로 인해 누수현상이 심할 경우 선박의 안전을 확보하기 위해 긴급한 상황에서는 "칼을 든 잠수부鬼奴를 입수시켜 선체의 외부로부터 구멍을 막는다. 귀노는 잠수에 능숙하기 때문에 익사할 염려가 없다."[19] 비록 이러한 잠수작업은 위험성이 상당히 크지만 긴급 상황시의 안전을 확보할 수 있었다.

복선은 첨저선인 관계로 흘수가 깊어 연안항해를 하거나 입출항할 때 선저가 해저에 닿아 좌초하거나 암초와 충돌사고가 일어나 침몰할 가능성이 상당히 높다. 따라서 사고를 미연에 방지하기 위해 복선에는 수심을 측정하는 데 사용하는 수수水垂를 항상 확보하고 있었다. 수수는 철 또는 연으로 된 저울추와 같은 둥근 모양의 추에 100여m의 등삭藤索을 연결하여 만든다. 항해도중 수심이 얕다고 생각될 경우 이와 같은 수수를 사용해 수시로 수심을 측정해 안전을 확보하였다.

복선의 "선수에는 2개의 협주頰柱가 있는데, 그 중간에는 물레가 장착되어 있으며 위에는 서까래와 같은 500척尺의 등삭이 감겨져 있다. 하단은 정석矴石과 연결되어 있고 정석의 양측에는 2개의 나무 고리가

---

18) 徐兢(北宋), 「海道一：客舟」, 『宣和奉使高麗圖經』 第34卷.
19) 朱彧(北宋), 『萍洲可談』 第2卷 ; 席龙飞(2000), 『中国造船史』, p.140.

〈그림 7-6〉 복선의 닻 및 선수 물레[20]

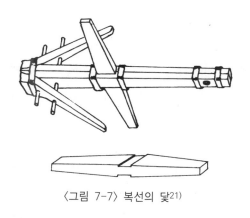

〈그림 7-7〉 복선의 닻[21]

부착되어 있다. 선박이 연안정박시 정석을 떨어뜨려 해저에 닿게 하면 밧줄로 동여맨 것과 같이 배는 움직일 수 없게 된다. 풍랑이 거세면 주닻의 양측에 유정游碇을 떨어뜨리는데, 그 역할은 주닻과 같다. 출항할 때는 물레를 돌려 감아올린다."[22] 이와 같은 서술에서 복선은 일반적으로 목석정木石碇을 사용했으며, 주닻 외에도 2개의 비상 닻을 비치하고 있었음을 알 수 있다. 이러한 목석정은 파주력이 상당히 우수할 뿐만 아니라 자재도 쉽게 구할 수 있고, 비용도 저렴하기 때문에 광범위하게 사용되었다. 목석정

20) 席龙飞(2000), 『中国造船史』, p.309.
21) 席龙飞(2000), 『中国造船史』, p.181.
22) 徐兢(北宋), 「海道一 : 客舟」, 『宣和奉使高麗圖經』 第34卷.

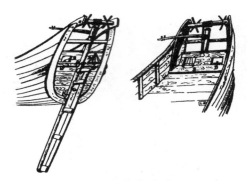

〈그림 7-8〉 복선의 타와 선미 물레[23]

은 무게가 상당하여 인력으로는 들어 올릴 수 없기 때문에 선수에 장착한 물레로 감아올렸다. 복선은 파주력이 우수한 목석정과 부식성에 강한 등삭을 사용했기 때문에 대양항해시 비상사태로 닻을 내릴 경우 등삭의 절단으로 인한 표류를 걱정하지 않아도 되었다.

복선은 "대소 주타主舵가 2개가 있는데 수심에 따라 수시로 교체한다. 대양항해시에는 위쪽에서 아래쪽으로 노를 꽂아 넣는데 3번 타라고도 한다."[24] 즉 복선은 2개의 주타 외에도 비상시에 사용하는 세 번째 타가 있음을 설명한다. 또한 복선의 타는 수심에 따라 수시로 그 깊이를 조절할 수 있을 뿐만 아니라 교체할 수 있는 승강타昇降舵임을 알 수 있다. 복선의 타는 좁고 길며 선저 아래쪽까지 삽입되므로 항해시 수심에 따라 타를 상하로 그 깊이를 조절해야 하며 천수해역에 이르렀을 때는 타가 해저에 닿는 것을 방지하기 위해 작은 타로 교체해야 한다. 타의 상하조절도 역시 선미에 장착한 물레를 사용한다. 선저 아래쪽까지 뻗은 타는 방향조절 성능이 탁월할 뿐만 아니라 선체가 횡방향으로 밀리는 현상을 방지할 수 있는 장점을 가지고 있다.

복선의 돛대는 다른 선형과는 달리 돛대를 눕힐 수 있도록 설치되었다. 일반 선박은 돛대가 선체에 고정되어 있어 항해시 태풍을 만나면

23) 席龙飞(2000), 『中国造船史』, p.309.
24) 徐兢(北宋), 「海道一 : 客舟」, 『宣和奉使高麗圖經』 第34卷.

최대한 신속하게 돛을 내려 돛폭에 대한 태풍의 충격을 최소화한다. 하지만 선체에 수직으로 선 돛대로 인해 가끔 전복사고가 발생하기도 한다. 그러나 복선은 돛을 내려 바람의 충격을 줄이는 것 외에도 돛대를 종방향으로 눕혀 선체에 대한 바람의 충격을 최대한 감소시켰다. 따라서 복선은 태풍을 만나도 전복될 위험이 적다.

III. 거주 시설

대부분의 상인들은 선원들처럼 선상생활에 익숙하지 않기 때문에 불가피하게 뱃멀미 등과 같은 불편함을 겪게 된다. 따라서 상인들은 거주 시설이 완비된 선박을 선호했을 것은 당연하다. 북송의 서긍은 복선의 선실 구조에 대해 다음과 같이 기록하였다.

> 복선은 "3개 선창으로 나뉘어져 있다. 앞쪽 선창에는 선판을 설치하지 않고 다만 부엌과 수궤水櫃를 설치하는데 선수돛대와 중앙돛대 사이에 위치해 있다. 그 아래쪽에는 병사들의 숙소이다. 다음 선창은 4개의 선실로 나뉘어져 있다. 그 다음은 옥실屋室이라 불리는 선창인데, 높이는 1장이 넘으며 주위에는 창문을 내어 살림집처럼 건조되어 있다. 위에는 난간을 설치하고 화려하게 장식하며 커튼을 친다."[25]

즉 복선의 선수돛대와 중앙돛대 사이의 선창에는 주방과 청수를 저장하는 수궤를 설치하고 그 아래쪽에는 사람들이 거주할 수 있는

---

25) 徐兢(北宋),「海道一 : 客舟」,『宣和奉使高麗圖經』第34卷 ; 辛元歐(2004),『上海沙船』, p.50.

거실을 설치하였음을 알 수 있다. 그 뒤쪽에는 일반 승객들과 선원들이 거주할 수 있는 4개의 선실이 있으며, 또 뒤쪽에는 고급 승객들이 거주하는 실내외 장식이 상당히 화려한 선실이 있음을 알 수 있다. 이와 같이 복선은 승선자에게 상당히 쾌적한 생활공간을 제공할 수 있었다.

Ⅳ. 방어 성능

상인들이 왕복하는 남부 해상 실크로드는 남중국해, 말라카해협, 벵갈만, 인도양 등 많은 해역을 포괄하고 있다. 이러한 해역에는 헤아릴 수 없이 많은 섬들이 산재해 있으며 일부 섬에는 전문적으로 상선을 약탈하는 해적들이 거주하고 있었다. "당시 동남아와 인도양의 많은 지역에는 해적활동이 상당히 빈번했으며 왕래하는 중국 상선에 위협이 되었다."26) 따라서 상인들은 자신의 생명과 화물의 안전을 보장하기 위해서는 선체가 크고 튼튼한 선박을 선호하였다.

송대 중국 "해선의 크기는 일정하지 않았다. 큰 것은 5000료料에 달하는데 5, 6백 명이 탑승할 수 있으며, 중간 것은 1000료에서 2000료 정도로서 2, 3백 명이 탑승할 수 있다."27) 사료에 의하면 1료가 60kg에 해당하므로 대선의 적재량은 약 300톤 정도로서 선체가 상당히 거대하다. 따라서 건현도 상당히 높아 해적들이 쉽게 갑판으로 올라오기 어려웠다.

전술한 바와 같이, 복선은 종강도를 보강하기 위해 선수미를 관통한

---

26) 陈希育(1991), 『中国帆船与海外貿易』, p.47.

27) 吳自牧(南宋), 「江海戰艦」, 『夢梁錄』第12卷 ; 王冠倬(2000), 『中国古船图谱』, 生活·读书·新知三联书店, p.118.

용골을 설치한 외에도 선체 양측 흘수선 바로 아래쪽에 선수미를 관통한 여러 개의 반원형 경수목을 설치하였다. 횡강도를 보강하기 위해서는 수밀격벽을 설치한 것 외에도 늑골을 설치하였다. 이러한 건조기술은 선체의 종강도와 횡강도를 향상시켰기 때문에 복선의 선체는 견고하다. 따라서 해적선과 충돌하였을 경우 선체가 파손되어 침몰할 우려가 적었다.

복선은 돛대가 높을 뿐만 아니라 여러 개의 돛대를 설치해 각양각색의 돛을 장착했기 때문에 어떠한 방향의 바람도 이용해 항해할 수 있었다. 따라서 연속항해가 가능할 뿐만 아니라 선속이 상당히 빨라 해적선과 조우했을 경우 신속히 추격에서 벗어날 수 있었다. 이러한 특장점 때문에 중국 상인들이 해외로 진출하거나 해외상인들이 중국으로 오거나를 막론하고 이들은 모두 중국의 복선을 선호하였던 것이다.

참고문헌

〈사료〉

徐兢(北宋),「海道一 : 客舟」,『宣和奉使高丽图经』第34卷, 商务印书馆, 1937.
朱彧(北宋),『萍洲可談』第2卷, 商务印书馆, 1941.
吳自牧(南宋),「江海戰艦」,『夢梁錄』第12卷, 浙江人民出版社, 1984.
茅元儀(明),『武備志』第116卷, 學識齋, 1868.
徐松(淸),「刑法二」,『宋會要輯稿』第137卷, 中華書局, 1957.
呂頤浩(淸),『忠穆集』卷2,「論舟楫之利」, 藝文印書館, 1959.

〈연구논저〉

席龙飞,『中国造船史』, 湖北教育出版社, 2000.
辛元欧,『上海沙船』, 上海书店出版社, 2004.
庄为玑·庄景辉,「泉州宋船结构的历史分析」,『泉州湾宋代海船发掘与研究』, 海洋出版社,

1987.

王冠倬, 『中国古船图谱』, 生活·读书·新知三联书店, 2000.

章巽, 『我国古代的海上交通』, 商务印书馆第2版, 1986.

陈希育, 『中国帆船与海外贸易』, 厦门大学出版社, 1991.

陈炎, 「略论'海上丝绸之路'」, 『历史研究』第3호, 1982.

8장

송대 서긍徐兢의 고려 봉사선과 항로

960년 조광윤趙匡胤이 정변을 일으켜 후주後周정권을 뒤엎고 송을 건국하였는데, 수도를 변경汴京(현재의 하남성河南省 카이펑開封)에 정하였다. 그 후 약 20년간의 확장을 통해 통일정권을 수립하였다. 그러나 당시 송 내부에는 계급갈등과 민족갈등이 첨예하게 대립하고 있었으며, 또한 황하이북에 있는 요遼, 서하西夏, 금金 등의 국가들이 송나라를 수시로 위협하고 있었다. 이러한 나라들과의 전쟁에서 송나라는 번번이 패배하였고, 그 결과 땅을 떼어주거나 배상금을 지불하는 등의 방식으로 정권을 유지하였다.

이러한 상황에서 송나라 통치자들은 나라의 재정을 확보하기 위해 해상무역을 대대적으로 추진하였다. 주된 무역품은 비단과 도자기였는데 그 수량이 방대하였다. 해상무역의 대상국은 한반도의 고려, 일본, 동남아지역, 아랍지역, 동아프리카지역 등이었다. 특히 송나라와 고려는 황해를 사이에 둔 인접국일 뿐만 아니라 예전부터 왕조 간의 사신왕래 및 무역거래가 빈번하였으며, 민간인들 간의 해상무역도 활발하였다.

송은 해상무역과 왕래하는 선박들에 대한 관리를 강화하기 위하여 주요한 무역항인 광주, 항주, 명주(현재의 닝보寧波) 등에 시박사市舶司를 설치하였다. 고려와 일본으로 가는 사신선이나 무역선들은 모두 명주에서 출발하였다.

Ⅰ. 서긍이 항해한 항로

1122년 9월, 송의 휘종은 고려 예종이 별세하고 세자가 등극했다는 소식을 접하고 조문 겸 축하를 위해 사신으로 서긍 등을 고려에 파견하였다. 서긍 일행은 1123년 5월 16일 2척의 신주神舟와 6척의 객주客舟로 구성된 선단을 이끌고 중국 명주에서 출발하여, 19일에 절강성의 정해定海(현재의 젠하이鎭海)에 도착한 후 원양항해를 준비하였다. 『선화봉사 고려도경』에 의하면 서긍의 선대는 다음과 같은 항로를 통해 고려로 건너갔다.[1]

(1) 5월 24일 정해의 초보산招寶山에서 출항한 후 호두산虎頭山, 교문蛟門을 거쳐, 25일 심가沈家에서 정박하였다. 26일 매잠梅岑에 이르렀을 때 북서풍이 강하게 불어 닻을 내리고 순풍을 기다렸다. 28일 날씨가 화창해 선대는 다시 출발해 해려초海驢礁, 봉래산蓬萊山, 반양초半洋礁 등을 지나, 29일에는 백수양白水洋(N30°E122° 해역), 황수양黃水洋(장강 하구의 외측해역), 흑수양黑水洋(N32°~36°E122°의 동쪽 해역)을 지났다.

(2) 6월 1일 남서풍을 타고 항해하여, 2일에 송과 고려의 분계점인 협계산夾界山(현재의 소흑산도)에 도착하였다. 3일 오후에는 오여五嶼,

---

1) 中国航海学会(1988), 『中国航海史：古代航海史』, pp.155~156 ; 孙光圻(1989), 『中国古代航海史』, pp.359~360.

패도排島, 백산白山, 흑산黑山, 월서月嶼, 난산蘭山島, 백의도白衣島, 궤점跪苫 등의 여러 섬을 지났다. 4~9일 간에는 춘초점春草苫, 빈랑점檳榔苫, 보살점菩薩苫, 죽도竹島(흥덕 서쪽에 있음), 고점점苫苫苫, 군산도群山島, 횡서橫嶼, 부용산富用山(원산도), 홍주산洪州山, 아자점鴉子苫, 마도馬島, 구두산九頭山, 당인도唐人島, 쌍여초雙女礁, 화상도和尙島, 우심도牛心島, 소청서小淸嶼 등 수많은 섬을 거쳐, 9일 오후에 자연도紫燕島(인천 영종도)에 도착해 닻을 내리고 밤을 보냈다.

(3) 6월 10일 자연도에서 출발하여 오후 급수문急水門(예성강 하구)에 이르렀다. 이 수역은 돛을 사용하기가 적합하지 않아 노를 저으면서 조류를 따라 항행하였는데, 저녁에 합굴蛤窟(예성강 내)에 이르러 닻을 내리고 정박하여 하룻밤을 보냈다. 11일 계속 항행하여 용골龍骨에 정박하였으며, 12일 아침 조류를 따라 항행하여 고려의 예성강에 이르렀다.

송나라 시기 고려로 가는 항로에 대해서는 여러 의견이 존재한다. 일부 학자들은 북방항로와 남방항로가 있다고 주장하는 반면,[2] 일부 학자들은 중부 횡단항로, 남부 횡단항로와 남부 사단항로가 있다고 주장하는 학자들도 있다.[3] 서긍의 선대는 지남침을 사용하였으므로 먼 바다 항해가 가능하였다. 그러므로 서긍의 선대는 명주에서 출발하여 곧바로 한반도를 향해 항행할 수 있는 남부 사단항로를 선택하였을 것은 분명하다. 〈그림 8-1〉에서 1068년 이후의 항로가 서긍이 항해한 항로이다.

---

2) 中国航海学会(1988), 『中国航海史 : 古代航海史』, p.153 ; 孙光圻(1989), 『中国古代航海史』, pp.361~362.
3) 정진술(2003), 「장보고시대 이후의 한·중 항로에 대한 연구」, p.10.

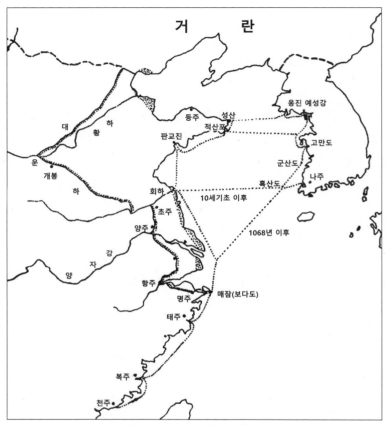

<그림 8-1> 송대의 한중항로[4]

II. 서긍이 사용한 객주

서긍이 편찬한 『선화봉사고려도경』에는 선박의 건조, 해양지리 및
왕복항로에 대하여 상세히 기록하고 있다. 이는 우리가 송대 원양해선

---

4) 정진술(2003), 「장보고시대 이후의 한·중 항로에 대한 연구」, p.87.

의 선체구조를 이해하는 데 상당히 중요한 의미가 있다. 선체 구조에 대해서 다음과 같이 기록되어 있다.[5]

"관례에 따르면, 매번 (송) 조정이 사신을 파견할 때 먼저 복건과 절강에 위임하여 객주를 모집하고 다시 명주에서 장식한다. 형상은 신주神舟와 비슷하며 선체가 약간 작다. 길이는 10여 장丈이고 선심은 3장이며 1000곡의 쌀을 적재할 수 있다. 선체는 모두 방목枋木으로 만들었으며 위가 평평하고 아래가 칼날 같아서 파도를 뚫고 항행하는 데 유리하다. 선체는 3개의 선창으로 나뉘는데, 앞부분의 선창은 판재를 설치하지 않고 다만 선저에 주방과 담수선창을 만들며, 두 개의 돛대 사이에 위치해 있다. 그 아래쪽에는 병사들의 거주하는 선창이다. 다음 선창은 4개의 선실로 나뉜다. 또 그 다음의 선창에는 높이가 1장이 넘는 선루를 설치하는데, 네 벽에는 창문을 내고, 위쪽에는 난간을 설치한다. 난간에는 그림을 화려하게 그렸고 또한 기치를 꽂아 장식을 돋우는데 사신과 관속들이 계급에 따라 거주한다. 위쪽에는 대나무로 만든 거적이 있는데, 평상시에는 접어놓고 비가 내릴 때는 빗물이 새지 않도록 잘 펴놓는다. 선원들은 선루가 높아 바람을 받는 것이 두려워 구식보다 못하다며 불편하다고 한다. 선수에는 두 개의 협주挾柱가 있는데, 그 사이에는 물레가 있으며, 물레에는 등나무줄기가 감겨져 있다. 물레는 서까래같이 크며, 등나무줄기의 길이는 500척이 되고 아래쪽에는 정석이 달려 있는데 돌은 양측에 있는 두 개의 나무갈고리에 끼워져 있다. 배가 바다에 진입하기 전 산 근처에 정박할 때에는 석정을 내려서 해저에 닿게 하면 마치 밧줄로

---

5) 徐兢(宋), 「海道一 : 客舟」, 『宣和奉使高麗圖經』 34卷 ; 辛元歐(2004), 『上海沙船』, pp.49~50.

묶은 것과 같이 배는 항행할 수 없다. 만약 파랑이 세면 유정遊碇을 내리는데 사용법은 큰 석정과 같으며 큰 석정의 양측에 위치해 있다. 항해할 때는 물레를 돌려서 걷어 올린다.

선미에는 크기가 다른 두 개의 타가 있으며, 수심의 깊이에 따라 수시로 교체하는데 선루의 뒤쪽에 위치해 있다. 위쪽에서 아래쪽으로 두 개의 타를 삽입하는데, 세 번째 타는 바다에 진입한 후에만 사용한다. 선체의 양측에는 대나무로 전대를 만들어 달아매는데 파랑을 막기 위해서다. 화물을 적재할 때 수면이 이 전대를 초과하지 못하며, 전대를 기준으로 화물의 무게를 가늠한다. 청수창은 전대의 위에 위치해 있다. 모든 선박에 10개의 노를 설치하였는데 조류를 따라 좁은 해역을 지나거나 입출항할 때 모두 노를 저어서 항행한다. 노꾼들이 큰 소리로 외치는 구령에 맞추어 전력을 다하지만, 배의 속도는 사풍항해보다 빠르지 못하다. 주돛대의 높이는 10여 장이고 선수돛대는 8장이다. 순풍이 불 때는 50폭의 포범을 달고 편풍偏風이 불 때는 이봉利篷을 이용하는데, 좌우로 돛을 펴서 바람을 맞게 한다. 주돛대의 꼭대기에는 10폭의 소형 돛이 있는데 야호범野狐帆이라 하며 바람이 멎었을 때 사용한다. 여덟 방향의 바람 중에서 맞바람에는 항행할 수 없다. 막대기를 세우고 새털을 달아서 바람의 방향을 식별하는데 이를 오냥五兩이라고 한다. 대체로 순풍은 만나기 어렵기 때문에 포범을 사용하는 것은 이봉을 사용하는 것보다 못하다. 항해할 때 수심이 깊은 것을 두려워하지 않고 다만 수심이 얕아 좌초하는 것을 두려워한다. 선저가 평평하지 않아 썰물이 지면 전복되어 구조하기 어렵기 때문이다. 때문에 늘 끈에 연추를 달아매서 수심을 측정한다. 한 척의 승선인원은 60명인데 두목만이 항로에 익숙하고 천문과 인사를 통달하고 있어서 모두의 신임을 받고 있다. 선수와 선미에 있는 모든 선원들이 한 사람과 같이 합심해야만 난관을 뚫고 나갈 수 있다.”

"관례에 따르면 매번 조정에서 사신을 파견할 때 먼저 복건과 절강에 위임하여 객주를 모집하고 다시 명주에서 장식한다." 이 기록에서 우리는 서긍이 봉사시 사용한 해선이 복건에서 건조된 복선福船임을 알 수 있다. 복선은 갑판부가 넓고 선저에 용골이 있는 첨저선이다. 첨저선이므로 "항해할 때 수심이 깊은 것을 두려워하지 않고 다만 수심이 얕아 좌초하는 것을 두려워한다. 선저가 평평하지 않아 썰물이 지면 전복되어 구조하기 어렵기 때문이다."고 하였던 것이다. 이러한 첨저선은 "위가 넓고 아래가 칼날 같아 파도를 뚫고 항해하는데 상당히 유리"한 것이다.

객주의 "길이는 10여 장이고 선심은 3장이며 1000곡의 쌀을 적재한다." 송나라 시기의 1장을 3.143m로[6] 계산할 때 객주의 선장은 30여m가 되고 선심은 9m 정도가 된다. 1곡을 50kg으로 계산하면 적재량은 120톤이고, 배수량은 250톤이 된다. 객주보다 큰 신주는 적재량이 240톤 정도일 것이다.[7]

1. 객주의 구조와 건조법

복선의 주된 특징은 용골이 있고 선저가 첨저형인 것이다. 일반적으로 용골은 소나무로 만들며, 주용골과 선수용골, 선미용골의 연결은 장부촉이음을 사용한다. 용골 접합부위의 횡단면에는 보수공寶壽孔이라고 하는 홈을 파고 홈 안에 은전이나 오곡종자 혹은 선박의 건조 날짜를 기록한 붉은 천 조각을 넣는다. 그리고 용골을 장부촉이음으로 연결한 후 접합부마다 6개의 대못을 박는데, 12개의 대못은 12가지

---

6) 福建省泉州海外交通史博物馆(1987), 『泉州湾宋代海船发掘与研究』, p.57.

7) 席龙飞(2000), 『中国造船史』, p.139.

종류의 동물을 상징하며, 해신에게 안전항해를 기원하기 위함이다.[8]

복선의 선수는 작은 방형으로 되어 있으며, 형태는 위가 넓고 아래가 좁은 역사다리 모양으로 건조되어 있다. 선수판은 횡방향으로 조립되어 있고 선수재간의 연결은 장부촉이음을 사용하였다. 그것은 아래가 좁아야만이 선수용골과 장부촉이음으로 연결할 수 있기 때문이다. 그리고 외측에 판재를 붙인다. 양쪽에는 각각 하나의 나무기둥을 세우고 쇠못을 사용해 외판을 기둥에 고정한다. 선수부는 상하 2개의 부분으로 나뉘는데, 위쪽은 '정전碇前'으로서 닻을 놓아둔 곳이다. 정전이 위치한 곳에는 단단한 재질로 된 선량이 있는데, '두건頭巾'이라고 부른다. 두건 위에 물레를 고정하는 협주를 장착하고 물레를 장치한다. "선수에는 두 개의 협주가 있는데, 그 사이에는 물레가 있으며, 물레에는 등나무 줄기가 감겨져 있다." 이것은 서긍이 사용했던 객주에도 닻줄을 감을 때 사용하는 물레가 있었다는 것을 증명한다. 선수의 아래쪽 부분을 '두수면鬥獸面'이라고 하며 일반적으로 동물을 그린다. 선수부의 양측 외판에는 용목龍目이라고 하는 '선안船眼'을 그리는데, 용목의 아래쪽에는 파도무늬를 그려 항해시 마치 용머리가 수면에서 상하로 움직이는 것처럼 보인다.[9] 〈그림 8-2〉는 복선의 선수형상도이다.

〈그림 8-2〉 복선의 선수형상[10]

---

8) 福建省泉州海外交通史博物馆(1987), 『泉州湾宋代海船发掘与研究』, p.82.
9) 福建省泉州海外交通史博物馆(1987), 『泉州湾宋代海船发掘与研究』, p.82.

〈그림 8-3〉 복선의 선미형상[11]

복선의 선미는 위쪽이 넓고 아래로 내려오면서 점차 좁아진다. 선미판은 채색으로 화려하게 장식한다. 선미부의 중간에는 타를 삽입하는 구멍이 뚫어져 있고, 양측에는 노를 삽입하는 구멍이 있다.[12] 〈그림 8-3〉은 복선의 선미형상도이다.

(1) 탑접기술　　　　(2) 평접기술

〈그림 8-4〉 탑접 및 평접[13]

외판은 일반적으로 2중, 3중으로 되어 있다. 용골과 인접한 첫 번째와 두 번째의 외판은 녹나무를 사용하며, 그 외의 외판은 삼나무를 사용한다. 외판의 횡적연결은 〈그림 8-4〉[14]와 같이 평접平接과 탑접搭接을 사용하고, 종방향 연결은 〈그림 8-5〉와 같이 활견동구滑肩同口, 사면동구斜面同口, 직각동구直角同口 등과 같은 장부촉이음을 사용한다.

10) 席龙飞(2000),『中国造船史』, p.309.

11) 辛元欧(2004),『上海沙船』, p.115.

12) 福建省泉州海外交通史博物館(1987),『泉州湾宋代海船发掘与研究』, p.82.

13) 崔雲峰·許逸(2004),「中國 宋代 尖底船의 造船技術 및 그 構造에 관한 研究」, p.45.

14) 崔雲峰·許逸(2004),「中國 宋代 尖底船의 造船技術 및 그 構造에 관한 研究」, p.45 ; 허일·김성준·崔雲峰(2005),『중국의 배』, p.137.

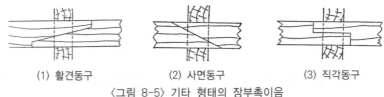

(1) 활견동구   (2) 사면동구   (3) 직각동구

〈그림 8-5〉 기타 형태의 장부촉이음

연결부위의 강도를 높이기 위해 송대의 해선은 쇠못을 사용했다. 쇠못은 사각 못, 원형 못, 납작한 못 등 여러 가지가 있으며, 쇠못으로 고정할 때도 '삼參', '별別', '적弔', '삽揷' 등 각기 다른 방법을 사용하였다.[15] 〈그림 8-6〉은 쇠못의 사용법이다.

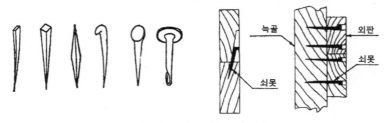

〈그림 8-6〉 쇠못 사용법[16]

장부촉이음과 쇠못을 사용해 외판을 연결한 후 수밀성을 확보하기 위해 접합부의 틈새에는 삼, 동유, 석회를 혼합해 만든 뱃밥을 사용해 메웠다. 송대에 사용했던 뱃밥에는 두 가지 종류가 있는데, 하나는 삼, 동유, 석회를 혼합하여 만든 것으로 주로 목판 사이의 틈새 및 파손된 부분이 비교적 큰 부분을 메우기 위해 사용되었다. 다른 하나는 동유와 석회를 혼합하여 만든 것으로서 주로 표면 틈새를 메우는

---

15) 崔雲峰·許逸(2004), 「中國 宋代 尖底船의 造船技術 및 그 構造에 관한 硏究」, p.45.
16) 崔雲峰·許逸(2004), 「中國 宋代 尖底船의 造船技術 및 그 構造에 관한 硏究」, p.45 ; 허일·김성준·崔雲峰(2005), 『중국의 배』, p.136.

데 사용되었다. 그 외에도 외판을 연접할 때 사용한 쇠못이 해수에 노출되어 부식되는 것을 방지하기 위해 쇠못을 박은 바깥쪽을 뱃밥으로 덮었다.[17]

선체 내부는 수밀격벽을 설치해 여러 개의 선창으로 분리한다. 격벽판隔壁板의 연결은 장부촉이음을 사용하고 쇠못을 관통시켜 강도를 보강한다. 용골과 인접한 격벽판은 침수로 인한 부식을 방지하기 위해 내수성이 강한 녹나무를 사용하며, 그 위쪽은 삼나무를 사용한다. 격벽과 외판의 연결은 거멀못銅釘을 사용해 연결하였는데, 연결방법은 다음과 같다. 먼저 외판과 인접한 격벽부의 양측에 거멀못 너비와 크기가 같은 홈을 판다. 그리고 외판에 거멀못이 들어갈 수 있을 정도의 구멍을 뚫는다. 다음 거멀못을 이 구멍으로 삽입한 후 거멀못의 몸체를 이미 파놓은 격벽 홈에 맞춰놓고 거멀못의 몸체에 뚫어져 있는 구멍에 쇠못을 박아 넣어 단단히 고정시킨다. 이러한 수밀격벽은 선체의 안전성을 높이고 화물의 적양하작업에 상당히 유리하다.[18] 〈그림 8-7〉은 수밀격벽의 형상도이고 〈그림 8-8〉은 거멀못의 사용방법이다.

〈그림 8-7〉 수밀격벽의 형상도[19]

그 외에도 복선에서는 선체의 횡강도를 높이기 위해 늑골을 설치한다. 늑골을 설치하는 방법은 주돛대를 경계로 설치방법이 상이하다. 주돛대 앞부분의 늑골은 격벽의 뒤쪽에 설치하고 주돛대 뒷부분의

17) 李国清(1986),「対泉州湾出土宋代海船舱料使用情況的考察」; 崔雲峰·許逸(2004), 「中國 宋代 尖底船의 造船技術 및 그 構造에 관한 研究」, p.45.
18) 福建省泉州海外交通史博物館(1987), 『泉州湾宋代海船发掘与研究』, p.20.
19) 福建省泉州海外交通史博物館(1987), 『泉州湾宋代海船发掘与研究』, p.17 ; 崔雲峰·許逸(2004), 「中國 宋代 尖底船의 造船技術 및 그 構造에 관한 研究」, p.44.

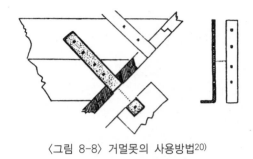

〈그림 8-8〉 거멀못의 사용방법[20]

늑골은 모두 격벽의 앞쪽에 설치한다. 이러한 설치방법은 선박이 항해할 때 전방과 후방에서 오는 파랑의 충격을 완화시키는 데 유리하다.

2. 객주의 돛과 돛대

"선체는 3개의 선창으로 나뉘는데, 앞부분의 선창은 판재를 설치하지 않고 다만 선저에 주방과 담수선창을 만들며, 두 개의 돛대 사이에 위치해 있다." 서긍은 객주의 주방과 담수선창이 두 개의 돛대 사이에 위치해 있다고 하였는데, 여기에서 말하는 두 개의 돛대는 주돛대와 선수돛대를 가리킨다. 선수돛대는 선수갑판 위에 설치하며 하단에는 돛대받침대가 있다. 주돛대는 선체의 중앙갑판에 설치하는데, 하단에는 마찬가지로 돛대받침대를 설치하고 돛대의 양측은 지지대로 고정한다. 그리고 돛대 옆에는 돛을 올리고 내리는데 사용되는 물레를 설치한다.[21] "주돛대는 높이가 10여 장이고 선수돛대는 8장"이라고 하였으므로 주돛대의 높이는 30m에 달하고 선수돛대는 20여m이다. 〈그림 8-9〉는 돛대받침대이고, 〈그림 8-10〉은 돛 물레이다.

송대 해선에서는 장방형 돛, 부채형 돛, 위쪽은 부채형이고 아래쪽은 장방형인 혼합형 돛이 사용되었다. 그중 복선에서 사용된 돛은 혼합형

20) 福建省泉州海外交通史博物馆(1987),『泉州湾宋代海船发掘与研究』, p.20 ; 崔雲峰·許逸(2004),「中国 宋代 尖底船의 造船技術 및 그 構造에 관한 研究」, p.44 ; 席龙飞(2000),『中国造船史』, p.167.

21) 福建省泉州海外交通史博物馆(1987),『泉州湾宋代海船发掘与研究』, p.82.

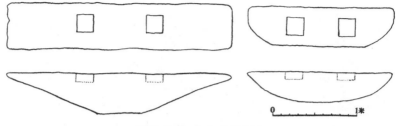

〈그림 8-9〉 돛대 받침대[22]

〈그림 8-10〉 돛 물레[23]

돛인데, 이러한 돛은 위가 뾰족하고 아래가 넓으며, 돛대가 돛폭의 가장자리에 위치해 있어 조종이 상당히 용이하다.

"순풍이 불 때는 50폭의 포범을 달고 편풍이 불 때는 이봉을 이용하는데, 좌우로 돛을 펴서 바람을 맞게 한다. 주돛대의 꼭대기에는 10폭의 소형 돛이 있는데 야호범이라 하며 바람이 멎었을 때 사용한다. 여덟 방향의 바람 중에서 맞바람에는 항행할 수 없다. 막대기를 세우고 새털을 달아서 바람의 방향을 식별하는데 이를 오냥五兩이라고 한다. 대체로 순풍은 만나기 어렵기 때문에 포범을 사용하는 것은 이봉을 사용하는 것보다 못하다."

여기에서 말하는 '이봉'(경범硬帆이라고도 함)은 삼실 또는 대나무로 엮어서 만든 부채형 돛에 활대를 장착한 돛을 말한다. 이봉은 돛폭에

---

22) 福建省泉州海外交通史博物馆(1987),『泉州湾宋代海船发掘与研究』, p.21 ; 崔雲峰·許逸(2004),「中国 宋代 尖底船의 造船技術 및 그 構造에 관한 研究」, p.47.

23) 席龙飞(2000),『中国造船史』, p.307.

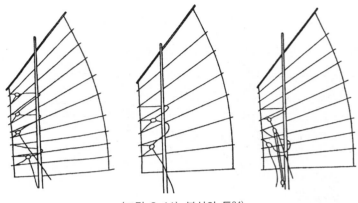

〈그림 8-11〉 복선의 돛[24]

활대가 있어 쉽게 찢어지지 않고, 또한 돛 자체가 위가 가볍고 아래가 무거워 강풍이 불 때 자체의 무게에 의해 쉽게 내릴 수 있으며, 무게 중심이 하단에 있으므로 선체가 전복될 위험도 적다. 그리고 바람을 이용할 때 돛폭의 면적이 급속하게 증가하므로 시기를 놓치지 않고 사풍항해를 할 수 있다. 항해를 할 때 순풍을 만나기가 어렵기 때문에 대부분 이봉을 이용하여 지그재그 항해를 하고, 다만 순풍일 때만 포범(연범軟帆이라고도 함) 50폭을 사용해 항해하며, 바람이 멎었을 때는 10폭의 야호범(소형 돛)으로 항해하였음을 알 수 있다. 〈그림 8-11〉은 복선의 돛 형상이다.

객주는 항해시 사용하는 여러 종류의 돛을 장착한 외에도 "매 선박마다 10개의 노를 설치하여" 좁은 해역을 지나거나 입출항할 때 사용하였다. 〈그림 8-12〉는 노의 구조도이다.

---

24) 辛元欧(2004), 『上海沙船』, p.133.

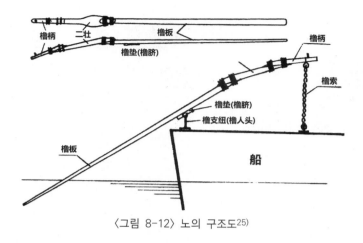

〈그림 8-12〉 노의 구조도[25]

3. 객주의 닻

닻의 발전 과정을 보면 대략 돌로 된 석정石矴, 나무와 돌을 결합시켜 만든 목석정木石碇, 철로 된 철정鐵碇(즉 철묘鐵錨)의 3개 단계로 나눌 수 있다. 송대의 해선에는 일반적으로 목석정과 철정이 사용되었다.

"선수에는 두 개의 협주가 있는데 그 사이에는 물레가 있으며, 물레에는 등나무 줄기가 감겨져 있다. 물레는 서까래같이 크며, 등나무 줄기의 길이는 500척이 되고 아래쪽에는 정석이 달려 있는데 돌은 양측에 있는 두 개의 나무갈고리에 끼여 있다. 배가 바다에 진입하기 전 산 근처에 정박할 때 석정을 내려서 해저에 닿게 하면 마치 밧줄로 묶은 것과 같이 배는 항행할 수 없다."

이 기록은 서긍이 사용했던 객주가 목석정을 사용하고 있었다는

25) 席龙飞(2000), 『中国造船史』, p.86.

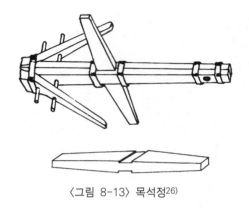

〈그림 8-13〉 목석정[26]

것을 설명한다. 즉 인공으로 가공해 만든 석정의 양측에 재질이 단단한 나무갈고리를 부착한 후 밧줄로 단단히 묶어서 고정한다. 이러한 닻은 파주력이 크고 재료도 구하기 쉬우며 가격도 저렴해 아주 광범위하게 사용되었다. 이러한 닻은 무게가 대단히 무거워 사람의 힘으로는 들어올리기 어렵기 때문에 선수에 장착한 물레로 감아올린다. 객주에 사용된 닻줄의 길이는 500척이며 등삭藤索을 사용하였다. 이러한 등나무줄기는 탄력이 뛰어나 파랑에 강하기 때문에 쉽게 절단되지 않는다. "만약 파랑이 세면 유정游矴을 내리는데, 사용하는 방법은 큰 석정과 같으며 큰 석정의 양측에 위치해 있다. 항해할 때는 물레를 돌려서 걷어 올린다."고 하였는데, 이것은 객주에는 주닻 이외에도 주닻의 양측에 각각 하나의 목석정을 비치하고 있었으며, 파랑이 심할 때는 비치하고 있던 제2호, 제3호의 닻을 내려서 정박하고 항해시에는 물레를 돌려서 감아올렸음을 설명한다. 위의 〈그림 8-13〉은 송대에 사용했던 목석정이다.

4. 객주의 타

중국 송대에 이르러 해선에 사용된 타의 종류는 상당히 많으며, 형태도 각양각색이다.

---

26) 席龙飞(2000), 『中国造船史』, p.180.

"선미에는 크기가 다른 두 개의 타가 있으며 수심의 깊고 얕음에 따라 수시로 교체하는데 선루의 뒤쪽에 위치해 있다. 위쪽에서 아래쪽으로 두 개의 타를 삽입하는데 세 번째 타라고 하며, 바다에 진입해서야만 사용한다."

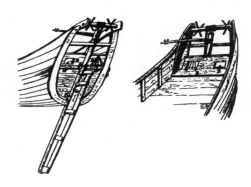

〈그림 8-14〉 복선의 타[27]

이는 객주에 수심에 따라 수시로 바꿀 수 있는 크고 작은 2개의 타가 장착되어 있었으며, 선수의 물레를 사용하여 수시로 상하로 움직일 수 있는 현수타를 장착했다는 것을 의미한다. 일반적으로 복선의 타는 모양이 좁고 길쭉하며, 선저 밑으로 뻗어 있다.[28] 때문에 수심이 얕은 곳에 이르면 작은 타로 교체하게 되며, 현수타이기 때문에 위로 들어 올릴 수 있다. 객주는 크고 작은 2개의 타 외에도 수심이 깊은 해역에서 항해할 때 사용하는 세 번째 타를 비치하고 있었다는 것을 알 수 있다. 〈그림 8-14〉는 송대 복선의 타이다. 타를 선미에 단단하게 고정하기 위해 중국의 고선에서는 모두 타 받침대를 사용하였다. 〈그림 8-15〉는 복선에서 사용한 타 받침대이다.

이상에서 살펴본 송나라 사신 서긍이 탔던 객주는 복건에서 건조된 첨저선으로서 다음과 같은 특징을 가지고 있다.

---

27) 席龙飞(2000), 『中国造船史』, p.309.
28) 福建省泉州海外交通史博物馆(1987), 『泉州湾宋代海船发掘与研究』, p.82.

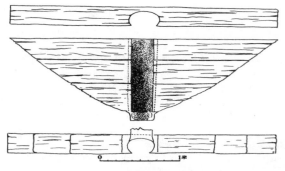
〈그림 8-15〉 복선의 타 받침대[29]

첫째, 선장은 30여m이고 선심은 9m 내외이며, 선미부에는 높이가 3m 정도의 선루가 있다.

둘째, 수밀격벽과 늑골을 설치하여 선체의 안전성을 높이고 횡강도를 높였다.

셋째, 역사다리꼴의 방형 선수와 위가 넓고 아래가 좁은 선미를 가지고 있다.

넷째, 외판은 2중, 3중으로 되어 있으며, 외판재는 장부촉이음과 쇠못을 사용하여 연결하였다.

다섯째, 선수돛대와 중앙돛대를 장착한 쌍돛대 배이며, 그 높이는 각각 20여m, 30여m이다. 돛은 활대를 장착한 이봉과 포범을 사용하였다.

여섯째, 닻은 목석정을 장착했으며, 주 닻 이외에도 2개의 닻을 비치하고 있었다. 닻줄은 길이가 500척인 등나무줄기를 사용하였다.

일곱째, 수심에 따라 수시로 교체 사용할 수 있는 대소 2개의 타를

---

29) 福建省泉州海外交通史博物馆(1987), 『泉州湾宋代海船发掘与研究』, 海洋出版社, p.21 ; 崔雲峰·허일(2004), 「中國 宋代 尖底船의 造船技術 및 그 構造에 관한 研究」, 『海洋環境安全學會誌』 제10권 제1호, p.48.

장착했으며, 수심이 깊은 해역에서 사용하는 제3호의 타도 비치하고
있었다. 이러한 타들은 모두 현수타이다.

참고문헌

〈사료〉

徐兢(宋), 「海道一：客舟」, 『宣和奉使高麗圖經』 34卷, 商務印書館, 1937.

〈연구논저〉

福建省泉州海外交通史博物馆, 『泉州湾宋代海船发掘与研究』, 海洋出版社, 1987.

中国航海学会, 『中国航海史：古代航海史』, 人民交通出版社, 1988.

席龙飞, 『中国造船史』, 湖北教育出版社, 2000.

孙光圻, 『中国古代航海史』, 海洋出版社, 1989.

辛元欧, 『上海沙船』, 上海书店出版社, 2004.

李国清, 「对泉州湾出土宋代海船上舱料使用情况的考察」, 『船史研究』 第2期, 1986.

崔雲峰·許逸, 「中國 宋代 尖底船의 造船技術 및 그 構造에 관한 研究」, 『海洋環境安全學會
        誌』 제10권 제1호, 2004.

정진술, 「장보고시대 이후의 한·중 항로에 대한 연구」, 『장보고 연구논총』, 해군사관
        학교 해군해양연구소, 2003.

허일·김성준·崔雲峰, 『중국의 배』, 전망, 2005.

9장

복선福船과 복건해상福建海商

복건성福建省은 중국 동남연해에 위치해 있으며, 일찍부터 동월東越이라고 불렸다. 비록 당 이전 복건성의 일부 주민들이 해외로 진출하여 해외무역을 했지만, 그것은 개별적 활동에 불과했다. 당 이후 생산력의 발전과 더불어 중국 동남연해에 거주하는 복건 주민들은 빈번하게 해외로 진출해 해외무역에 종사하였다. 송원 시기에 이르러 복건지역의 해상교통이 비약적으로 발전함에 따라 해외무역에서 복건해상福建海商들이 주도적 지위를 차지하게 되었다. 그들의 발자취는 동아시아, 동남아시아, 남아시아, 서아시아 및 아프리카 동부지역까지 이르렀다. 명나라 시기 복건지역의 해외교통이 점차적으로 쇠퇴했지만, 여전히 많은 해상들이 세계 각지에서 해외무역에 종사하였다. 이 글에서는 복건해상이 발전하게 된 원인 및 그들의 해외무역에서 결정적인 역할을 한 복선福船에 대해 정리해 보려고 한다.

Ⅰ. 복건해상의 성장 배경

복건지역은 삼면이 산으로 둘러싸여 있고 한 면이 바다와 인접해 있다. 이러한 지리적 특징으로 하여 복건 주민들은 생계를 위해 예로부터 바다로 진출해 고기를 잡고 무역을 하였다. 복건해상의 성장 배경은 대체로 다섯 가지로 나눌 수 있다.

(1) 땅이 적고 인구가 많다. 송원 시기 복건지역의 주요한 특징은 경작지 면적이 적고, 인구가 상대적으로 많았다. 복건지역의 서부에는 해발 높이가 1000~1500m, 길이가 500㎞나 되는 무이산맥武夷山脈이 가로 놓여 있고, 북쪽에는 선하령仙霞嶺, 동쪽에는 박평령博平嶺, 대운산戴雲山, 취봉산鷲峰山이 가로놓여 있어 동, 서, 북 교통이 모두 차단되어 있다. 그렇기 때문에 복건지역은 대부분이 산지와 구릉지로 이루어져 있어 경작지가 아주 적다.

송 시기 중국 북방에 거주하던 백성들이 전란을 피해 남방으로 이주하면서 복건지역의 인구는 급증하여 1인당 경작지 면적은 더욱 줄어들었다. 또한 지방 관리들이나 토호들은 권력과 자금을 이용해 토지를 대량으로 사들임으로써 서민들은 경작할 토지를 잃게 되었다. 따라서 생계를 위해 복건 주민들은 활발히 해외로 나가 무역에 종사할 수밖에 없었다.

(2) 복건지역은 예로부터 항해에 양호한 조건을 구비하고 있다. 복건지역은 아열대에 위치해 있으므로 산간지대에는 소나무와 삼나무 등과 같은 선박건조에 필요한 목재들이 많이 자라고 있는데, 이는 복선을 건조하는 데 필요한 물적 자원을 제공하였다. 또한 복건지역의 해안은 수심이 깊고 조석간만의 차가 심해 해류 이동으로 선박출입에 적합한 지형을 갖추고 있다.

(3) 복건 주민들은 예로부터 풍부한 항해경험을 갖고 있었다. 지리적

조건으로 인해 복건 주민들은 생계를 위해 해외로 진출할 수밖에 없었다. 그들은 "바다에 익숙하고 선박을 잘 사용한다."[1]고 기록되어 있다. 송원 이전의 선원들은 주로 "밤에는 별을 관찰하고 낮에는 해를 관측하여"[2] 배의 위치와 방향을 결정하였으므로 여전히 연안 항해를 하였다. 북송 시기 이후 복건지역의 선원들은 "날씨가 흐릴 때 지남부침을 사용해 남북을 확인했는데"[3], 이는 수부침을 보조용 항해도구로 사용했음을 알 수 있다. 그 후 남송시기부터는 "바람이 불고 비가 오는 흐린 날씨에는 다만 지남침을 사용해 항해하며, 선장이 책임지는 데 한 치의 오차도 있어서는 안 된다."[4] 이는 남송대부터 항해시 지남침을 보편적으로 사용했으며, 나침이 선박의 위치와 항해방향을 결정하는 데 주된 역할을 했음을 알 수 있다. 지남침을 사용함으로써 대양항해를 할 수 있게 되었으며, 항해기간을 상당히 단축했을 뿐만 아니라 항해안전도 크게 제고提高되었다.

지남침의 보편적인 사용과 항해 지식이 풍부해짐에 따라 원 시기 이후 복건지역의 선원들은 한 곳에서 다른 한 곳으로 항해하는 도중 방향을 변경할 때 '침위점針位點' 기술을 사용했으며, 이러한 침위점을 기초로 '침로'를 결정하였다. 주달관周達觀의 『진랍풍토기眞臘風土記』에는 "온주溫州에서 출항하여 정미침丁未針(항해방향 202°30′) 방향으로 항해하면 점성占成(베트남 북부)에 도달한다." "진포眞浦에서 곤신침坤申針(항해방향 232°30′) 방향으로 항해하면 곤륜양崑崙洋을 지나 입항할 수 있다."[5]는 내용이 기재되어 있다. 이와 같이 안전한 침로가 나타났다

---

1) 班固(東漢), 「嚴助傳」, 『漢書』 第64卷, p.1778.
2) 朱彧(北宋), 『萍州可談』, p.26.
3) 吳子牧(元), 「江海船艦」, 『夢梁錄』 第12卷, p.102.
4) 趙汝適(南宋), 「海南」, 『諸蕃誌』 下卷, p.216.
5) 周達觀(元), 「總敍」, 『眞臘風土記』, p.3.

는 것은 지남침이 이미 항해방향을 확정하는 주된 수단으로 사용되었음을 의미한다.

그 외에도 복건지역의 선원들은 계절풍을 이용해 항해하였다. 중국의 동남해역에는, 겨울에 북동풍이 불고 여름에는 남서풍이 분다. 따라서 한반도로 갈 때에는 하지 이후의 남풍을 이용하였으며, 일본으로 갈 때에도 남풍을 이용하고 돌아올 때는 북동풍을 이용하였다. 즉 일본으로 갈 때에는 남서풍이 강하게 부는 여름과 초가을에 출발하였고, 돌아올 때에는 온화한 북동풍이 부는 가을과 늦은 봄에 일본에서 출항하여 동해를 횡단하였다. 남양으로 항해할 때에는 북풍이 성행하는 11월과 12월에 출항하였으며, 돌아올 때에는 남풍이 강하게 부는 5월과 6월에 당지에서 출발하였다. 계절풍을 이용하여 항해함으로써 항해속력을 크게 높였으며, 따라서 항해기간을 크게 단축시킬 수 있었다.

(4) 관가에서 실시한 항해 관련 정책이 복건지역의 해외무역을 한층 발전시켰다. 송 시기 주변에는 요遼, 서하西夏, 금金 등 소수민족 정권이 병존하고 있었으며, 이들은 시시각각으로 송을 위협하고 있었다. 따라서 이들 정권을 대처하는 데 필요한 안정적인 후방기지를 확보하기 위해 꾸준히 노력하였다. 송나라 통치자들은 동남아 나라들과 우호적인 관계를 맺기 위해 그들 나라의 상인들이 중국에 와서 무역하는 것을 장려하였다. 또한 국고의 수입을 늘리기 위하여 민간인들이 해외무역에 종사하도록 적극 권장하였다. 이러한 조치들은 복건 주민들이 적극적으로 해외무역에 종사하도록 부추겼다.

원의 통치자들도 여전히 송대의 해외무역정책을 계승하여 민간인들이 해외무역에 종사하도록 장려하였다. 따라서 송원 시기 복건지역의 해외무역은 전성기에 이르렀으며, 복건해상들은 활발하게 해외에 진출하여 국제무역에 종사하였다.

명대에는 "한쪽의 널판자도 입해할 수 없는"[6] 해금정책海禁政策을 실시함으로써 "해변의 백성들은 살길이 막히게 되었다."[7] 따라서 이들은 생계를 위해 어쩔 수 없이 위험을 무릅쓰고 해외로 나가 밀무역에 종사하게 되었으며, 그 규모는 날이 갈수록 커져 무장단체를 형성하였다. 그 결과 중국의 해외무역은 사무역 형태로 바뀌었다.

(5) 선진적인 기술로 건조된 '복선'이 복건해상들이 성장하는 데 주된 도구로 활용되었다.

II. 복선과 복건해상

송원 시기 중국의 복건지역은 주된 조선 중심이었으며, "해선은 복선이 가장 우수하다."는 평판을 듣고 있었다. 복건의 "장주漳州, 천주泉州, 복주福州, 흥화興化 등 연해지역의 거주민들은 자체적으로 자금을 마련해 배를 건조해서 무역에 종사하였다."[8] 송원 시기의 해선에서 선형이 가장 우수하고 가장 선진적인 조선기술로 건조된 복선은 복건해상들이 해외로 진출하여 무역에 종사할 때 다음과 같은 편의를 갖다 주었다.

(1) 진보적인 선체구조는 복건해상들의 자금 회전주기를 가속화시켰다. 복선은 첨저선으로서 선수가 뾰족하고 선미가 넓으며 선수미가 위로 쳐들려 있다. 이러한 첨저선은 "위가 평평하고 아래가 칼날 같아 파랑을 뚫고 항해하는 데 아주 유리하다."[9] 〈그림 9-1〉은 천주해외교통

---

6) 張廷玉(淸), 「朱紈傳」, 『明史』 第205卷, p.5403.
7) 郭造卿(明), 『防閩山寇議』, p.13.
8) 吳自牧(元), 「江海船艦」, 『夢梁錄』 第12卷, p.102.

사박물관에 전시되어 있는 복선의 모형선이다.

복선은 선수가 뾰족하므로 파랑의 충격을 잘 견뎌낼 뿐만 아니라 파랑을 가르며 항해하는 데 아주 유리하다. 따라서 파도가 크고 수심이 깊은 남양해역에서 항해하기에 아주 적합하다. 속력이 빠른 복선은 왕복시간을 단축할 수 있기 때문에 자금의 회전주기를 단축시켜 무역과정에서 더

〈그림 9-1〉 복선 모형선

욱 많은 이윤을 얻을 수 있다. 따라서 복선은 복건해상들이 급격히 성장하는 데 필요한 자금의 원천이었다.

(2) 견고하고 수밀성이 강한 복선은 복건해상의 인명과 화물의 안전성을 보장하였다. 복선은 "모두 옹근 방목枋木을 쌓아서 만들었다."[10] 현판은 상하 2개의 부분으로 나뉘며 양현은 외측으로 불거져있고 현측에는 원목을 쪼개서 만든 두꺼운 목판을 덧붙인다.[11] 현판은 2중, 3중으로 되어 있으며, 목판은 철정과 장부촉이음을 사용해 연결한다.[12] 용골과 인접한 현판은 부식성에 강한 녹나무를 사용해 선체의 수명을 높인다. 또한 선체의 횡강도를 높이기 위해 선체 내부에 늑골을 설치하

9) 徐兢(北宋),「海道一·客舟」,『宣和奉使高麗圖經』第34卷.
10) 徐兢(北宋),「海道一·客舟」,『宣和奉使高麗圖經』第34卷.
11) 庄为玑·庄景辉(1987),「泉州宋船结构的历史分析」, p.82.
12) 福建省泉州海外交通史博物馆(1987),『泉州湾宋代海船发掘与研究』, p.19.

는데, 이는 선체가 대양항해 도중 풍랑의 충격에 의해 파손되는 것을 방지할 수 있으므로 안전을 확보하는 데 아주 유리하였다. 이로 하여 복건해상들 뿐만 아니라 외국상인들도 복선을 이용했다.

그 외에도 수밀성과 항침성抗沈性을 높이기 위하여 복선에는 수밀격벽을 설치하고 선체 내부를 여러 개의 독립된 수밀선창으로 건조한다. 또한 선체의 수밀성능을 한층 높이기 위하여 각 접합부에는 삼, 동유, 석회를 혼합해 만든 뱃밥으로 틈새를 메웠다.[13]

(3) 복선의 선체구조와 설비는 복건해상들이 빠르고 정확히 목적지에 도달할 수 있는 기술적인 토대를 마련하였다. 복선은 "3개의 선창으로 나뉘며, 선수 쪽 선창에는 밑판을 대지 않고 다만 주방과 수궤水櫃만을 설치하는데, 두개의 돛대 사이에 위치해 있다."[14] "주돛대의 높이는 10장에 달하고 선수돛대의 높이는 8장에 달한다."[15] 이로부터 우리는 복선에는 20m정도의 선수돛대와 30m정도의 주돛대를 설치했다는 것을 알 수 있는데, 원양항해에 사용된 복선에는 선미돛대도 있었을 것으로 추정된다. "순풍이 불면 50폭의 돛을 올리고 편풍偏風이 불면 이봉利篷을 사용하는데, 좌우로 펴서 바람을 받게 한다. 주돛대의 꼭대기에는 소범 10폭을 설치하는데 야호범野狐帆이라고 하며 바람이 멎을 때 사용한다. 바람에는 8면 풍이 있는데 다만 맞바람일 때는 항해할 수 없다. … 대체적으로 순풍을 만날 수 없기 때문에 포범은 이봉보다 사용하기가 더욱 불편하다."[16]

이로부터 복선의 선박추진설비가 아주 다양했다는 것을 알 수 있다. 순풍시 사용하는 포범이 있을 뿐만 아니라 바람이 멎었을 때 사용하는

---

13) 최운봉·허일(2004),「中國 宋代 尖底船의 造船技術 및 그 構造에 관한 研究」, p.45.
14) 徐兢(北宋),「海道一 : 客舟」,『宣和奉使高麗圖經』第34卷.
15) 徐兢(北宋),「海道一 : 客舟」,『宣和奉使高麗圖經』第34卷.
16) 徐兢(北宋),「海道一 : 客舟」,『宣和奉使高麗圖經』第34卷.

야호범이 있으며, 편풍이 불 때 자주 사용하는 이봉도 있었다. 이봉은 삿자리로 만든 돛으로서 돛 면에는 대나무로 된 범죽帆竹을 설치하는데, 부채모양으로 되어 있다. 대양항해시 맞바람을 제외하고는 기타 방향에서 바람이 불어올 때 이봉을 사용하여 지그재그 항해를 할 수 있기 때문에 항속을 크게 제고할 수 있다. 따라서 복건해상들은 해외무역에서 더욱 많은 기회를 잡을 수 있었다.

> "선수에는 두 개의 기둥이 있고 그 중간에는 물레바퀴가 있는데, 등삭籐索이 감겨져 있다. 길이는 500척으로서 아래쪽에는 석정石矴이 달려 있으며 돌 양측에는 두 개의 나무갈고리가 부착되어 있다. 배가 바다에 진입하여 산 근처에 이르러 묘박할 때에는 석정을 떨어뜨려 해저에 닿게 하는데, 마치 밧줄로 묶어놓은 듯이 배는 움직이지 않는다. 바람이 세고 파랑이 크면 유정游矴을 더 내리는데, 그 역할은 대정大矴과 같으며 양측에 위치하여 있다. 항행할 때는 물레로 감아올린다."[17]

이것은 복선에는 보편적으로 주닻인 두 개의 목석정木石矴과 비상용 목석정을 구비하고 있었다는 것을 의미한다. 이러한 목석정은 아주 무거울 뿐만 아니라 2개의 갈고리를 가지고 있어 해저에 닿으면 상당한 파주력을 가진다. 닻줄은 부식에 강하고 질긴 등삭을 사용했으므로 대양에서 묘박한 배가 바람과 파랑에 의해 닻줄이 단절되는 것을 방지할 수 있다.

복선의 키는 좁고 길며 선저 밑으로 뻗어 있다. 때문에 배가 수심이 얕은 해역에서 항해할 때는 키가 해저에 닿는 것을 방지하기 위해 모두 상하로 조절할 수 있는 키를 장치하였다. "선미 쪽에는 주 타가

---

17) 徐兢(北宋), 「海道一 : 客舟」, 『宣和奉使高麗圖經』 第34卷.

있는데, 대소 2개가 있으며 수심에 따라 교체한다. … 위쪽에서 아래쪽으로 2개의 탁樂을 꽂아 넣는데 3번 키라고 하며 대양에 진입해야만 사용한다."[18] 이것은, 복선에는 2개의 주닻 외에도 다른 하나의 예비용 키가 있으며 대양항해시 긴급한 상황이 발생하면 사용한다는 것을 알 수 있다. 키의 상하 조절은 선미물레를 사용한다. 선저 밑까지 깊이 뻗은 키는 선체가 횡방향으로 밀리는 것을 방지하는 역할을 한다.

(4) 복선은 복건해상들의 자본축적과 보존능력을 상당히 높여주었다. 송원 시기 해외 각국은 상선에 대해 세금을 징수하지 않았지만 상인들은 화물 중에서 일부를 '선물'로 현지의 국왕이나 토호에게 바쳐야 했다. 배의 크기에 관계없이 일정한 수량을 바치기 때문에 배가 클수록 유리하였다.

"해상들이 사용하는 배는 크기가 다양한데, 큰 것은 적재량이 5000료料이며 500~600명이 승선할 수 있다. 중간 크기의 것은 적재량이 1000료이며 200~300명이 승선할 수 있다."[19]

이와 같이 복선의 적재량이 상당히 크므로 비록 항차가 동일하더라도 복건해상들이 취득하는 이윤은 기타지역의 해상들보다 훨씬 많아 복건해상은 상당히 빠르게 자본을 축적할 수 있었다.

당시 동남아 및 인도양의 많은 해역에는 해적들이 수시로 출몰하였는데, 이는 이 해역을 통과하는 상선에 커다란 위협이 되었다. 그러나 복선은 선체가 거대하고 수백 명이 승선하므로 자체 방어능력을 갖추고

---

18) 徐兢(北宋), 「海道一 : 客舟」, 『宣和奉使高麗圖經』 第34卷.
19) 徐兢(北宋), 「海道一 : 客舟」, 『宣和奉使高麗圖經』 第34卷.

있었다.[20]

III. 복건해상의 무역활동의 특징

당 이전 복건해상들은 이미 베트남 북부지역, 일본, 한반도, 인도네시아, 인도, 아랍지역 등의 지역에 진출하여 해외무역을 하였다. 송원시기에 이르러 모험심이 강한 복건해상들은 해외 여러 나라에 진출해 무역을 하였다. 그들의 활동지역은 일본, 한반도, 필리핀군도, 말레이제도, 말레이반도, 남아시아, 서아시아 및 아프리카 동부해안까지 닿았다. 송나라 시기 한반도로 가는 항로는 산동반도의 등주登州(현재 펑라이蓬萊)에서 출발해 한반도의 서해안에 이르는 북부항로와, 명주明州(현재 닝보寧波)에서 출발해 한반도의 서해안에 이르는 남부항로가 있었다. 송원 시기 동남아, 남아시아, 서아시아 및 동부아프리카에 이르는 원양항로는 광주廣州(또는 천주泉州)를 출발점으로 한 여러 갈래의 항로가 있었다. 주로 광주(또는 천주)-삼불제三佛齊(현재 수마트라 섬 동부), 광주(또는 천주)-도파闍波(현재 자바 섬), 광주(또는 천주)-난리蘭里(현재 반다아체)-고림故臨(현재 트리반드룸), 광주(또는 천주)-난리 -고림-대식大食(현재 아랍지역), 광주(또는 천주)-난리-마리발麻離拔(현재 바브엘만데브 해 연안), 광주(또는 천주)-난리-동아프리카 등이 있다.[21]

복건해상들은 해외무역을 통하여 중국의 자기, 비단, 차 등을 세계 여러 지역에 수출했으며, 동시에 제당기술, 제지기술, 양주기술, 차재배

---

20) 陈希育(1991), 『中国帆船与海外贸易』, p.47.

21) 孙光圻(1989), 『中国古代航海史』, p.404.

기술, 화약제조법, 야금기술 등을 전수해 주었다.[22] 반대로 복건해상들은 해외로부터 인삼, 인삼과人蔘果, 사향, 상아, 향료, 감자, 벼, 담배, 호박, 자동刺桐 등을 수입해 들여왔다. 이러한 상품 교류를 통해 복선해상은 양 지역의 경제발전과 생활수준 향상에 기여하였다.[23]

복건해상들은 많은 자금을 소유하고 정치적 특권을 누리고 있는 신상紳商, 선주와 상인들로 구성된 선상船商, 여러 중소상인들로 구성된 산상散商(외국 상인), 선원 및 화교상인 등 5개의 유형으로 분류된다. 이러한 복건해상들은 중국 기타 지역의 해상들과 달리 활동범위가 넓고 인수가 많으며 경영규모가 큰 특징을 가지고 있다. 복건해상들의 발길이 동아시아, 동남아시아, 서아시아, 동아프리카 등지에까지 닿아 있었다. 그 주된 원인은 중국의 선박 중에서 성능이 가장 우수한 복선을 활용할 수 있었기 때문이었다.

---

22) 林更生(1988), 「古代从海路外传的植物与生产技术初探」, 『海交史研究』第2期, p.205.
23) 林更生(1982), 「古代从海路引进福建的植物」, 『海交史研究』通卷4, p.87.

참고문헌

〈사료〉

周達觀(元),「總敍」,『眞臘風土記』, 平凡社, 1989.

班固(東漢),「嚴助傳」,『漢書』第64卷, 中華書局, 1964.

朱彧(北宋),『萍州可談』, 商務印書館, 1941.

徐兢(北宋),「海道一·客舟」,『宣和奉使高麗圖經』第34卷, 商務印書館, 1937.

官家(北宋),「刑法二」,『宋會要輯稿』, 中華書局, 1957.

趙汝適(南宋),「海南」,『諸蕃誌』下卷, 商務印書館, 1937.

呂頤浩(南宋),「論舟楫之利」,『忠穆集』第2卷, 藝文印書館, 1959.

吳子牧(元),「江海船艇」,『夢梁錄』第12卷, 浙江人民出版社, 1984.

郭造卿(明),『防閩山寇議』, 上海書店, 1985.

張廷玉(淸),「朱紈傳」,『明史』第205卷, 中華書局, 1974.

〈연구논저〉

福建省泉州海外交通史博物館,『泉州湾宋代海船发掘与研究』, 海洋出版社, 1987.

孙光圻,『中国古代航海史』, 海洋出版社, 1989.

庄为玑·庄景辉,「泉州宋船结构的历史分析」,『泉州湾宋代海船发掘与研究』, 海洋出版社, 1987.

林更生,「古代从海路引进福建的植物」,『海交史研究』通卷4, 1982.

林更生,「古代从海路外传的植物与生产技术初探」,『海交史研究』第2期, 1988.

陈希育,『中国帆船与海外贸易』, 厦门大学出版社, 1991.

최운봉·허일,「中國 宋代 尖底船의 造船技術 및 그 構造에 관한 研究」,『해양환경안전학회지』제10권 제1호, 2004.

10장

원대 해상조운과 차양선遮陽船

중국의 해상조운은 진秦대부터 시작되었으며, 그 후의 역대 통치자들도 모두 해상조운을 운영하였다. 그러나 진정한 의미에서의 해상조운은 원대에 실시되었다고 할 수 있다. 왜냐하면 그 규모가 이전 시대를 훨씬 능가하였을 뿐만 아니라, 실시된 기간도 상당히 길어 원이 망할 때까지 지속되었기 때문이다. 원대에 실시된 해상조운은 주로 장강 하구 북쪽 해역에서 이루어져 북양조운이라고도 한다. 원대에 해상조운이 발전한 데는 다음과 같은 시대적 배경이 작용하였다.

첫째, 정치·군사 중심과 경제 중심이 분리되어 북방에서 소요되는 쌀을 남방지역에 의존하지 않으면 안 되었다. 원이 건국된 후 도읍을 대도大都(현재 베이징)로 정하면서 정치 중심은 북방에 치우치게 되었다. 또한 북방지역의 소수민족의 침공을 막기 위해 북쪽 변경지역에 많은 군대들을 주둔시켰다. 따라서 군사 중심도 당연히 북방에 놓이게 되었다. 그러나 북방지역은 지속적인 전란을 겪은 원인으로 농업이 쇠락해 쌀 생산량이 수요를 충족시킬 수 없었다.

이와는 반대로 남방지역은 경제, 특히 농업생산량이 날로 증가하였다. 수당隋唐 시기부터 북방지역의 거주민들이 전란을 피해 남방으로 이주함에 따라 북방의 농업기술이 남방으로 전파되었고, 경제 중심 또한 남방으로 이전되었다. 더욱이 송대에 이르러서는 통치중심이 남방에 놓이게 되어 남방 경제는 더욱 빠르게 발전하였다. 또한 남방지역은 전쟁의 피해를 적게 받은 관계로 농업생산은 지속적으로 발전할 수 있었다. 예컨대, 원나라가 매년마다 징수하는 세곡은 1200만여 석인데, 그중 1000만석 정도가 남방에서 징수되었다.

둘째, 원 초기 실시하던 내하조운이 북방의 쌀 소요량을 충족시킬 수 없어 해상조운을 실시할 수밖에 없었다. 원 초기 남방에서 징수한 1000만석에 달하는 세곡을 운하와 내하를 통해 북방으로 운송하였다. 주로 회하淮河, 황하, 육로, 어하御河 등을 이용해 대도로 운송되었다.[1] 하지만 이 수송로는 수로와 육로를 겸하기 때문에 시일이 많이 소요되고 비용이 많이 들었으며, 또한 운송량이 적어 북방의 쌀 소요량을 충족시킬 수 없었다. 이러한 단점을 보완하기 위해 원나라는 해상항로를 통하여 조곡을 운송할 수밖에 없었다.

Ⅰ. 해상조운항로

1282년 원의 재상 백안伯彦의 건의로 조정에서는 주청朱淸, 장선張瑄에게 평저선 60척과 운곡선 60척을 건조해 쌀 4만 6000석을 싣고 해로를 통해 경사京師로 운송하게 했다. 이로부터 해상조운이 내하조운內河漕運을 대체하게 되었으며 원이 멸망할 때까지 지속되었다. 대도의 "내외관가와 대소 관원 및 일반백성들은 모두 이것에 의존하였다."[2] 따라서

---

1) 宋濂(明), 「食貨·海運一」, 『元史』 第8卷, p.2364.

해상조운은 원 조정의 중요한 정치적 과업이 되었다. 해상조운 항로는 주청과 장선이 개척한 후 여러 차례의 변화를 거쳤는데, 대체로 아래와 같은 3단계로 나눌 수 있다.

1. 초창기의 항로

1282년 12월 주청과 장선 등이 평저해선 60척을 이용하여 해운을 시작했는데, 당시 항로는 다음과 같다.

"평강平江 유가항劉家港에서 출발한 후 황연사黃連沙, 만리장탄萬里長灘을 지나 심해에 진입한다. 연안을 따라 항해하는데 염성鹽城, 해주海州, 동해東海, 밀주密州, 교주膠州 등을 지나 영산양靈山洋에 이르러서 북동쪽으로 항해한다. 모래불이 산재한 천수해역을 한 달 정도 항해해서 성산成山에 도착한다."3) "성산을 돌아 서쪽을 바라보고 항해해 구고도九皐島, 유공도劉公島, 제고산諸高山, 유가와劉家洼, 등주登州 사문도沙門島, 내주대양萊州大洋을 지나서 계하界河 하구河口에 이른다."4)

상술한 기록에서 알 수 있듯이, 이 항로는 북동풍이 거세게 부는 겨울에 개척되었기 때문에 역풍항해를 해야 했다. 또한 연안항해이기 때문에 시일이 상당히 소요되었으며, 암초와 섬이 산재하고 모래톱이 널린 천수해역을 항해하는 까닭에 좌초의 위험성이 상당히 높았다. 예컨대, 1282년에 처음으로 실시된 해상조운의 조곡의 총 운송량은 4만 6000석이었고, 해양사고로 인해 손실된 쌀이 4000석에 달하였다.

---

2) 孫光圻(1989),『中国古代航海史』, p.365.
3) 宋濂(明),「食貨·海運一」,『元史』第8卷, p.2365.
4) 孫光圻(1989),『中国古代航海史』, p.366.

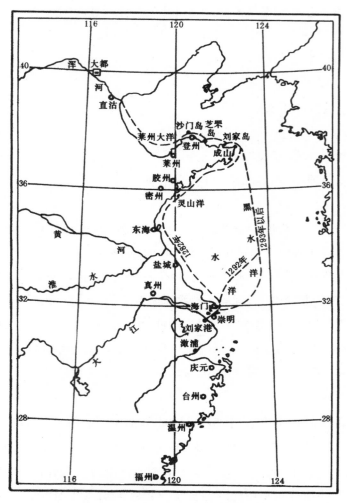

〈그림 10-1〉 중국 원나라의 해상조운항로[5]

1291년부터 연간 운송량은 150만여 석으로 증가한 동시에 사고로 손실
된 쌀도 24만여 석에 달하여 손실률이 16%에 달하였다.[6] 이와 같은

5) 中国航海学会(1988), 『中国航海史 : 古代航海史』, p.247.

막대한 손실과 소요되는 긴 시일은 원나라 통치자들의 우려를 자아냈으며, 따라서 새로운 항로의 개척이 절실히 필요하였다.

2. 개진改進 시기의 항로

초창기 항로의 단점을 보완하기 위해 1292년 여름 주청과 장선은 새로운 항로를 개척했는데, 그 항로는 다음과 같다. 즉, 유가항劉家港에서 출발한 후 남동방향으로 1주야를 항해하여 탱각사撑脚沙에 도착한다. 이 수역은 수심이 얕고 모래톱이 산재해 있기 때문에 주간에만 항해하고 야간에는 정박한다. 남서풍을 기다렸다가 순풍을 이용해 3일간 항해하여 만리장탄을 지나 심해에 진입한다. 만 하루 동안 천리를 항해하여 청수양靑水洋(북위 34°, 동경 122° 해역)에 이르고, 다시 남동풍을 이용해 4주야면 흑수양黑水洋(북위 32~36°, 동경 123° 동쪽 해역)을 지나 성산成山에 이른다. 그 후 성산을 돌아 유가도劉家島, 지부도芝罘島, 사문도沙門島, 내주대양萊州大洋을 지나 계하界河 하구河口에 이른다.[7]

개진 시기 조곡 선대는 여름철에 유가항에서 출발하였으므로, 중국 동부해역에 부는 남서계절풍이나 남동계절풍을 이용할 수 있어 항해시일을 대폭 단축할 수 있었다. 따라서 보름이면 목적항에 도착할 수 있었다. 또한 이 항로는 중국 동부 연안의 천수해역에서 벗어나 항해하기 때문에 항해의 안전성이 상당히 높아져 조곡 손실률이 초창기의 16%에서 3%로 줄어들었다.[8] 그러나 풍향과 조류가 불리하면 여전히 30~40일이 소요되었으므로 해양기상의 영향을 받지 않고 시일을 단축할 수 있는 새로운 항로를 개척할 필요가 있었다.

---

6) 孫光圻(1989), 『中國古代航海史』, pp.365~370.
7) 白壽彝(1969), 『中國交通史』, p.161.
8) 孫光圻(1989), 『中國古代航海史』, pp.365~370.

3. 최종항로

최종항로는 해운천호海運千戸 은명략殷明略이 1293년에 개척하였는데, 그 항로는 다음과 같다. 즉, 유가항에서 출발해 바다에 진입한 후 숭명도崇明島의 동쪽방향으로 항해하여 흑수양의 심해해역에 들어선다. 그 후 북쪽으로 직행하여 성산에 도착하며, 성산을 돌아 유가도, 지부도, 사문도, 내주대양을 지나 계하하구에 이른다.[9]

〈표 10-1〉 원대 해상항로를 통한 조곡 운송량[10]

연대	조곡량(석)
1283	4만 0050
1288	40만 0000
1294	51만 4533
1297	65만 8300
1308	124만 0148
1312	208만 3505
1314	240만 3264
1321	326만 9451
1324	208만 7231
1329	352만 2163
1341	380만 0000

최종항로는 모래톱이 산재한 연안 해역을 멀리 벗어난 항로인 관계로 항해안전성이 제고되어 1294년 후부터 조곡 손실률은 2% 정도 밖에 되지 않았다.[11] 또한 이 항해는 연중 북동방향으로 흐르는 쿠로시오黑潮와 여름에 부는 동남계절풍을 이용해 항해할 수 있어 항속이 빨라, 유가항에서 계하하구까지 불과 10일 정도밖에 걸리지 않았다. 항해일수가 단축됨에 따라 해상조운도 원래의 1년 1회에서 2회로 증가되었으며, 운송량도 해마다 급속히 증가되었다.

---

9) 孫光圻(1989),『中国古代航海史』, p.368.
10) 扬捷(1989),『江苏航运史』, p.107.
11) 孫光圻(1989),『中国古代航海史』, p.365~370.

II. 관할 조직과 제도

대규모의 해상조운을 체계적으로 조직하고 관리하기 위해 원 조정은 전담기구를 설립하였을 뿐만 아니라 해상조운에 종사하는 것을 장려하였다.

1. 관할 조직

1283년 해도운량만호부海道運糧萬戶府를 설치하여 "매년 해상항로를 통하여 쌀을 대도에 공급하는 일을 관장하게 하였다."[12] 그 당시 "2개의 만호부萬戶府를 설치하였는데, 주청을 중만호中萬戶, 장선을 천호千戶로 임명하고 망올태忙兀觶를 만호부의 달로화적達魯花赤으로 임명하였다."[13] 1287년에는 "행천부사行泉府司를 설립하여 해운을 관장하게 하였으며, 2개의 만호부를 증설하여 4개의 만호부를 설치하였다."[14] 그 후 행천부사 관리들의 위법행위가 적발되자 1291년에 이르러서는 "주청, 장선의 건의로 4개의 만호부를 2개로 합병한 후 해운을 관장하게 하였으며, 그 휘하에는 천호, 백호 등 관리들을 여러 개의 익翼으로 나눠서 조운을 감독하였다."[15]

만호부에는 달로화적과 정, 부 만호를 포함한 '정관正官' 외에 경력經歷, 조력照歷, 역사譯史, 주차奏差 등의 관리와 일상 사무를 처리하는 진무鎭撫 등을 두었다. 매번 해운이 시작될 때마다 만호부의 장관은 반드시 각 항구에 가서 쌀 창고를 점검하고 출항을 감독했으며, 천호는 쌀

---

12) 宋濂(明), 「百官七」, 『元史』 第81卷, 志第41上, p.2315.
13) 宋濂(明), 「食貨·海運一」, 『元史』 第93卷, 志第42, p.2364.
14) 宋濂(明), 「食貨·海運一」, 『元史』 第93卷, 志第42, p.2364.
15) 宋濂(明), 「食貨·海運一」, 『元史』 第93卷, 志第42, p.2365.

창고가 있는 각 지역에 가서 조곡을 선박에 적재하는 일을 감독하고 해선에 동승하여 해운을 감독하였다.[16] 그 외에도 호부와 병부의 고위급 관원이 파견되어 해운을 감독하였다. 또한 이미 창고에 수납된 쌀을 안전하게 보관하기 위해 군대를 파견하여 항구에 주둔시켜 쌀 창고를 보호하고 조운선을 호송하였다.

수천 척의 선박으로 구성된 방대한 선대의 안전항해를 위해 상당히 엄격한 편성제도를 실시하였다. 30척의 해선을 1강綱으로 편성하고 '제원濟源', '능주陵州' 등과 같은 명칭을 달아 구분했으며, 정8품인 압운관 押運官 2명을 동승시켰다. 또한 매척의 선박마다 선수와 선미에 압운관의 이름이 새겨진 백기를 꽂아 해당 선박의 소속을 표기해 관리를 강화하였다.

2. 조운 장려제도

각급 조운관이 직무에 충실하도록 원 조정은 장려 및 징벌제도를 제정하였다. 매년 연말마다 조정에서는 조운의 완성상태를 점검하여 정액을 완수한 자에 관해서는 1급을 진급시키고 3년 연속 정액을 완수했을 때에는 다른 부서로 발령시켰다. 반대로 정액을 미달한 자에 관해서는 1급을 강등시키고 다음 해에도 여전히 미완수하면 해당 부서에서 쫓겨났다.

운송과정에서 선주나 조운선을 호송하는 군졸이 정상적인 운항질서를 교란시켰을 때 본인이 징벌을 받는 것 외에도 압운관도 단속을 제대로 하지 못한 죄로 징벌을 받았다. 해상조운 과정에서 사고가 발생해 조곡이 손실되었을 때, 배가 침몰되고 사람이 익사한 것을

---

16) 扬捷(1989), 『江苏航运史』, p.112.

제외하고는, 압운관이 책임지고 배상해야 했는데, 이듬해 운송량에서 차감하였다.

조운용 해선은 주로 민간 선박을 임대하였다. 매년 봄과 여름에 실시되는 조운은 그 해에 징수한 조곡량과 선박량에 따라 각 지역의 민간선주들을 고용해 운송했으며, 관가에서 감독하였다. 민간의 선주들이 해상조운에 장기적으로 종사하도록 원 조정에서는 장려정책을 실시하였다. 고용된 선주에게는 매 가호마다 5인분의 쌀을 지급하고 부역을 면제했으며, 또한 1000석을 운송한 선주에 대해서는 40석의 세곡을 면제해 주었다. 뿐만 아니라 운송한 쌀의 품종, 수량과 거리의 원근에 따라 1석 당 일정한 운송비를 지급하였다.[17]

III. 해상조운에 이용된 사선의 선형

원대 해상조운에 종사한 선대의 규모는 상당히 방대하였다. 초창기에는 다만 평저선 60척으로 쌀 4만 6000석을 운송했지만, 운송량이 급증하면서 선박 수도 급증해 1314년 "유가항에서 출발한 해선이 1653척이고 열항烈港에서 출발한 선박이 147척이었으며"[18], 1328년에 이르러서는 1800척에 달했다. 원대 해상조운에 사용된 선박은 차양선遮陽船과 첩풍선鉆風船이다.[19]

〈표 10-2〉의 수치와 『수운기술사전水运技术词典』의 설명을 대조해 보았을 때 우리는 차양선이 전형적인 사선沙船임을 알 수 있다.

---

17) 孙光圻(1989), 『中国古代航海史』, p.371.
18) 孙光圻(1989), 『中国古代航海史』, p.370.
19) 中国航海学会(1988), 『中国航海史 : 古代航海史』, p.225.

〈표 10-2〉 사선沙船의 제원[20]

크기	선장 L(m)	선폭 B(m)	선심 H(m)	흘수 T(m)	L/B	L/H	B/T	H/T	T/L
대형	26.40	5.78	2.50	1.60	4.57	10.56	3.61	1.56	0.061
중형	17.00	4.18	1.09	1.00	4.07	15.60	4.18	1.09	0.059
소형	13.81	2.70	1.08	1.00	5.12	12.79	2.70	1.08	0.072

"차양선의 선체는 납작하고 평저평두平底平頭로서 선장은 8장 2척이고 선폭은 1장 5척이며 선심은 4척 8촌이다. 16개의 선창이 있으며 장폭비는 5.4정도이고 선폭과 선심의 비는 3.1정도다. 2개의 돛대를 장착했으며 4개의 노와 12개의 삿대, 2개의 철묘를 비치했다. 타간舵杆은 철리목鐵梨木으로 만들었으며 타는 승강타이다."[21]

첩풍선은 적재량이 400석 정도인 소형 평저선이다.

이 두 종류의 선박은 평저인 관계로 모래톱이 많고 수심이 얕은 북양해역에서 항해하기 적합하다. 초기 조운해선은 선체가 작아 적재량이 800석 정도에 불과했지만 운송량이 증가되고 새로운 항로가 개척되면서 선체가 날로 커져, 1314~1320년간에 건조된 해선은 "큰 것大者이 8000~9000석에 달하고 작은 것小者이 2000석에 달하였다."[22] 전형적인 사선인 차양선의 특징을 정리해 보면 다음과 같다.

첫째, 방두方頭, 방미方尾, 평저平底의 특성으로 인해 사선은 북양해역에 가장 적합한 선형으로 공인되었다. 〈그림 10-2〉에서 확인할 수 있듯이, 사선은 방두방미인데, 이는 사선의 주된 특징의 하나이다. 방형선수는 비록 항해에는 불리하지만 선원들이 선상작업을 하기에는 아주 편리하다. 또한 방형선수는 북양의 천수해역에서만 생기는, 첨저

20) 辛元欧(2004), 『上海沙船』, p.101.
21) 水运技术词典编辑委员会(1980), 『水运技术词典』, p.26.
22) 造船史话编写组(1979), 『造船史话』, p.69.

〈그림 10-2〉 사선의 선수미 형상[23]

선이 가장 두려워하는 곤두랑滾頭浪을 뚫고 항해할 수 있기 때문에 안전항해를 할 수 있다. 방형선미는 선박의 조종설비인 승강타를 설치하는 데 상당히 유리해 침로의 안정성을 한층 높였다. 그 외에도 방두방미의 특성으로 인해 사선은 풍향과 조류의 방향이 서로 다를 때도 항해할 수 있다.

사선의 주요 항해해역인 북양은 수심이 얕고 모래톱이 산재해 있으며 암초가 많다. 이러한 해역을 안전하게 항해하기 위해 사선의 선저는 넓고 평평하게 건조되었으며, 선체는 납작하고 흘수가 낮다. 따라서 간조시 모래톱에 얹혀도 전복될 위험이 없으며, 만조가 되면 다시 정상적으로 항해를 할 수 있다.

사선의 선체는 비록 납작하지만 그 횡단면이 장방형 형태로 되어 있기 때문에 적재량이 상당할 뿐만 아니라 횡요가 발생할 때 복원성이

---

23) 辛元欧(2004), 『上海沙船』, p.109.

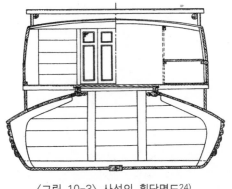

〈그림 10-3〉 사선의 횡단면도[24]

우수하다. 〈그림 10-3〉에서 사선의 선저가 평저임을 관찰할 수 있다. 이러한 특성으로 인해 사선은 해양환경이 특이한 북양해역에 가장 적절한 선형으로 인정받아 원대 해상조운에 사용되었다.

둘째, 견고한 선체구조는 항해안전성을 높였다. 사선에는 선체의 양측 외판에 선수에서 선미까지 관통되어 있는 여러 개의 대랍大欄[25]을 설치해 종강도를 높였다. 일반적으로 선체의 크기에 따라 굵고 긴 삼목이나 측백나무를 두 쪽으로 갈라서 선체의 양측에 평행으로 1~6개의 대랍을 대칭되게 설치하는데, 그중에서 가장 굵은 대랍을 만재흘수선 부위에 설치한다. 대랍은 선체의 종강도를 높일 뿐만 아니라 횡요를 줄이고 안전성을 높이는 역할을 한다. 〈그림 10-3〉에서 양현 현측에 설치된 대랍을 관찰할 수 있다.

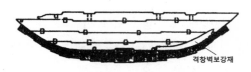

격창벽보강재

〈그림 10-4〉 사선의 격벽[26]

중국의 여타 고선과 마찬가지로 사선에도 많은 수밀격벽을 설치해 횡강도를 높였다. 수밀격벽은 선체 내부를 여러 개의 수밀된 선

---

24) 辛元欧(2004), 『上海沙船』, p.164.

25) 통나무를 절반으로 쪼개서 선현과 수면이 접촉되는 부위의 선체 양측에 설치하는 선박부재임.

26) 烟台市文物管理委员会·蓬莱县文化局(1989), 「山東蓬萊水城淸淤与古船发掘」, p.30.

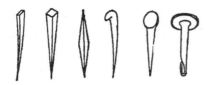

〈그림 10-5〉 외판연결용 쇠못[27]

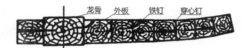

〈그림 10-6〉 외판 연결시 쇠못의 사용법[28]

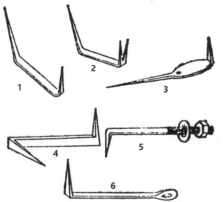

1 긴발 거멀못, 2 쌍발 거멀못, 3 올챙이모양 거멀못,
4 지팡이모양 거멀못, 5 나나모양 거멀못, 6 소코모양
거멀못

〈그림 10-7〉 거멀못[29]

창으로 분리하기 때문에 한 두 개의 선창에 누수가 생겨도 충분한 부력을 유지할 수 있다. 따라서 침몰될 가능성이 적다. 또한 항해시 한 선창에 누수가 발생하였을 때는 그 선창의 쌀을 다른 선창으로 옮겨 싣고 안전하게 목적지까지 운송할 수 있어 손실을 크게 줄일 수 있다.

사선에서는 장부촉이음과 쇠못鐵釘, 거멀못鋦釘, 꺽쇠卡釘 등을 사용해 외판과 외판, 외판과 격벽 등을 연결하는데, 이는 선체의 강도를 한층 높였다. 철정은 주로 목판과 목판을 횡으로 연결하거나 인접한 부재를 연결할 때 사용한다. 가래 못鍬釘, 방형못方釘, 대추씨 모양의 못棗核釘, 머리가 굽은 못爬頭釘, 머리가 납작한 못扁頭釘, 버섯모양의 못蘑菇釘 등이 있다.

---

27) 辛元欧(2004), 『上海沙船』, p.123.
28) 席龙飞(2000), 『中国造船史』, p.214.
29) 辛元欧(2004), 『上海沙船』, p.124.

거멀못은 목판의 연결강도를 높이거나 종횡부재간의 연결강도를 높일 때 사용된다. 즉 거멀못은 외판과 가름대船梁, 늑골, 격벽 등의 연결강도를 높이는 데 중요한 역할을 한다. 모양에 따라 긴 발 거멀못長尾鋦, 쌍발 거멀못雙嘴鋦, 올챙이모양 거멀못蝌蚪鋦, 지팡이모양 거멀못拐子鋦, 나사모양 거멀못絲杆鋦, 소코모양 거멀못牛鼻鋦 등이 있고, 사용처가 다르다.

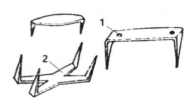

1 두발 꺾쇠, 2 네발 꺾쇠
〈그림 10-8〉 꺾쇠[30]

꺾쇠는 거멀못의 용도와 같은데, 양끝에는 몸체와 직각을 이루는 뾰족한 발이 달려 있다. 짧은 것은 목판 두께의 절반 정도에 달하고 긴 것은 목판을 관통한 후 다시 뒤로 구부릴 수 있도

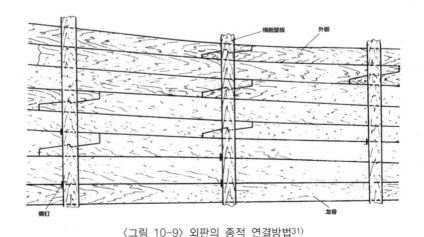

〈그림 10-9〉 외판의 종적 연결방법[31]

30) 辛元欧(2004), 『上海沙船』, p.124.
31) 顿贺·王茂盛·袁晓春·罗世恒(1994), 「蓬莱古船的结构及建造工艺特点」, p.44.

록 되어 있다. 꺽쇠는 발이 두 개인 것과 네 개인 것이 있다.

두 개의 외판을 종방향으로 연결할 때는 장부촉이음으로 연결하는데, 연결하려는 두 목판의 연결부는 너비와 두께가 동일하며, 연결부는 격벽에 놓이게 하여 쇠못으로 고정한다. 선체의 강도를 높이기 위해 위쪽과 아래쪽의 연결부는 서로 교차되게 하여 다른 격벽에 놓이게 한다.

연결할 선판의 폭이 다르고 연결강도가 각각 다르기 때문에 사용되는 장부촉이음도 다양한데, 보편적으로 사용되는 방법으로는 〈표 10-3〉과 같은 연결법이 사용되었다. 외판을 조립한 후 선판과 선판 사이는 삼실麻絲, 대나무 속竹茹 및 동유桐油를 혼합해 만든 뱃밥으로 틈새를 메운다. 뱃밥은 대체로 두 가지 종류로 나누는데, 삼실, 동유, 석회(조개류 가루)를 혼합해 만든 것과 동유, 석회를 혼합하여 만든 것이 있다. 전자는 주로 목판과 목판 사이의 틈새나 파손된 부분이 비교적 큰 곳에 사용하고, 후자는 표면의 틈새를 메우거나 밀봉할 때 사용한다. 그 외에도 선박을 건조할 때 사용된 쇠못이 공기나 해수로 인한 부식을 방지하기 위해 쇠못을 목판 안으로 깊숙이 박아 넣은 후 염료로 쇠못을 밀봉하였다. 뱃밥으로 선체 각 부위의 틈새를 밀봉하였으므로 조곡을 운송할 때 누수가 생겨 쌀이 해수에 젖는 것을 방지할 수 있어 운송효율을 대대적으로 높였다.

셋째, 사선의 선박속구는 항해를 원활하게 할 수 있도록 최적화되었다. 사선의 돛대는 일반적으로 곧고 둥근 삼나무로 만든다. 길이가 짧거나 끊어졌을 때는 두 개의 돛대를 연결하여 사용하는데, 연결부위는 철환鐵環으로 단단히 결합한다. 돛대의 아래쪽은 수밀격벽에 단단히 부착되어 있으며, 돛대 하단은 쐐기 모양으로 깎아서 선저에 고정된 돛대 받침대에 삽입한다. 중앙돛대의 높이는 일반적으로 선장의 70%에 달하며, 선수돛대의 높이는 중앙돛대의 60% 정도다.

<표 10-3> 장부촉이음법[32]

명칭	연결법
평면동구平面同口	
활견동구滑肩同口	
직각동구直角同口	
구자동구鉤子同口	
어미동구魚尾同口	
사두동구蛇頭同口	
교합동구咬合同口	
차자동구叉子同口	
사면동구斜面同口	

사선에서 사용하는 돛은 활대를 장착한 장방형 4각형 돛이다. 주돛의 폭은 선폭의 2.2배이고 선수돛의 폭은 주돛의 55% 정도이다. 최초에는 대나무 껍질을 엮어서 만들었으며, 그 후에는 포범으로 대체되었다.

32) 水运技术词典编辑委员会(1980), 『水运技术词典』, pp.203~204.

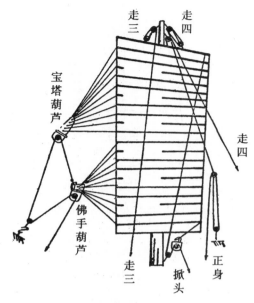

〈그림 10-10〉 사선용 사각범[33]

이런 돛은 접을 수 있는데 석범席帆 혹은 선봉船篷이라고 하며 일반적으로 경범硬帆이라고 한다. 돛폭에 활대를 장착하여 돛폭을 반듯하게 유지할 수 있을 뿐만 아니라 필요한 크기만큼 돛폭을 정확하게 조절할 수 있다. 또한 돛폭의 무게를 이용해 돛을 쉽게 내릴 수 있어 힘을 절약할 수 있으며, 돛폭에 구멍이 뚫려도 여전히 사용할 수 있어서 비용을 절감할 수 있다. 사선에서 사용하는 돛도 기타 유형의 돛과 마찬가지로 돛을 조종하는 복잡한 돛줄이 있다. 그 외에도 항구에 출입하거나 연안정박시 안전을 위해 사선에는 일반적으로 여러 개의 노와 삿대를 비치하였다.

사선은 수심이 일정하지 않은 중국의 북양해역에서 항해하기 때문에

---

33) 辛元歐(2004), 『上海沙船』, p.136.

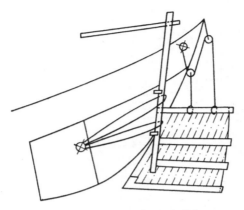

〈그림 10-11〉 사선용 승강타[34]

수시로 상하로 조절할 수 있는 승강타를 장착하였다. 수심이 깊은 수역에 이르면 타를 선저 밑까지 내려 선체가 타에 미치는 영향을 최소한으로 낮추어 타의 효율을 높였다. 수심이 얕은 수역에 이르렀을 때에는 타가 해저에 부딪쳐 손상되는 것을 방지하기 위하여 타를 들어 올렸다. 또한 해중에서 묘박할 때에는 타를 수면 위로 들어 올려 해수의 저항력을 감소시켜 선체가 풍향과 일치되게 하여 타의 손상을 막았다. 사선의 타간舵杆은 일반적으로 느릅나무, 빈랑나무를 사용하며, 키는 삼나무로 만들었다.

사선의 항해수역인 북양은 해저가 단단한 흙으로 되어 있기 때문에 선박이 정박시 닻이 해저에 깊숙이 박히도록 일반적으로 쇠닻을 사용하였다. 해상조운에 사용된 사선은 보통 2개의 쇠닻을 장치하는데, 그 무게는 각각 600kg, 700kg이다.

그 외에도 사선에는 역풍항해시 지그재그 항해(tacking)를 할 때 선체가 횡방향으로 밀리는 것을 줄이기 위해 중앙돛대의 양측 선현에 피수판披水板을 설치하였다. 역풍항해시 풍하 쪽 현측에 있는 피수판을 내려서 선체가 횡으로 밀리는 현상을 줄여 선박의 복원성과 침로의 안정성을 높였다. 피수판의 길이는 일반적으로 선폭과 같으며 두께는 길이에 따라 차이가 있다. 피수판은 위가 좁고 아래가 약간 넓은 장방형

---

34) 辛元欧(1985), 「中國古代船舶人力推進和操縱机具的發展」, p.56.

〈그림 10-12〉 쇠닻 및 제조과정[35]

모양으로 되어 있으며, 활차로 조절한다. 피수판은 일반적으로 주목椆木, 밤나무, 느티나무 등으로 만든다.

넷째, 지남침을 사용해 비교적 직선에 가까운 항로로 항해할 수 있었다. 수부지남침은 송 시기 이미 항해에 사용되었다. 따라서 북양에서 해상조운에 사용된 사선에는 모두 지남침을 비치하고 있었다. 지남

〈그림 10-13〉 피수판을 장착한 사선[36]

---

35) 造船史话编写组(1979), 『造船史话』, p.32.

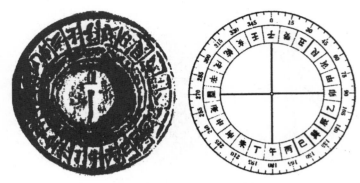

〈그림 10-14〉 항해 지남침[37]

침은 12지지十二地支의 자子, 축丑, 인寅, 묘卯, 진辰, 사巳, 오午, 미未, 신申, 유酉, 술戌, 해亥와 갑甲, 을乙, 병丙, 정丁, 경庚, 신辛, 임壬, 계癸 등 8개의 천간天干 및 팔괘의 건乾, 간艮, 손巽, 곤坤 등 24개의 글자로 24개의 방위를 나눴다. 인접한 두 글자의 중심선도 하나의 방위로 볼 수 있으므로 지남침은 모두 48개의 방위가 표시되어 있다고 할 수 있다. 따라서 각 방위의 도수는 7° 30′에 해당한다. 이와 같이 지남침은 조운선이 항해과정에서 정확한 침로를 유지할 수 있게 하였고, 그에 따라 조곡을 목적지까지 운송할 수 있게 했다.

그 외에도 사선에는 수시로 침로의 수심을 측정하여 선박이 좌초하거나 모래톱에 얹히는 것을 방지하는 속구인 수수水垂[38]를 비치해 두었다. 또한 항해시간을 기록할 때 사용하는 모래시계沙漏를 비치해 두었다.

원 통치자들은 날이 갈수록 증가하는 북방의 쌀 수요량을 충족시키기

---

36) 造船史话编写组(1979), 『造船史话』, p.112.
37) 席龙飞(2000), 『中国造船史』, p.137.
38) 선박이 항해 시 좌초하는 것을 피하기 위하여 수십 발에 달하는 끈의 한 끝에 연추를 달아매어 물속에 떨어뜨려 수심을 측정하는 도구.

위하여 해상조운을 국가대계로 간주하고 진행했으므로 해상조운은 순조롭게 실시될 수 있었다. 이러한 대규모의 해상조운을 통해 대량의 남방 쌀을 북방으로 운송할 수 있었던 것은 해상조운에 사용된 전형적인 사선인 차양선의 특장점에서 비롯되었다.

첫째, 방두, 방미, 평저의 특성으로 인해 차양선은 풍향과 조류의 방향과 관계없이 항해할 수 있으며, 또한 북양해역에서 발생하는 곤두랑滾頭浪을 뚫고 항해할 수 있었다.

둘째, 대랍과 수밀격벽은 선체의 종횡강도를 확보하였고, 쇠못과 장부촉기술은 선체의 강도를 한층 높였으며, 염료는 선체의 수밀성을 높여 안전성을 제고하였다. 따라서 차양선은 조곡을 목적지까지 안전하게 운반할 수 있었다.

셋째, 차양선은 선폭비가 크고 선체의 흘수가 작기 때문에 항해시 저항력이 작으므로 조종이 수월하다. 또한 두 개의 돛대를 장착하고 많은 돛을 설치했으므로 바람을 충분히 이용할 수 있어 속도가 상당히 빠르다. 그 외에도 수심에 따라 상하로 조절할 수 있는 승강타를 장치하고 피수판을 설치했기 때문에 원하는 목적지까지 정확히 항해할 수 있었다.

넷째, 수부지남침은 선박의 항해를 한층 정확하게 할 수 있도록 했다.

참고문헌 ───────────────────────────────

〈사료〉

宋濂(明),「食貨·海運一」,『元史』, 中華書局, 1976.

〈연구논저〉

水运技术词典编辑委员会,『水运技术词典』, 人民交通出版社, 1980.
烟台市文物管理委员会·蓬莱县文化局,「山东蓬莱水城清淤与古船发掘」,『蓬莱古船与登州
　　　　古港』, 大连海运学院出版社, 1989.
中国航海学会,『中国航海史：古代航海史』, 人民交通出版社, 1988.
造船史话编写组,『造船史话』, 上海科学技术出版社, 1979.
顿贺·王茂盛·袁晓春·罗世恒,「蓬莱古船的结构及其建造工艺特点」,『船史研究』第7期,
　　　　1994.
白寿彝,『中国交通史』, 商务印书馆, 1969.
扬捷,『江苏航运史』, 人民交通出版社, 1989.
孙光圻,『中国古代航海史』, 海洋出版社, 1989.
席龙飞,『中国造船史』, 湖北教育出版社, 2000.
辛元欧,『上海沙船』, 上海书店出版社, 2004.
辛元欧,「中国古代船舶人力推进和操纵机具的发展」,『船史研究』第1期, 1985.
허일·김성준·최운봉,『중국의 배』, 전망, 2005.

11장

정성공鄭成功과 해외무역

명 말기 조정은 왜구의 해상침입을 막고, 또한 왜구와 연안 주민들이 상호 결탁하여 사회질서를 교란하는 것을 방지하기 위해 엄격한 해금海禁정책을 실시하고, 연안 거주민들이 해상무역에 종사하는 것도 엄격히 제한하였다. 그러나 이러한 해금정책은 철저하게 시행되지 못했다. 동남해안에 거주하고 있는 토호土豪들은 해외무역을 통해 막대한 이익을 얻을 수 있었으므로 조정의 단속에도 불구하고 활발하게 사무역私貿易에 종사하였다. 일반 서민들은 생계를 위해 집과 땅을 팔거나 고리대금으로 화물을 마련해 해외 사무역에 종사하였다. 그 결과 이러한 행위는 명 조정의 강력한 제재를 받았으며, 따라서 조정과 사무역업자 간에 충돌이 빈번하게 발생하였다. 조정의 탄압에 맞서고 자신들의 이익을 보호하기 위해 이들은 단합해 집단을 결성하기 시작했으며, 무장을 갖추고 해외무역에 종사하였다. 해상항로와 무역지역을 완전히 장악하고 이익을 최대화하기 위해 이들 무장집단들 간에는 치열한 싸움이 벌어졌다.

처절한 경쟁을 통해 규모가 상대적으로 큰 몇 개의 해적단체가 살아남았는데, 그중에는 정지룡鄭芝龍(정성공의 부친)의 해적단체도 포함되어 있었다. 그 후 정지룡은 명에 귀순하여 복건수군총병福建水軍總 兵으로 임명되었으며, 명의 수군을 통솔해 해적들을 소탕하고 해외항로 를 장악할 수 있었다. 그 결과 "해선이 정씨의 영기令旗를 소지하지 못하면 왕래할 수 없었다. 배 한 척마다 황금 3000냥을 헌납해야 했는데 연수입이 황금 천만 냥에 달하였다."1)

1644년 청이 산해관山海關을 넘어 베이징을 점령함에 따라 대륙 남부 지역에 있던 여러 친왕親王들은 영지領地에서 새로운 정권을 건립하고 명을 계승하였는데, 후기에 건국된 이러한 지역정권을 통칭 남명정권南 明政權이라고 한다. 그중에는 당왕唐王 주율건朱聿鍵이 복주福州에서 건립 한 융무隆武정권이 있었는데, 정지룡과 정성공은 주율건을 보좌하여 적극적으로 청에 저항하였다. 그 후 형세가 불리해져 1646년 정지룡이 청에 귀순하자 정성공은 부자관계를 단절하고 하문厦門과 금문金門을 근거지로 주율건의 남명정권을 보좌해 명을 다시 회복하기 위해 일생동 안 청에 맞서 싸웠다.

정성공은 또한 네덜란드인들이 점령하고 있던 대만을 수복한 민족영 웅이기도 하다. 정성공의 본명은 삼森(복송福松이라고도 함)이고, 자는 명엄明儼이며 호는 대목大木이다. 그는 1624년 8월 27일 일본의 히라도섬 平戶島 지리하마千里濱에서 태어났다. 7세 때 중국으로 귀국해 사당에서 글을 배우고 무예를 익히기 시작했으며, 21세 때는 남경의 국자감國子監 에 진학하였다. 주율건은 자신을 보좌하여 청에 맞서 싸우는 정성공을 격려하기 위해 황제의 성인 '주朱'씨 성을 하사하고, 충효백忠孝伯, 초토招 討대장군으로 책봉하였다. 이때로부터 사람들은 정성공을 '사성야賜姓 爺', '국성야國姓爺'라고 부르기 시작하였다. 정성공은 주로 전선을 이용해

---

1) 鄒漪(1657), 『明季遺聞』 卷4, p.98.

해상에서 청에 대항하였다. 1647~1653년간 동남연해의 장주漳州, 천주泉州, 동안同安, 운소雲霄, 초안詔安, 조양潮陽, 조주潮州, 대주臺州, 주산舟山 등 지역을 장악했으며, 두 차례나 남경南京을 공격하였다. 1659년 남경공략전이 실패한 후 하문, 금문을 근거지로 청에 장기적으로 대항하기에는 무리라는 점을 깨닫고 대만을 수복하기로 결정하였다. 1661년 정성공은 금문에서 400척의 전함과 2만 5000명의 군사를 통솔하여 네덜란드인들이 점령하고 있는 대만으로 출발하였다. 몇 개월간의 치열한 공방전 결과 1662년 2월, 대만이 정성공에 의해 수복되었다. 정성공은 대만에 완벽한 행정체계를 건립하고 또한 청에 대항하기 위해 방대한 군사를 두었다.

Ⅰ. 명말 청초의 남동해안 현황

1644년 명이 멸망한 후 중국 남부 각 지역에 건국된 남명정권들은 청에 대항하기 위해 방대한 병력을 보유하고 있었는데, 막대한 군사자금을 해결하기 위해 해상무역을 적극적으로 전개하였다. 당시 대일본무역에서의 주된 역할을 하고 있던 주산군도, 금문, 하문 등 대부분의 항구는 모두 남명정권 노왕魯王에게 장악되어 있었으며, 기타 대외무역항도 다른 파벌에 장악되어 있었다. 이와 반대로 남명정권 당왕을 보좌하고 있던 정성공은 그 세력이 상당히 약했으며, 장악한 항구가 없었다. 1647년 정성공이 병사들을 통솔해 하문에 이르렀을 때 전함은 하문항에 정박하지 못하고 인근의 고랑서鼓浪嶼에 정박할 수밖에 없었다. 이러한 상태를 타개하기 위해 정성공은 여러 가지 강력한 조치를 취해 불복자들을 처단하고 정지룡이 경영하던 대일무역선단을 확고히 장악하였다.[2]

비록 일본과 무역을 진행할 수 있는 항구를 장악하지 못했지만, 그는 여러 차례 상선을 일본으로 파견해 무역을 하고 무기를 구입해 왔다. 이와 같이 대일무역을 통해 군사자금을 마련하고 군사력을 증가시킨 결과 세력 확장의 기초를 마련할 수 있었다. 1650년 정성공은 군사들을 파견해 남명 노왕의 군사들이 장악하고 있는 하문과 금문을 기습해 대일무역의 거점 항구인 하문항과 금문항을 장악하는 데 성공하였다. 이로부터 정성공은 하문과 금문을 근거지로 본격적인 항청투쟁抗淸鬪爭을 전개하였으며, 동시에 대규모 해외무역을 활발히 진행하였다.

II. 해외무역

정성공은 하문과 금문을 장악한 후 군사지출과 정권을 유지하는 데 필요한 자금을 해결하기 위해 적극적인 해외무역을 전개하였는데, 그 주된 지역은 일본과 동남아였다.

1. 해외무역의 항로 및 선박량

정성공은 해마다 상당한 규모의 상선을 일본과 동남아시아에 보내어 해외무역을 진행하였다. 자료에 의하면 1650~1662년의 13년간 일본에 도착해 무역에 종사한 선박량은 대략 연평균 50척에 달한다. 이 중 정성공 소속의 선박이 대략 80%에 해당했으며, 평균 40척에 달한다. 그 외에도 정성공이 매년 동남아로 보내어 해외무역을 진행하는 선박량은 연평균 16~20척에 달하였다.[3] 정성공 휘하의 선박은 일본이나

---

2) 连横(1947),「建国纪」,「台湾通史」, p.18.

동남아시아에 도착해 양자무역을 진행하는 외에도, 삼각무역에도 종사하였다. 즉 동남아시아에 파견된 선박은 매매를 완료한 후 현지의 특산물을 적재해 일본에서 판매하였다. 마찬가지로 일본에 간 선박은 일본에서 화물을 판매한 뒤 일본의 특산물을 싣고 동남아에 가져다 판매하였다. 이러한 3각 매매를 통해 더욱 많은 이익을 얻을 수 있었다. 이러한 상선들의 항로는, 중국-일본, 중국-동남아시아, 중국-동남아시아-일본-중국, 또는 중국-일본-동남아시아-중국 등의 항로로 나뉜다.

2. 해외무역 상황

1650년 하문과 금문을 장악한 후 정성공의 병력은 급속히 증가되어 4만여 명에 달하였다. 군사비와 행정비용에 필요한 막대한 자금을 해결하기 위해 정성공은 여러 가지 조치들을 취하였다.

(1) 양세洋稅 징수

재정수입을 늘리기 위하여 초기에는 양세를 징수하였다. 양세란 해외무역에 종사하는 상인들과 선주들에게 징수하는 세금을 말한다. 이러한 양세는 세액이 한정되어 있고 또한 높은 세금을 징수할 수 없었던 관계로 필요한 모든 자금을 해결할 수 없었다. 따라서 정성공은 자신이 해외무역을 통해 획득한 수입으로 부족한 부분을 보충하곤 했다. 1651~1662년 장주와 천주를 장악한 후부터 세금징수 대상자가

---

3) 杨彦杰(1984),「1650至1662年郑成功海外贸易的贸易额和利润额估算」,『郑成功研究論文选(续集)』, p.224.

크게 증가되어 징수한 세액도 현저히 증대되어 군사지출에 필요한 자금을 해결할 수 있었다. 또한 일부 남은 자금으로 병력을 확충하고 무기를 구입해 군사력을 확충하였다.

(2) 해외무역

청은 정성공과 동남연해의 거주민들 간의 내왕을 단절시키고 그의 무역활동을 차단하기 위해 엄격한 해금정책을 실시하였다. 1653년과 1656년 두 차례에 걸쳐 해금정책을 반포해 판자조각도 물에 띄우지 못한다고 규정하였으며, 상인들이 해외무역에 종사하는 것을 엄격히 금지하였다. 위법자에게는 서민이나 관리들을 막론하고 참수에 처하고 화물을 몰수하였으며, 죄인의 소유재산은 모두 고발자에게 상으로 주었다. 또한 해당 지역의 지방 관리들은 일률적으로 관직에서 쫓겨나야 했으며, 엄벌에 처해졌다.[4] 이러한 해금정책을 타개하고 해외무역을 순조롭게 진행하기 위해 정성공은 대응조치를 실시하였다. 즉, '정권'의 성질을 띤 5대상五大商이 전문적으로 해외무역을 담당하게 하였다.

5대상이란 항주杭州와 주변지역에 금, 목, 수, 화, 토 등 이름으로 설치한 육5상陸五商과 하문과 주변지역에 설치한 인, 의, 예, 지, 신 등 이름으로 설치한 해5상海五商을 가리킨다. 해륙 10대상은 분공합작의 경영방식으로 해외무역에 종사하였다. 즉 육5상이 먼저 공금을 수령한 후 육상에서 화물을 구입해 해5상에 인계한 뒤 정씨 정권의 '국고'와 결제를 하고 다음 차례의 화물구매자금을 수령한다. 해5상은 "해선을 건조하는 데 매 자호字號마다 12척의 선박을 비치한다."[5] 해5상은 육5상

---

4) 明谊修(1923),「杂志」,『琼州府志』제42권.

으로부터 화물을 인수하여 선박에 싣고 해외로 나가 판매한 후 돌아와 판매금액을 '국고'에 납부하였다.[6] 이러한 관영무역을 통해 정성공은 군사와 행정에 필요한 자금을 해결하였다. 1661년 강희제가 반포한 '엄금통해칙유嚴禁通海敕諭'의 기록을 통해 당시 해금정책이 엄격하게 시행되었음을 확인할 수 있다.

> "정성공이 해도에 정착한 지 수년이 된다. 소굴이 바다로 둘러싸여 있어 경작지와 자원이 없으며, 필요한 모든 양곡과 철, 목재 등 물자는 모두 내륙에서 생산되는 것들이다. 간민奸民들이 무역을 하지 않고 도움을 주지 않는다면 역적은 반드시 곤궁에 빠지게 될 것이다. 연해 각지의 간민들과 간상들이 몰래 내왕하고 무역을 하면서 내지의 각종 물자를 역적에 공급하기 때문에 반드시 해금정책을 엄격히 실시하고 천하가 알도록 해야 한다. 요즘 들건대 역적 정성공의 부하 역적 홍씨洪氏가 복건 사정沙埕 등 연해지역에서 무역을 진행하는 데 내지의 상인들과 백성들이 이익을 탐내 이들과 무역을 한다고 한다. 필요한 모든 물자들이 모두 이곳에서 거래가 되어 해적에 공급된다. 또한 해적 정성공 적당이 연안 각지에서 상선과 사통하기도 한다. 이와 같은 사실들은 비일비재하다."[7]

『정씨일사鄭氏逸事』에도 해금정책을 실시한 후의 상황을 다음과 같이 기재되어 있다.

---

5) 厦门大学台湾研究所·中国第一历史档案馆编辑部(1983), 『康熙统一台湾档案史料选辑』, p.82.
6) 南栖(1982), 「台湾郑氏五商之研究」, 『台湾郑成功研究论文选』, p.199.
7) 南京国民政府中央研究院历史语言研究所(1987), 「嚴禁通海敕諭」, p.257.

"조정이 해외와의 내왕을 금지하기 위해 판자조각도 물에 띄우지 못하도록 단속하고 있지만, 해외무역을 독점한 해상들이 수군들에게 뇌물을 준 뒤 정씨와 암암리에 내왕하고 있다. 결국 해외무역의 이득은 정씨가 독점하게 되었으며 재정수입은 날로 증가되었다."[8]

위의 두 기록에서 알 수 있듯이, 청나라가 실시한 해금정책은 정성공의 해외무역을 근절시키지 못하였을 뿐만 아니라 오히려 그가 해외무역의 이익을 독점할 수 있게 했다. 정성공의 해외무역에는 집권세력이 경영하는 관가의 성질을 띤 해외무역 외에도 정씨정권의 감독아래에 진행되는 단독운영 방식의 해외무역도 포함된다. 1660년 복건 상인 장서張瑞, 옹채翁采, 왕일王一, 노조盧措, 왕왕王旺, 위구魏久 등이 선주 왕자성王自成의 배를 타고 그 해 정월 절강의 서안瑞安에서 출발해 일본의 나가사키長崎에 가서 무역하고 5월에 사정沙埕(복건지역에 위치)에 돌아왔다.[9] 이와 같이 개인 신분으로 해외에 나가 무역을 할 때에는 반드시 정성공 정권의 허가를 받아야 했으며 영기를 발급받아야 했다. 이들은 무역을 마치고 돌아와서는 '관아'에 일정한 액수의 수익금을 납부해야 했는데, 일본에 가서 무역에 종사하는 선박은, 대선일 경우 2100냥을 납부하고 소선일 경우에는 500냥을 납부하였다.[10]

그 외에도 개인 신분으로 해외무역에 종사하는 정성공의 부하들도 있었다. 예컨대, 1651년 정국공定國公 정홍규鄭鴻逵가 자신의 병권을 정성공에게 이양한 후 정성공의 동의를 받아 "연해의 백사장에 집을 짓고 무역에 종사했는데, 모든 대소전함이 모두 어선과 상선으로 전변

---

8) 周宪文 等(2009), 「郑氏逸事」, p.48.
9) 南京国民政府中央研究院历史语言研究所(1987), 「刑部等衙門尙書覺羅雅布口等殘題件」, pp.258~259.
10) 张菼(1982), 「关于台湾郑氏的牌饷」, p.211.

되었다."11) 즉 정성공의 부하들은 통솔하고 있는 전선을 이용해 해외무역을 진행하여 상당한 이득을 보았던 것이다.

청 조정은 해금정책이 연안 거주민들과 정성공의 내왕을 단절할 수 없게 되자 극단적인 '천계遷界'정책을 실시하였다. 청 조정은 "연해거주민들을 30리 이외로 이주시킨 후 담을 쌓아 경계선을 만들고 원래의 지역은 폐허로 만들었으며"12), "연해의 거주민들을 내지 쪽으로 40리 이주시킨 후 벽을 쌓아 경계선을 만들었다."13) 그 결과 금문과 하문에 대한 외부의 지원이 단절되고 해외무역에 필요한 화물을 구하기가 상당히 어려워졌다. 이러한 난관을 타개하기 위해 정성공은 대만 수복을 서둘렀다.

그 외에도 정성공은 동남아화교들의 사업을 적극적으로 지원하고 후원하였다. 1662년 대만을 수복한 후 필리핀에 거주하고 있는 화교들이 서양인들의 가혹한 압박에 시달리고 있다는 소식을 접하자 위문단을 보내어 위문하는 동시에 성명을 발표해 서양인들을 엄정히 규탄하였다. "오랫동안 서양인들의 잔혹한 압박을 받아 온 화교들은 이 소식을 듣고 의기가 분노해 이들을 소멸하여 은혜에 보답하려고 하였다."14)

(3) 네덜란드인들과의 경쟁

정성공의 해외무역은 청의 강력한 제재를 받았을 뿐만 아니라 무역과정에서 대만을 점령하고 있던 네덜란드인들의 약탈행위와도 맞서 싸워야 했다. 1642년 네덜란드인들이 대만을 점령한 후 이를 근거지로

---

11) 廖大珂(2002), 『福建海外交通史』, p.315.
12) 王沄(1995), 「粤游」, 『漫游纪略』, p.8.
13) 夏琳(淸), 『閩海紀要』, 辛丑年條, 學識齋, p.28.
14) 连横(1947), 「外交志」, 『台湾通史』, p.277.

식민활동을 하였다. 그들은 내왕하는 중국의 상선을 약탈하곤 하였다. 이들은 화물을 약탈할 뿐만 아니라 승객과 선원들을 납치하여 유럽에 노예로 팔거나 노역에 종사시켰다. 이러한 해적행위에 분노했던 정성 공은 1655년 "연해의 각 항구 및 동남아 여러 나라에 문서를 보내어 대만에 가서 무역하지 않을 것을 촉구하였다. 2년간 왕래가 완전히 단절되어 선박이 통하지 않았다."15) 상선의 왕래가 끊겨 생활환경이 날로 악화되자 이러한 상태를 타개하고자 네덜란드인들은 청 조정과의 무역을 시도해 상황을 타개하고 대만을 장기적으로 독점하려고 하였 다. 그러나 청 조정이 네덜란드인들의 세력 확장을 염려해 제의를 거절하자 이들은 다시 정성공에게 담판을 제의하였다.

네덜란드인들은 "외국의 보물을 정성공에게 선사하면서 통상할 것 을 제의한 동시에 매년 5000냥의 황금과 10만대의 화살, 1000단의 유황을 헌납할 것을 약속하였다."16) 또한 이후 해외에 거주하고 있는 화교들을 잘 대하고 자바 섬과 말라카까지 무역에 종사하는 정성공 소속의 선박 수를 해마다 1, 2척 증가시켜도 좋다고 협의하였다.17) 그러나 이들은 약속한 협의내용을 이행하지 않았다. 1658년 타이 남부 지역에서 출발해 중국으로 돌아오던 중국 상선 한 척이 광동 부근의 해역에서 네덜란드인들에게 납치되어 대만으로 이송되었다. 정성공이 네덜란드인들에게 은 800만 냥을 배상할 것을 강력히 요구했지만, 이들은 이런저런 핑계로 책임을 회피하면서 문제를 해결하지 않았 다.18) 따라서 정성공은 중국 상인들의 해외무역을 보장하고, 또한 청 세력과의 장기적인 대항에 필요한 근거지를 확보하기 위해 대만을

---

15) 杨英(1931), 『从征实录』, p.87.

16) 阮旻锡(1958), 『海上见闻录』, 丁编, 上卷.

17) 李金明(1995), 『中国古代海外贸易史』, p.378.

18) W. Campbell(1903), *Formosa under the Dutch*, pp.67~68.

수복할 것을 결심하였다.

정성공은 1662년 2월에 대만을 수복한 후 "거함을 건조하여 동남아와 해외무역을 활발히 전개하여 많은 이익을 얻었다."[19] 정성공은 대만을 수복한 후 4개월 후인 6월에 피로누적으로 사망하였다.

3. 무역품

정성공의 해외무역품은 수출품과 수입품으로 나눌 수 있는데, 무역지역은 동양과 서양으로 나눌 수 있다.

(1) 일본과의 해외무역

동양 무역지역의 대표지역은 일본인데, 정성공과 일본 간의 무역품은 다음과 같다.

〈표 11-1〉 정성공과 일본 지역간의 무역품

	유형	수출품[20]	수입품[21]
1	수공업산품	비단, 베, 종이, 먹, 필, 부채, 벼루, 동침, 차병茶瓶, 자기, 칠기, 진주, 가마 등	황동기구, 도금기구, 묘금描金기구, 유황
2	책자 및 골동품	책자, 서필, 그림, 골동품, 화석花石	
3	농산품 및 가공품	차, 죽순, 대추, 칠, 사탕가루, 연뿌리가루, 천잠사天蚕絲, 황색비단실	
4	의약	명반, 녹반, 홍두, 빈랑, 야자, 작약, 황정, 하수오何首烏, 백출, 석곡石斛, 감초, 사약蜡藥, 약재, 홍화, 침향, 오목, 대모, 용뇌龍腦, 사향, 진주, 스톤英石	자경紫硬, 자초紫草, 목향, 전구피田狗皮, 황련黃連, 마향료磨香料
5	금속	아연	금, 은, 동, 칼
6	과일	잭푸르트菠蘿蜜, 용안, 여지, 감람, 밀전물蜜餞物	

---

19) 连横(1947), 「军备志」, 『台湾通史』, p.268.

7	희귀조류	비취, 앵무, 오색작五色雀, 벽계碧鷄, 공작새	
8	해산물 및 토산물		해삼, 전복, 상어지느러 미, 다시마, 수달, 담배

사료에 의하면, 정성공이 일본으로 파견한 상선 한 척당 적재한
화물의 가치는 대략 백은 4만 냥 정도 된다. 매년 일본으로 파견되는
선박규모가 40척 정도이므로, 1년간 일본으로 수출한 무역액은 대략
백은 160만 냥에 달한다. 그 외에도 정성공이 매년 일본으로부터 수입하
는 무역품의 총액은 백은 56만 냥에 달한다. 따라서 정성공이 매년
일본과 거래하는 수출입 총액은 백은 216만 냥 정도이다.[22]

2. 동남아와의 해외무역

정성공과 동남아지역 간의 해외무역품은 다음과 같다.

<표 11-2> 정성공과 동남아의 무역품

번호	유형	수출품	수입품
1	금속	금원보金元寶, 금사金砂, 은기, 구리	주석, 수은, 백은
2	수공업품	쇠솥, 종이, 우산, 자기, 신발, 도기, 부채, 술, 벽돌	면사棉紗, 조포粗布, 흑당黑糖, 아마포麻布
3	농산품 및 가공품	백설탕, 생사生絲, 찻잎, 밀가루, 백미	향료, 솜, 등삭, 소목蘇木, 녹두, 불콩蔦豆, 쌀
4	의약	대황, 명반, 호박	제비집燕窩
5	피륙	사향노루가죽獐鹿皮	

정성공이 동남아로 수출한 무역품 총액은 연평균 백은白銀 128~160만
냥이고 동남아에서 수입한 무역품 총액은 연평균 백은 48~80만 냥이다.

---

20) 木宮泰彦(1932), 『中日交通史』 下卷, pp.364~365.

21) 木宮泰彦(1932), 『中日交通史』 下卷, pp.368~370.

22) 杨彦杰(1984), 「1650至1662年郑成功海外贸易的贸易额和利润额估算」, p.227.

따라서 정성공은 매년 동남아와의 거래에서 발생하는 수출입 총액수는
백은 176~240만 냥에 달하였다.[23]

정성공은 금문과 하문을 장악한 후 남명정권을 보좌하여 항청투쟁을
진행하였으며, 1662년 대만을 수복한 후에도 항청투쟁을 견지하였다.
그는 청에 저항하는 과정에서 10여만 명에 달하는 군대를 보유하고
있었으며, 또한 완벽한 자치정부를 수립하였다. 군대와 자치정부를
유지하는 데 필요한 막대한 비용을 해결하기 위해 정성공은 적극적으로
해외무역을 전개하였는데, 그 특징은 다음과 같다.

첫째, 대부분의 무역은 정성공 정권의 명의로 진행된 육5상과 해5상
이 담당한 관영무역이었다. 이러한 무역을 통해 취득한 수입은 자치
정부 운영비로 지출되었으며, 일반적으로 '호관戶官'이 책임지고 관리하
였다.

둘째, 정성공의 허가를 받은 후 단독운영 방식으로 진행된 사무역이
있었다. 정성공의 가족뿐만 아니라 부하도 개인의 명의로 해외무역에
종사해 많은 이익을 얻었으며, 이들은 무역액의 일부를 '국고'에 납부하
면 되었다.

셋째, 정성공의 해외무역은 그가 통제하고 있는 지역의 화물의 수출
입을 가능하게 했을 뿐만 아니라 해외무역을 통해 그의 정치적 영향력
을 확대하였다.

---

23) 杨彦杰(1984), 「1650至1662年郑成功海外贸易的贸易额和利润额估算」, 『郑成功研究
论文选(续集)』, p.228.

참고문헌

〈사료〉

鄒漪(淸), 『明季遺聞』 卷4, 廣文書局, 1968.

南京國民政府中央研究院歷史語言研究所, 『明淸史料』, 丁編 第3卷, 中華書局, 1987.

夏琳(淸), 『閩海紀要』, 學識齋, 1868.

〈연구논저〉

郑成功研究学术讨论会学术组, 『台湾郑成功研究论文选』, 福建人民出版社, 1982.

郑成功研究学术讨论会学术组, 『郑成功研究论文选(续集)』, 福建人民出版社, 1984.

厦门大学台湾研究所·中国第一历史档案馆编辑部, 『康熙统一台湾档案史料选辑』, 福建人民出版社, 1983.

廖大珂, 『福建海外交通史』, 福建人民出版社, 2002.

明谊修, 『琼州府志』 第42卷, 琼州海口海南书局, 1923.

王沄, 『漫游纪略』, 江苏广陵古籍刻印社, 1995.

杨英, 『从征实录』, 国立中央研究员历史语言研究所, 1931.

连横, 『台湾通史』 第2卷, 商务印书馆, 1947.

阮旻锡, 『海上见闻录』, 丁编 上卷, 台湾银行经济研究室, 1958.

李金明, 『中国古代海外贸易史』, 广西人民出版社, 1995.

周宪文 等, 『台湾文献史料丛刊』 第7集, 第123卷, 2009.

木宫泰彦, 『中日交通史』 下卷, 商务印书馆, 1932.

W. Campbell, *Formosa under the Dutch*, Oriental Book Store, 1987.

12장

개빈 멘지스 주장에 관한 중국학계의 논쟁

영국 해군의 퇴역 잠수함 함장 개빈 멘지스는 1990년부터 14년 동안 140여 개 국, 900여 개의 문서보관소 등을 답사해 정화의 항해를 연구했다. 그는 자연과학과 사회과학 등 다 학과의 지식과 연구방법을 종합해 답사를 통해 수집한 방대한 양의 자료와 증거를 분석하였고, 2002년 3월 4일 영국의 '데일리 텔레그래프'(Daily Telegraph)를 통해 연구결과를 발표하였다. 즉 명의 정화 선대가 콜럼버스보다 먼저 아메리카대륙을 발견하고 마젤란보다 먼저 세계 일주를 하였으며, 나아가서는 북극해, 남극주, 호주 등을 발견했다고 주장하였다. 2002년 3월 15일 개빈 멘지스는 영국왕립지리학회에서 제1차 발표를 하였으며, 10월과 12월에는 중국의 남경南京, 곤명昆明, 북경北京 등지에서 선후로 4차례의 학술보고회를 열고 중국학자들과 교류를 진행하였다. 이와 동시에 10월에는 연구저서 『1421 : 중국, 세계를 발견하다』를 출판하였다.

상술한 개빈 멘지스의 주장은 즉시 세계 각국의 관심을 불러일으켰다. 유럽, 아시아와 미주 20여 개의 언론은 앞 다투어 그를 취재하였으며, 세계 각지의 언론들도 그의 주장을 소개하였다. 그의 주장은 중국학술계에도 지대한 논쟁을 야기했다. 이 글은 개빈 멘지스의 주장에 대한 중국 학계의 반응을 정리한 것이다.

I. 정화하서양에 대한 개빈 멘지스의 주장

1. 정화 선대의 세계일주 항로

2002년에 출판된 『1421 : 중국, 세계를 발견하다』는 총 7편 18장으로 구성되어 있다. 제1편은 「중화제국」, 제2편은 「길잡이 별」, 제3편은 「홍보洪保의 항해」, 제4편은 「주만周滿의 항해」, 제5편은 「주문周聞의 항해」, 제6편은 「양경楊慶의 항해」, 제7편은 「왕관을 상속받은 포르투갈」, 제8편은 「부록」이다. 저서에는 140여 폭의 각종 삽화, 도면 및 관련된 역사유물과 유적의 사진이 수록되어 있다. 부록에는 「중국의 1421~1423년 세계일주 항해를 뒷받침하는 증거」, 「목격자의 기록」, 「세계 최초의 항해를 묘사하는 주요 해도들」, 「15세기 초 중국인들의 경도 측정」, 「웹사이트에 게시된 추가 정보」 등이 수록되어 있다.

개빈 멘지스의 저서에 의하면, 1421년 3월 3일 정화는 황제 주체朱棣의 어명에 따라 107척의 선박으로 구성된 선대를 통솔하여 원양항해를 시작했으며, 기나긴 항해 끝에 고리古里(옛 캘리컷으로 지금의 코지코드)에 도착했다. 그 후 정화는 1421년 11월에 일부 선대를 통솔하여 귀국하고, 기타 선대는 정화의 명에 따라 홍보, 주만, 주문, 양경 등의 통솔 하에 세계일주 항해를 시작하였다. 선대는 아프리카 남단의 희망봉을 돌아서 아프리카 서해안을 따라 북상해 대서양의 카보베르데 (Cabo Verde)제도에 도착하였다. 카보베르데제도에서 이들 4명은 각각 하나의 선대를 통솔하여 서쪽방향으로 흐르는 대서양 적도해류를 따라

각기 다른 방향으로 항해하였다. 멘지스가 주장하는 이들의 항로는
아래와 같다.

1) 홍보의 항로

홍보의 선대는 카보베르데제도에서 출발한 후 카리브해, 남아메리카
동해안, 마젤란해협, 사우스셰틀랜드제도, 허드 섬, 호주 서해안과
북부해안, 자바, 남중국해를 거쳐 중국으로 귀국하였다.

2) 주만의 항로

주만의 선대는 카보베르데제도에서 출발한 후 카리브해, 남아메리
카, 마젤란해협, 페루 서해안, 태평양횡단, 호주 동해안, 캠벌 섬, 뉴질랜
드 남도 서해안, 뉴질랜드 북도 서해안, 호주 동해안, 호주 북부해안,
향료제도(인도네시아 말루쿠제도), 남중국해를 거쳐 중국으로 귀국하
였다.

3) 주문의 항로

주문의 선대는 카보베르데제도에서 출발한 후 카리브해, 과들루프,
푸에르토리코, 플로리다, 로드아일랜드, 캐나다 동해안, 그린랜드, 아
이슬란드, 북극해, 베링해, 일본열도 동부해역을 거쳐 중국으로 귀국하
였다.

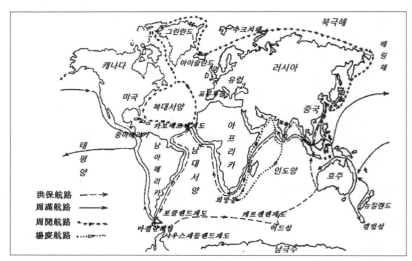

〈그림 12-1〉 홍보, 주만, 주문, 양경의 항해도[1]

4) 양경의 항로

양경의 선대는 중국에서 출발해 동남아시아, 남아시아, 서부아시아, 아프리카의 희망봉에 도착한 후 아프리카 동해안을 따라 북상하여 아라비아해, 인도 남부해안, 벵갈만, 말라카해협, 남중국해를 거쳐 중국으로 귀국하였다.

2. 증거

『1421 : 중국, 세계를 발견하다』의 부록에는 「중국의 1421~1423년 세계일주 항해를 뒷받침하는 증거」가 첨부되어 있는데, 그가 제시하는 증거는 아래와 같은 몇 가지로 나눌 수 있다.

---

1) 加文·孟席斯(英), 师研群 译, 『1421 : 中国发现世界』, p.12.

첫째, 15세기 말, 16세기 초 유럽인이 그린 고대 세계지도와 해도 및 점성도星象圖는 중국의 고대지도를 모본으로 하여 그린 것이다.

개빈 멘지스는 연구과정에서 1420년대에 그린 주아네 피치카노 (Zuane Pizzigano)의 세계지도에 아프리카, 아메리카 등 지역이 아주 상세하게 그려져 있음을 발견하였다. 그러나 그 당시 포르투갈인은 1488년에 이르러서야 아프리카의 희망봉에 도달하고, 1492년에 이르러서야 콜럼버스가 카리브제도에 도달하였으며, 1523년에 이르러 마젤란 함대가 마침내 세계일주 항해를 완성하였다. 그렇다면 세계 각 지역이 상세히 그려져 있는 지도는 유럽인이 아닌 다른 나라 사람이 그린 지도를 참조했을 것이 분명하다. 이러한 규모의 세계지도를 그리려면 방대한 선대가 동원되어 세계 각 지역 해안선을 측정해야 되는데, 이는 상응한 해도제작술이 뒷받침되어야 한다. 1420년대에 이와 같은 기술력을 구비한 나라는 명나라 뿐이었다. 따라서 1428년 포르투갈인들이 사용한 세계지도는 중국인이 그린 지도 또는 중국인의 지리지식에 의해 그린 것이다. 개빈 멘지스는 1434년에 출판된 『다 콘티 여행기』에 대한 연구를 통해 정화의 선대를 따라 항해한 베니스상인 다 콘티(da Conti)가 정화항해도를 유럽으로 가져갔으며, 그 후 포르투갈 황태자 동 페드로(Don Pedro)의 손으로 넘어갔다고 주장하고 있다.

이외에도 개빈 멘지스는 지도학자 프라 마우로(Fra Mauro)가 1459년에 그린 한 폭의 세계지도에 중세기 페니키아 문자로 기재된 주석과 한 척의 중국 범선이 그려져 있음을 발견하였다. 주석에는 다음과 같은 내용이 기재되어 있었다.

"약 1420년경, 인도에서 온 한 척의 중국식 범선이 인도양을 횡단하고 희망봉 외측의 남도男島, 여도女島를 지나 녹색제도綠色群島와 암해暗海를 따라 서부와 남서방향으로 40일 간 항해하였는데 바다와 하늘이 일색이고 아무것도 발견되지 않았다. 대략 2000해리를 항해한 후 상황이 악화되어 선박은 70일 후 희망봉으로 귀항하였다."

이 기록을 근거로 개빈 멘지스는 정화 선대가 희망봉을 돌아 아프리카 서해안을 따라 북상하여 대서양의 카보베르데제도에 도착했다고 주장하고 있다. 개빈 멘지스는 중국인들이 남반구에서 경도와 위도를 측정할 때 사용한 구체적 방법을 연구하고 자신의 항해지식과 경험을 바탕으로 방대한 항해사 자료를 참조해 지도학, 해양학, 성상학, 고고학, 인류학, 생물학 등을 종합적으로 응용하였다. 그는 또한 컴퓨터를 이용해 1421년 3월에서 1423년 10월에 이르는 정화 선대의 항해과정과 항로를 그렸으며, 정화 선대가 경과하였을 지역에서 각종 '증거'를 찾아 정화 선대의 세계일주 항해를 증명하고자 시도하였다. 이러한 증거를 통해 개빈 멘지스는 15세기 초 콜럼버스나 마젤란의 항해가 이루어지기 전 중국의 정화 선대만이 아메리카에 도착하고 세계일주 항해를 하면서 세계지도를 그릴 능력이 있었다고 주장하고 있다.

둘째, 초기 유럽 탐험가들이 아메리카와 호주를 탐험할 때 남긴 문헌자료에는 당시 아메리카와 호주에 살고 있는 많은 중국인(아시아인)들과 이들의 거주 상태, 마을 명칭, 언어와 풍속, 질병의 특징, 체육활동 등이 상세히 기재되어 있다.

개빈 멘지스는 유럽 탐험가들의 항해일지에 근거해 유럽의 초기 탐험가들이 세계를 탐험하는 과정에서 극동지역, 인도양, 아프리카, 북아메리카, 대서양 해안, 호주 남부 등지에서 살고 있는 중국인(또는 아시아인)들이 현지의 토착민들과 같이 생활하거나 정착지를 건설해 생활했다고 주장하고 있다. 예컨대 아프리카 동해안의 파테 섬에는 정화 선대가 건설한 정착지가 있는데, 여기에 거주하고 있는 주민들은 상당히 순수하여 일반적으로 현지의 토착민들과 통혼하지 않는다. 그들의 고유한 풍속(음악, 무도, 악기 등)은 중국과 상당히 유사하다. 남아메리카 페루에는 인구가 1만여 명이 거주하는 정화 선대의 정착지가 있었는데, 현지의 잉카 국왕과 예물을 교환하면서 우호적으로 공존하였다고 한다. 이외에도 정화 선대는 북아메리카의 밴쿠버 섬, 샌프란시스코, 로스앤젤레스, 파나마 등 지역에도 6개의 정착지를 건설했고, 호주에는 4개의 정착지를 건설했는데, 이들의 영향은 지금까지도 남아 있다고 주장하고 있다. 아메리카 서해안 북쪽의 밴쿠버에서 남쪽의 칠레에 이르기까지 거주민들의 언어에는 중국어와 동일한 많은 단어가 사용되고 있다. 페루에는 현재에도 100여 개의 마을 이름이 한자로 되어 있으며, 심지어 페루라는 명칭도 한자 '흰 안개白霧(baiwu)' 발음이 변하여 형성된 것이라는 것이다.

개빈 멘지스는 DNA의 비교분석을 실시하였는데 캘리포니아, 브라질, 호주 등 지역 토착민들의 유전자에 중국인의 유전자가 포함되었을 가능성이 상당히 크다고 주장하고 있다. 예컨대 베네수엘라 인디언의 혈액에서 중국 광동성廣東省 지역에 거주하고 있는 중국인들과 동일한 유전자를 발견하였다. 또한 아메리카의 각 종족에서 모두 중국과 동남아에서만 존재하는 질병을 발견하였다고 한다. 예컨대 멕시코, 브라질과 페루의 인디언 몸에서 중국인에 의해 옮겨진 것으로 추측되는 독특한 십이지장충과 회충을 발견하였다.

이외에도 개빈 멘지스는 대서양에 인접한 캐나다의 한 반도에서 정화 선대가 주둔하였던 것으로 추측되는 거주지를 발견하였다고 한다. 이 거주지에서는 수리 공정시설이 설치되어 있는 규모가 상당히 큰 성곽 유적을 발견했을 뿐만 아니라 한자가 새겨져 있는 대량의 묘비와 불교도 및 회교도의 묘지를 발견하였다.

셋째, 정화 선대가 도착했을 가능성이 있는 지역에서 중국 고대선의 잔해, 닻, 어구를 발견하였으며, 중국의 도자기, 옥기, 인조제품, 제물 등 문물이 다량 출토되었다고 한다.

개빈 멘지스가 제시한 증거에 의하면 인도네시아, 베트남, 필리핀, 호주, 뉴질랜드, 아메리카, 카리브해 등 지역에서 정화 선대의 선박으로 추측되는 중국 고대 선박의 잔해와 닻을 발견하였으며, 선박의 잔해에서 중국 도자기, 주체朱棣(명나라 황제)의 인감, 주체 집권기의 동전과 식기가 발견되었다. 이러한 물증은 중국 명나라 시기 중국과 남아메리카 간에 무역이 존재하였음을 증명하며, 이는 중국이 처음으로 세계일주 항해를 완성한 증거라고 강조하고 있다. 이외에도 개빈 멘지스는 정화 선대가 세계일주 항해 당시 세운 것으로 추측되는 많은 기념비를 발견했다고 주장하고 있다. 예컨대 말레이시아, 수마트라, 스리랑카, 인도네시아, 서부아프리카 등 지역에서 7개의 비석을 발견하였는데, 비문은 타밀어, 페르시아어, 아랍어 및 중문(정화 선대에는 17명의 통역이 동행하였음)으로 새겨져있는데 이는 정화 선대의 세계일주 항해를 증명하고 있다.

넷째, 유럽의 초기 탐험가들의 항해일지에 근거하여 개빈 멘지스는 유럽인들이 아메리카에 도착하기 전 이 지역에는 이미 광석 채굴기술, 농업 재배기술이 널리 사용되고 있었으며, 기타 대륙의 동식물이 서식하고 있었다고 주장하고 있다. 콜럼버스가 처음으로 카리브제도에 도착했을 때 그는 놀랍게도 아시아, 아프리카가 원산지인 고구마, 사탕수수, 토란, 바나나, 생강, 벼 등의 농작물을 발견하였다. 마젤란이 필리핀에서 선적한 옥수수도 원산지가 중부아메리카다. 카리브해 지역에서도 원산지가 남아메리카인 토마토, 파인애플과 감자, 원산지가 아프리카인 조롱박, 원산지가 동남아인 토란, 원산지가 남태평양인

야자, 원산지가 인도인 목화와, 원산지가 중국인 벼, 장미 등 농작물을 발견하였다. 또한 아메리카가 원산지인 옥수수, 감자, 토마토, 담배가 중국과 동남아로 전파되어 주요작물이 되었다. 이러한 사실은 정화 선대가 세계일주 항해를 하면서 원산지가 아시아와 아프리카인 농작물을 아메리카에, 원산지가 아메리카인 농작물을 중국과 동남아에 전파하고 재배하였음을 증명한다. 이외에도 호주, 피지, 북극, 북아메리카, 멕시코 등 지역에서 사용되는 광석 채굴기술, 염색기술, 제련기술 등은 모두 중국에서 흔히 볼 수 있는 기술이었다.

개빈 멘지스는 자신의 견해가 정확함을 증명하기 위해 『1421 : 중국, 세계를 발견하다』의 부록에 「증거 일람표」를 수록하였다.

II. 개빈 멘지스 주장에 대한 중국학자들의 견해

2002년 3월 4일 영국의 '데일리 텔레그래프'가 최초로 개빈 멘지스의 주장을 게재한 이래 지금까지 그의 주장에 대한 논쟁이 끊이지 않고 있다. 세계 각국의 학자들은 언론, 학술지와 각종 학술회의를 통해 자신의 견해를 피력하고 있다. 개빈 멘지스 주장에 대한 중국학자들의 견해를 종합하여 볼 때 아래와 같은 몇 가지로 나뉜다.

1. 개빈 멘지스의 주장을 지지하는 견해[2]

개빈 멘지스는 14년간 대량의 유럽 문헌자료와 고고학 자료를 정리한

---

2) 时平(2003), 「一年来英国学者加文·孟席斯新说讨论述评」, p.14. ; 郑自海·郑宽涛 (2006), 「三幅地图－唱响世界大航海時代的'先声'」, p.54.

기초에서 각종 연구방법을 종합해 연구를 진행하였는데, 그의 연구결과는 증거가 비교적 충분하고 설득력이 있다.[3] 일부 학자들은 명의 풍몽룡馮夢龍의 『지낭智囊』, 축윤명祝允明의 『야기野記』, 신무상愼懋賞의 『해국광기海國廣記』 및 『명사明史』의 관련 자료에 근거해 1511년 브라질 사신 백사지白沙地가 중국에 도착하여 조공할 수 있었던 것은 정화 선대가 아메리카에 도착하여 명에 관한 정보를 브라질에 알렸기 때문이라고 주장하면서 정화 선대가 아메리카에 도착하였다는 개빈 멘지스의 주장을 간접적으로 지지하고 있다.[4]

국력이 강성했던 명나라 초기 황제 주체는 '만방万邦이 조공'하는 봉건 '대통일'을 실현하려는 인식이 상당히 강했다. 뿐만 아니라 중국은 세계에서 가장 선전적인 항해술과 조선술을 소유하고 있었기 때문에 방대한 선대를 조직하여 세계일주 항해를 했을 가능성이 상당히 크다고 일부 중국학자들은 주장하고 있다.[5] 그리고 일부 학자들은 『명사』와 '정화기념비 비문'의 "중국에서 아득히 먼 곳"에 대한 고증과 연구를 통해 "아득히 먼 곳"은 아메리카를 가리킨다고 주장하고 있다. 또한 학계에서 이미 공인된 고대 중국인들이 아메리카에 도착하였다는 연구결과를 기초로 풍부한 항해경험을 구비한 정화 선대가 세계일주 항해를 완수했을 가능성이 있다고 주장하고 있다.

3) 郑明(2003), 「英国学者的新发现为研究和纪念郑和航行活动增加了亮点」, p.84 ; 王仲勋(2004), 「英国學者論证 : '中国人最先环球航行'」, p.6.
4) 许森安·刘容子(2003), 「评估郑和 : 对西方历史学说的挑战－我们该如何正确看待孟席斯的研究成果」, p.6.
5) 马超群(2003), 「郑和船队首次环球航行的可能性」, p.66.

2. 개빈 멘지스의 주장을 부분적으로 지지하지만 일부 주장은 검토할 필요가 있다는 견해

이러한 견해에는 아래와 같은 두 가지 부류가 있다. 첫째, 일부 학자들은 기존의 연구결과와 관련 자료에 근거해 정화 선대가 희망봉과 호주에 도착하였다는 개빈 멘지스의 주장을 지지하고 있지만, 아메리카에 도착하였다는 주장은 재검토할 필요가 있다고 강조하고 있다.[6]

둘째, 정화 선대의 일부가 표류 등으로 인해 아메리카에 도착하였을 가능성이 존재한다고 주장하면서 개빈 멘지스의 견해를 지지하고 있다. 왜냐하면 정화 선대의 일부가 희망봉을 돌아 대서양에 진입하였다면 당시의 선박능력과 항해기술을 기초로 아프리카 서해안을 따라 계속 항해해 아메리카에 도착하였을 가능성을 배제할 수 없다. 또한 폭풍을 만나 아메리카로 표류했을 가능성도 배제할 수 없다. 그러나 정화 선대가 세계일주를 하고 북아메리카 또는 남극주에 도착하였다는 주장은 재검토해 볼 필요가 있다고 주장하고 있다.[7]

3. 개빈 멘지스의 주장을 완전히 부정하는 견해[8]

사료의 기재, 특히 정화를 따라 하서양한 항해자들이 편찬한 모든 저서에는 모두 정화 선대가 아메리카에 도착하였다는 명확한 기록이 없으며, 『정화항해도』에도 명확한 기록이 없다. 정화하서양의 목적과 명 초기의 사회형태를 고려해 볼 때 정화하서양은 항해탐험의 특징과 요구를 구비하지 않고 있으며, 당시 중국에는 여전히 천원지방天圓地方

---

6) 朱鉴秋(2003), 「郑和航海最远到哪里?−兼评‘郑和发现美洲’说」, p.33.
7) 宋正海(2002), 「孟席斯的郑和环球航行新论初评」, p.22.
8) 王天有(2003), 「从孟席斯的‘新发现’谈谈郑和研究之我見」, p.51.

의 지리개념이 지배적이었으므로 완벽한 세계지도를 그릴 수 없고 세계일주 항해도 불가능하다고 주장하고 있다.[9] 콜럼버스는 황금과 향료가 풍부한 동방에 가기 위해 항해를 시작했으며, 그 과정에서 우연히 아메리카를 발견하고 죽을 때까지도 자신이 도착한 곳이 인도라고 확신하고 있었다. 이는 그가 항해를 시작하기 전 중국인이 그린 세계지도를 통해 이미 아메리카의 지리적 위치를 알고 있었다는 개빈 멘지스의 주장과 상이하다. 따라서 정화 선대가 세계일주 항해를 통해 그린 세계지도를 가지고 콜럼버스가 항해를 시작했다는 개빈 멘지스의 주장은 성립될 수 없다. 개빈 멘지스는 가설을 전제로 하여 추론할 것이 아니라 자신이 근거로 제시한 지도와 중국과의 연관성을 확실하게 증명해야 할 것이다.[10] 개빈 멘지스의 일부 증거는 뚜렷한 착오가 존재한다. 그가 인용한 모든 증거는 시대적 고찰과 분석을 거치지 않았으며 시간계선이 모호하다. 따라서 이러한 틀린 증거를 통해 도출한 결론이 정확할 수 없다. 이외에도 일부 대만과 홍콩학자들은 개빈 멘지스의 주장에 관련해 상당히 격렬한 반응을 보이고 있는데, 개빈 멘지스는 완전히 '사기꾼'으로서 그의 주장은 모두 "허튼소리이고 엉터리 추측이며 믿을 만한 아무런 증거도 없다."고 단언하고 있다.[11]

---

9) 瞿涛(2005),「东西方大航海探源」, p.30 ; 唐志拔(2003),「郑和船队最早环球航行说质疑」, p.55.

10) 朱鉴秋(2003),「考析孟席斯'郑和环球航行说'举证的关键地图」, p.1 ; 张施娟·龚缨晏(2005),「'毛罗地图'与郑和船队」, p.148 ; 龚缨晏·邱银兰(2005),「1513年皮里·雷斯地图解密」, p.82.

11) 王民同(2003),「香港城市大学教授郑培凯观点之我见有关郑和发现美洲的误写与正读」, p.13 ; 季士家(2003),「台湾学者苏明扬先生对加文·孟席斯新论看法做法之我见」, p.8.

4. 의문점이 존재하므로 연구가 필요하다는 견해

개빈 멘지스는 연구과정에서 여러 학과의 지식과 다양한 연구방법을 응용하고 주장의 정확성을 위해 방대한 증거자료를 열거하였다. 그러나 한층 정교한 고증을 통해 사실을 확인하기 위해서는 일정한 시간이 필요하며, 당장 결론을 내릴 것이 아니라 신중한 연구가 필요하다.[12]

세계 학계에서 이미 정론이 되어 있는 관점과 결론에 도전장을 내민 영국학자 개빈 멘지스의 주장은 중국 학계에 큰 파문을 불러일으켰다. 갑작스럽게 학계에 던져진 '새로운 주장'에 대해서 학계에서는 마땅히 심사숙고해야 할 것이다.

첫째, 개빈 멘지스가 연구과정에서 보여준 탐구정신과 전통 관점에 도전하는 용기 및 학술교류과정에서 보여준 겸손한 태도는 마땅히 존중해야 할 바다. 또한 서방중심론의 편견과 고유의 정론 및 패턴에 구애받지 않고 객관적으로 정화 연구를 진행한 데 대해 높이 평가해야 한다. 민족정서를 극복하고 꾸준한 노력으로 자신의 새로운 학설을 더욱 완벽히 하기를 기대해 본다. 아메리카대륙의 발견 여부나 세계일주 항해를 완성했는지의 여부에 관계없이 정화는 여전히 위대한 항해자임에 손색이 없으며, 과학적이고 객관적이며 공정하게 그의 업적을 평가하고 진실을 탐구하는 것은 모든 학자들의 역사적 책임이다.

둘째, 개빈 멘지스의 새로운 학설과 관련해 격렬한 논쟁과 상이한 견해가 나타난 것은 학계의 필연적인 현상으로서 학술교류가 활발히 전개되고 있음을 말해주는데, 이는 정화 연구를 한층 가속화 하게 될 것이다. 왜냐하면 논쟁과 상호교류를 통해 점차적으로 진실을 밝힐

---

12) 刘达材(2003), 「初步解读英国学者孟席斯新论」, p.62.

수 있기 때문이다. 개빈 멘지스의 사유방식은 중국의 전통사유방식과 많은 차이점이 존재하는데, 이는 동서방 문화간의 차이를 말해준다. 이러한 차이로 인해 사물에 대한 인식과정과 이해과정에서 상이한 견해가 발생할 수 있다. 따라서 상호간의 소통과 이해를 강화하고 공감대를 형성하는 것이 필요하다. 개빈 멘지스는 연구과정에서 방대한 수량의 외국 문헌자료, 특히 유럽 문헌자료를 수집하였는데, 이는 정화 연구과정에서 중국학자들이 본받아야 할 점이다.

셋째, 개빈 멘지스는 종합적 연구와 논리적 추리 등 방법을 사용하여 연구를 진행하였는데 이는 중국학자들이 정화 연구과정에서 사용하던 전통 연구방법과 상이하다. 중국학자들은 주로 역사 문헌자료와 고고학 발굴자료에 근거해 연구를 진행해 왔다. 연구방법이 상이한 관계로 정화 연구에서 서로 다른 결론을 도출하게 되었던 것이다. 개빈 멘지스의 연구방법은 정화 연구자들의 시야를 넓혔으며 정화 연구를 한층 가속화할 것은 의심할 여지가 없다. 가설과 추리를 통해 진행하는 연구방법은 과학연구에서 보편적으로 사용되는 방법이다. 관건은 연구결과의 정확성을 증명할 수 있는 증거가 정확해야 한다. 개빈 멘지스의 추론도 이러한 요소가 필요하며 자신의 주장을 뒷받침할 수 있는 증거를 한층 더 발굴하는 것이 필요하다.

참고문헌

加文·孟席斯(英), 师研群译, 『1421 : 中国发现世界』, 京华出版社, 2005.

龚缨晏·邬银兰, 「1513年皮里·雷斯地图解密」, 『地图』 第5期, 2005.

季士家, 「台湾学者苏明扬先生对加文·孟席斯新论看法做法之我见」, 『郑和研究』 第2期, 2003.

唐志拔, 「郑和船队最早环球航行说质疑」, 『郑和研究』, 特刊, 2003.

马超群, 「郑和船队首次环球航行的可能性」, 『郑和研究』, 特刊, 2003.

宋正海, 「孟席斯的郑和环球航行新论初评」, 『太原师范学院学报(人文科学版)』第1期, 2002.

时平, 「一年来英国学者加文·孟席斯新说讨论述评」, 『回族研究』 第3期, 2003.

王民同, 「香港城市大学教授郑培凯观点之我见有关郑和发现美洲的误写与正读」, 『郑和研究』 第1期, 2003.

王仲勋, 「英国学者论证 : '中国人最先环球航行'」, 『决策与信息』 第9期, 2004.

王天有, 「从孟席斯的'新发现'谈谈郑和研究之我见」, 『郑和研究』, 特刊, 2003.

刘达材, 「初步解读英国学者孟席斯新论」, 『郑和研究』, 特刊, 2003.

张施娟·龚缨晏, 「'毛罗地图'与郑和船队」, 『史学理论研究』 第3期, 2005.

翟涛, 「东西方大航海探源」, 『地图』 第5期, 2005.

朱鉴秋, 「郑和航海最远到哪里?-兼评'郑和发现美洲说'」, 『郑和研究』, 特刊, 2003.

朱鉴秋, 「考析孟席斯'郑和环球航行说'举证的关键地图」, 『海交史研究』 第2期, 2003.

郑自海·郑宽涛, 「三幅地图-唱响世界大航海时代的'先声'」, 『金陵了望』 第16期, 2006.

郑明, 「英国学者的新发现为研究和纪念郑和航行活动增加了亮点」, 『郑和研究』, 特刊, 2003.

许森安·刘容子, 「评估郑和 : 对西方历史学说的挑战-我们该如何正确看待孟席斯的研究成果」, 『海洋世界』 第9期, 2003.

임진왜란기의 명 수군

1592년부터 1598년까지 7년에 이르는 '임진왜란'(중국에서는 만력조선전쟁萬曆朝鮮戰爭, 또는 항왜원조전쟁抗倭援朝戰爭이라 함)은 명 만력연간에 진행된 3대 원정의 하나로서 명에 큰 영향을 미쳤다. 명은 이 전쟁에서 수십만 명에 달하는 인명을 잃고 수백만 냥의 은을 소모하였다. 그로 인해 명은 인력, 물력, 재력의 막대한 손실로 국력이 쇠퇴하였다. 명은 국고를 보충하기 위해 백성들에 대한 착취를 강화하였다. 이는 백성들의 부담을 가중시켜 계급모순을 격화시켰으며, 곳곳에서 농민봉기가 폭발해 명의 멸망을 가속화시켰다. 또한 '임진왜란'이 발발한 후 중국 동북지역에 주둔하고 있던 대부분의 군대가 한반도로 파병됨에 따라 동북지역에 대한 명의 지배력이 약화되었다. 이를 틈타 중국 동북지역에 거주하고 있던 여진족 후금後金은 세력을 신속히 확장하였다. 결국 후금은 임진왜란이 종전된 50년 후 명을 뒤엎고 중국 최후의 봉건왕조인 청을 건국하였다.

임진왜란이 중국의 역사 전개에 중대한 영향을 미친 관계로 명 시기부터 현재에 이르기까지 중국의 많은 학자들이 연구를 수행하였다. 심지어 중국의 각종 교과서와 시험문제에도 임진왜란과 관련된 인물이 종종 거론되고 있다. 중국 내 도서관 등에 소장되어 있는 임진왜란 관련 자료들은 풍부하며, 이미 출판 발표된 저서와 논문도 그 양이 방대하다. 이러한 연구자료의 대부분이 전쟁의 발발원인, 과정, 결과, 영향, 인물, 파병원인, 양국 군부대 관계, 의병운동 및 평화담판 등에 관련된 것이고, 참전군대의 편제 및 명 수군과 관련된 연구는 거의 공백상태라 해도 과언이 아니다. 이 글은 임진왜란기 명 수군과 관련된 기본적인 연구결과를 정리한 것이다.

Ⅰ. 참전 논쟁

도요토미 히데요시豊臣秀吉는 일본을 통일하고 일왕으로부터 '관백關白'에 임명되어 일본의 명실상부한 통치자가 되었다. 그는 날로 팽창하는 일본 국내 봉건영주와 대상인들의 대외 무역욕망을 충족시키고 국내 모순을 완화해야 했다. 또한 "조선을 점령하고 나아가 중국대륙을 점령"[1]하려는 자신의 야심을 실현하고자 했다. 그는 이를 위해 대대적으로 군대를 확충하고 선박을 모집하기 시작하였다. 1590년 4월 일본을 방문한 조선통신사 황윤길黃允吉은 도요토미 히데요시의 이러한 야심을 감지하고 귀국 후 선조에게 이 사실을 아뢰었다. 선조는 김응남金應南을 명에 사신으로 보내어 이를 전했다. 이외에도 명은 류구국琉球國의 세자 쇼네이尚寧와 류구국에 거주하고 있던 화교 허의후許儀後와 진갑陳甲으로부터 일본이 조선을 침략할 것이라는 소식을 전해 들었다.[2] 이러한

---

1) 赵建民·刘予苇(1989), 『日本通史』, p.100.

2) 崔孝轼(1999), 「明朝出兵参与平定壬辰倭乱缘起考」, p.138.

소식을 전해들은 후 명은 군대를 연해와 동북지역에 집중시켜 왜구의 침공에 대비하였다. 1592년 6월 선조의 파병 요청을 받은 후 명 조정 내에서는 파병여부를 두고 치열한 논쟁이 벌어졌다.

대다수의 대신들은 도요토미 히데요시의 야심을 간파하고 만력황제에게 파병할 것을 강력히 요청하였다. 예컨대 산서도어사山西道御史 팽호고彭好古는 "사납고 강한 왜적이 모든 병력을 동원한 것은 조선을 점령하려는 것만이 아니고, 실은 중국을 점령한 후 천하의 통치자로 되려는 것이다. 중국을 먼저 침공하지 않고 조선을 침공한 것은 후과가 두려워서이다. … 현재의 왜구 방어책 중 상책은 국경 밖에서 적을 막아 국경 내로 들어오지 못하게 하는 것이며, 중책은 연해에서 적을 막아 내륙지역으로 들어오지 못하게 하는 것이다. 적군이 천진天津과 회양淮陽 사이까지 진격한 후 막으려면 대책이 없다."고3) 강조하였다. 즉 일본은 한반도를 점령한 후 한반도를 발판으로 해로와 육로를 이용해 중국을 침공하는 것이 최종목적이었다. 따라서 명은 적극적인 방어가 필요하며 최선의 방어책은 국경 밖에서 일본의 위협을 해결하는 것이며, 그렇지 않을 경우 명은 부득이 자국 영토에서 일본군과 싸우게 되고 그 후과는 상상도 못할 것이라고 강조하였다.

대학사大學士 왕석작王錫爵도 "왜구의 본심은 조선을 점령하고 명을 넘보려는 것이다. 조선을 구하는 것은 사실 자신을 구하는 것이다. 수비가 능한 자는 문호를 지킨다. 명 군대가 조선을 구하는 것은 사실 중국을 구하는 것과 마찬가지다."고4) 강조하였다.

병부시랑兵部侍郞 송응창宋應昌은 "조선과 명은 입술과 이와 같은 관계로서 류구 등 나라들과는 비교할 수 없다. 자고로 순망치한脣亡齒寒이라

---

3) 宋應昌(明), 「部垣臺諫條議疏略」, 『經略復國要編』 卷首, pp.50~51.
4) 陳子龍·徐孚遠·宋徵璧(明), 「王文肅公文集二」, 『明經世文編』 第五冊 卷395, p.4268.

고 동고동락 관계인 조선은 없어서는 안 되는 명의 문호이다."고[5] 강조하였다.

파병의 이해관계를 가장 상세하게 분석한 사람은 형부시랑刑部侍郎 여곤呂坤이다. 그는 『우위소憂危疏』에서 당시의 형세를 전면적으로 분석한 기초에서 파병의 필요성과 긴박성을 다음과 같이 서술하였다.

"조선은 명의 동쪽에 위치해 있으며 중국 대륙의 좌측과 인접해 있다. 평양 서부는 압록강과 인접해 있고, 진주晉州는 등주登州, 내주萊州와 바다를 사이에 두고 있다. 만약 왜구가 한반도를 점령한 후 조선 백성들을 자신의 군대에 편입시켜 훈련시키고 명을 넘본다면 출격시에는 조운을 차단하고 통창通倉을 점령하여 군수품 통로를 차단할 수 있다. 철수시에는 국경지역을 점령하고 평양을 수비하면서 중국의 요동遼東지역을 넘볼 수 있다. 그렇게 되면 1년이 못 되어 북경이 곤경에 빠지게 될 것이며, 이는 나라의 큰 걱정거리가 될 것이다. 명과 조선이 뭉쳐서 2개의 내我가 되어도 승부가 어떠할지 걱정된다. 왜구가 조선을 점령하여 2개의 왜倭가 되면 상대하기 상당히 힘들 것이다. 조선을 잃으면 반드시 쟁취해야 한다고 소신은 생각한다. 멸망한 후 쟁취하기보다 멸망하기 전 구출하는 것이 바람직하며 혼자의 힘으로 2개의 왜와 맞서 싸우는 것보다 2개의 힘을 합쳐 1개의 왜와 맞서 싸우는 것이 더욱 유리하다. 조선이 파병요청에 파병시일을 연기하자든가 조선을 위해 원정할 필요가 없다든가 군수품 준비가 어렵다든가 등과 같은 이런저런 말이 난무한다. 속담에 '작은 것을 아끼면 큰일에 도움이 안 된다'는 말이 있다. 지금 조선이 위기에 직면한 상황에서 우리는 반드시 하루빨리 계획을 수립해야 할 것이다."[6]

---

5) 陳子龍·徐孚遠·宋徵璧(明),「宋經略奏議二」,『明經世文編』第五冊 卷402, p.4356.

그는 자신의 상주문에서 중국과 한반도는 산천이 인접해 있고 정치 및 지리적으로 서로 의지하고 돕는 관계임을 지적하였다. 만약 일본이 한반도를 점령하게 되면 중국의 안전과 영토주권 및 경제안전에 엄중한 위험을 가져다준다고 피력하면서 파병의 필요성을 강조하였다.

파병을 반대한 대표적 인물은 병과급사중兵科給事中 허홍강許弘綱이다.

"조선은 변두리의 소국으로서 중국의 정원에 해당하며 사이四夷는 울타리에 불과하다. 사이를 지키고 있지만 사이를 수비해야 한다는 말을 들은 적이 없다. 조선이 비록 명에 충실하지만, 난이 일어나면 성지를 보내어 위문하고, 파병을 요청하면 원조를 실시하고, 포로를 헌납하면 포상을 주면서 소국에 대해 최대한 대우를 해 주었다. 바람소리만 들어도 도망가고 나라와 백성을 버려 스스로 무덤을 팠다."[7]

즉 조선과 일본 간의 전쟁은 두 소국의 전쟁으로서 조선이 실패하더라도 엄중한 후과를 초래하지 않을 것이므로 명이 간섭할 필요가 없다고 주장한 것이다.

비록 찬반 의견이 있었지만 파병을 주장하는 의견이 다수를 차지하고 만력황제 또한 파병을 지지하였다. 결국 명은 최종적으로 파병결정을 내리고 설번薛藩을 의주義州로 보내어 명의 파병소식을 선조에게 알렸다. 또한 송응창을 병부우시랑兵部右侍郞 겸 도어사都御使로 임명해 해양 방어를 전담하도록 해 왜구와의 전쟁을 준비하였다. 명의 파병원인은

---

6) 陳子龍·徐孚遠·宋徵璧(明),「呂新吾先生文集一」,『明經世文編』第五冊 卷415, p.4497.
7) 『明神宗實錄』卷250, p.4649.

대체로 다음과 같은 세 가지로 요약할 수 있다.[8]

1) 명과 조선의 안정적인 상호관계이다. 조선왕조는 설립 초기부터 사대주의事大主義를 국책으로 확정하고 명의 의사결정을 따랐기 때문에 명과 조선왕조의 양국관계는 상당히 안정적이었다. 비록 양국관계는 불평등한 기초 위에서 수립된 것이지만, 예의범절체제와 평화외교를 기초로 건립되었기 때문에 강권정치의 기초에서 수립된 근대 외교체제와 비교할 때 상당히 포용적이고 인도적이다. 즉 일본이 명의 가장 친근한 인접국인 조선을 침공하자 명은 조선을 돕기 위해 파병하였던 것이다.

2) 문화적 동질감이다. 조선왕조는 정치제도 외에도 중화문화를 인정하고 배우기 위해 노력하였다. 유가의 예의제도를 완전히 배우고 실행하였으며, 조공제도를 준수하였다. 따라서 조선왕조의 예의범절, 풍속, 유가사상, 문자, 예술 등 문화는 중국과 비슷한 점이 상당히 많았다. 이와 반대로 비록 일본도 중국 명의 속국이지만 명이나 조선의 문화와는 상당한 차이가 있었다. 따라서 문화적 동질감은 명의 파병요인의 하나라고 할 수 있다.

3) 동아시아 국제정치체제에 대한 일본의 도발은 명의 파병을 촉발하였다. 일본은 자연자원이 결핍된 섬나라인 관계로 생산력이 발전함에 따라 더 많은 자원이 필요했으며, 이는 외부로의 확장을 부추겼다. 이는 당시 동아시아의 패주인 명의 반감을 불러일으켰다. 결론적으로 명은 '조공책봉'체계를 수호하기 위해, 또한 조선을 지원하기 위해 파병하였던 것이다.

---

8) 王非(2005), 『明代援朝御倭战争与朝鲜的'再造之恩'意识』, pp.11~15.

II. 임진왜란기의 명 수군

한반도의 대부분 지역을 점령한 일본군이 한반도를 발판으로 삼아 중국대륙을 침공하는 것을 막기 위해 또한 전방에 필요한 식량과 군수품을 수송하기 위해 명은 천진天津과 산동반도에 대량의 전함을 집결시켰다.

1. 준비단계

1592년 9월 요동경략遼東經略으로 임명된 송응창은 한반도 해역의 제해권을 탈환하고 해상에서 활동하고 있는 일본 수군을 몰아내고, 작전부대와 군수품 수송을 확보하기 위해 대량의 전함을 천진에 집결시켜 함대를 조직할 것을 병부에 제의하였다. 이에 따라 병부는 절강浙江, 남직예南直隸 등 지역의 사선沙船, 팔라호선叭喇唬船 등을 천진으로 집결시켰다.9) 1592년 10월 절강순무浙江巡撫 상거경常居敬은 내하를 통해 80척의 사선, 팔라호선을 천진으로 이송한 동시에 초관哨官 5명, 포수捕手, 타수舵手, 병사, 잡인 등 1500여 명의 인원과 전함용 군사장비 3600여 개, 탄약 6000여 근斤 및 군량구입비, 정착비용, 선박임대비 8200여 냥을 함께 보내왔다.10) 응천순무應天巡撫 유응기劉應麒도 사선, 팔라호선 60척과 포수, 정수碇手 등 인원 950명과 장총 1만 1000자루를 파총把總 진천택陳天澤에게 맡겨 천진으로 보냈다.11) 송응창은 도착 즉시 사선, 팔라호선 및 병사 일부를 요동의 여순旅順에 파견해 군항과 해군기지를 구축해 등주, 내주, 북해北海, 천진, 동해, 소문蘇門의 문호를 지키도록 하였다.12)

---

9) 王圻(明), 「舟師水戰」, 『續文獻通考』 卷132, 兵12, p.3972.

10) 明朝廷, 『明神宗實彔』 卷252, p.4695.

11) 明朝廷, 『明神宗實彔』 卷252, p.4698.

상술한 선박 중에는 송응창이 가장 필요한 복선福船, 창산선蒼山船과 같은 대형전함은 한 척도 없었다.

> "중국이 왜구를 격파하려면 수전이 가장 유리하며, 수전의 관건은 거함이다. 전함이 작으면 적선을 격침할 때 상당한 어려움이 있다. 거함은 복선이 최고이고 다음은 창산선이며 그 다음이 사선이다."[13]

따라서 송응창은 하루 빨리 복선과 창산선 등과 같은 대형 전함을 건조할 것을 공부工部에 독촉하였다. 이에 따라 공부는 원외 장신張新을 천진에 파견해 송응창과 협조해 복선 20척(15척으로 축소), 창산선 80~100척, 사선 50~60척 및 팔장선八槳船, 오장선五槳船, 팔라호선 등 소선 30~40척을 건조하도록 하였다.[14] 2개월 간의 노력 끝에 연말에 이르러 송응창은 필요한 선박을 모두 확보하였다.

송응창은 대형 전함의 건조를 다그친 외에도 당시 일본 수군 장비의 특징에 따라 대응조치를 취하도록 명하였다. 즉 선체 외부에 대나무 틀을 부착하고 그 위에 두꺼운 천을 씌워 일본군이 조총鳥銃 사격시 뒤에 몸을 숨김으로써 총탄의 피해를 최소화할 것을 명하였다. 이외에도 실수로 인한 전력손실을 최소화하기 위해 진공시 전함이 준수해야 할 규칙을 제정하였다. 진공시 중소형 전함은 화기(분통噴筒, 화전火磚, 화약통 등), 활, 쾌총快銃과 불랑기대포佛郎機大砲로 적함을 공격하고, 전망대에 위치한 병사는 표창과 비렴飛鎌을 투척하며, 부득이한 경우

---

12) 陳子龍·徐孚遠·宋徵璧(明), 「宋經略奏議一·議處海防戰守事宜疏－海防事宜」, 『明經世文編』 第五冊 卷401, p.4347.

13) 陳子龍·徐孚遠·宋徵璧(明), 「宋經略奏議一·議題水戰陸戰疏」, 『明經世文編』 第五冊 卷401, p.4348.

14) 陳子龍·徐孚遠·宋徵璧(明), 「宋經略奏議一·議題水戰陸戰疏」, 『明經世文編』 第五冊 卷401, p.4348.

외에는 호준포虎蹲砲, 대장군(대발공大發貢, 대형 불랑기대포)과 같은 반동력이 큰 화기는 선체 파열 우려가 있으므로 사용을 금하도록 규정하였다.15) 복선, 창산선과 같은 대형전함은 진공시 경궁勁弓, 화전火箭, 조총, 표창, 불랑기대포 등의 무기들을 사용할 것을 요구하였다. 특히 근거리 교전시 대장군포, 신포神砲, 호준포, 멸노포滅虜砲, 백자총百子銃 등의 중무기를 사용해 선박이 크고 화력이 강한 아군의 우세를 이용해 적군의 화력을 제압하고 최종 선상 접전을 위해 준비하도록 요구하였다.16) 송응창은 전함의 건조를 독촉하는 한편, 선원 모집과 군사비 조달에도 심혈을 기울였다.

> "수전을 준비할 때는 전함이 없어서 걱정했지만, 지금은 병사가 없어서 걱정이다. 병사가 없는 것이 아니라 물에 익숙한 병사가 없는 것이다. 군비가 없어 걱정했는데 군비가 없는 것이 아니라 후속 군비가 없는 것이 걱정이다."17)

명의 수전규칙에 따르면, 복선 한 척의 정원은 88명이므로 15척의 복선은 모두 1200명이 필요하고, 창산선 한 척의 정원은 40명이므로 80척의 창산선은 모두 3200명이 필요했다. 사선 한 척의 정원은 20명이라고 규정되어 있으므로 50척에는 모두 1000명이 필요하고, 팔라호선과 팔장선 한 척의 정원은 각각 15명이므로 40척은 모두 600명이 필요했다. 즉 계획대로 모든 전함이 건조 완료되었을 경우 선원과 갑판수는

---

15) 陳子龍·徐孚遠·宋徵璧(明),「宋經略奏議一·議題水戰陸戰疏」,『明經世文編』第五冊 卷401, p.4349.

16) 陳子龍·徐孚遠·宋徵璧(明),「宋經略奏議一·議題水戰陸戰疏」,『明經世文編』第五冊 卷401, p.4350.

17) 陳子龍·徐孚遠·宋徵璧(明),「宋經略奏議一·議題水戰陸戰疏」,『明經世文編』第五冊 卷401, p.4351.

모두 6000명 정도가 필요했다. 단시일 내에 이 많은 선원을 모집할 수 있을지 송응창도 걱정되기는 마찬가지였다. 하지만 다행히도 기한 내에 복선, 창산선, 사선에 필요한 5400명의 선원을 모집했으며, 팔라호선과 팔장선에 필요한 선원도 절강, 남직예에서 직접 모군해 왔다. 이외에도 절강과 복건에서 사선병, 복선병을 각각 7000명과 3000명 모집해 천진으로 이동했다. 이미 천진에 집결한 2400여 명의 팔라호선과 팔장선의 선원을 합쳐 1592년 연말 천진에 집결한 수군인원은 도합 1만 7000여 명에 달하여 수군의 조직 작업이 순조롭게 완성되었다.

1592년 연말에 이르러 천진에 집결한 명의 수군은 복선, 창산선 등 중 대형전함 95척과 사선, 팔라호선과 팔장선 등 소형 전함 2580여 척을 보유했고, 수군은 1만 7000여 명에 달하였다. 임진왜란에 참전한 명의 수군은 소형전함이 96%를 차지하고 있었으며, 대형전함은 상당히 부족한 상태였다.

2. 노량해전

1597년 일본군이 다시 한반도를 침략하자 명도 재차 육군과 수군을 한반도에 파병하였다.[18] 뇌물수수죄로 파직되었던 수군장령 진린陳璘은 명령에 따라 5000명의 광동병廣東兵을 통솔해 선봉으로 한반도에 상륙하였다. 1598년 3월 만력황제는 진린을 어왜총병관禦倭總兵官으로 임명하고 수군을 통솔해 마귀麻貴, 유정劉綎, 동일원董一元이 통솔하는 육군과 협력해 일본군을 소멸하도록 명령하였다. 그는 황명에 따라 부장 진천陳蠶, 등자룡鄧子龍 및 유격游擊 마문환馬文煥, 계금季金, 장양상張良相 등 장령들을 통솔해 왜군에 대항을 시작하였다. 진린은 1만 3000여

---

18) 官修(明), 『明神宗實彔』 卷316, p.5896.

명의 병사와 수백 척의 전함을 충청도, 전라도, 경상도의 여러 해역에 배치하여 해상봉쇄를 실시해 한반도 남해의 제해권을 장악하였다.

일본군은 해상통로가 차단되어 군수품 보급이 중단되자 사기가 저하되고 동요가 생기기 시작했다. 결국 도요토미 히데요시의 유언에 따라 한반도에서 철수하기 시작하였다. 울산에 주둔하고 있던 가토 기요마사加藤淸正의 제2군단이 일본으로 철수한 후 잔존한 4만 6천여 명의 왜군도 철수준비를 서둘렀다. 즉 서생포西生浦, 양산梁山, 죽도竹島에 주둔하고 있던 부대가 부산에 집결한 후 배를 타고 일본으로 귀국하고, 다음에 거창에 주둔하고 있던 부대가 본지에서 배를 타고 귀국하며, 그 다음에 순천, 사천, 남해, 고성에 주둔하고 있던 부대가 거제도에 집결해 배를 타고 귀국하기로 하였다.

임진왜란 초기 왜군은 1000여 척의 전함을 보유하고 있었으며, 후기에는 3000여 척으로 증가되어 있었다. 하지만 왜의 전함은 그 구조가 간단하고 전투성능도 뛰어나지 못했다. 함대 중에서 가장 크고 좋은 전함은 누선樓船을 본 따 만든 전함(아다케安宅船)인데, 통수統帥가 기함으로 사용하고 있었다. 왜군 전함에 비치된 무기는 주로 조총, 창, 죽궁, 왜도 등이었다.

조선 수군의 병력은 약 8만 명 정도였는데, 이는 조선 총병력의 1/4을 점하였다. 조선 수군은 전함 80척(한 척 80명), 보급선 192척(한 척 30~60명), 잡역선 26척을 포함해 488척 전함을 보유하고 있었다. 임진왜란 후기 조선 수군은 이순신의 통솔 하에 이미 장비가 잘 갖춰져 있고 전투경험이 풍부한 정예부대로 발전되어 있었다.[19]

명이 전쟁에 투입한 수군의 총병력은 2만 명이 넘으며, 전함은 대형전함 100~200척, 중소형전함 약 3000척이 넘는다. 노량해전 발발기 한반

---

19) 何锋(2007), 『中国的海洋－明朝海上力量建设考察』, p.78.

도에 파견된 수군병력은 1만 3000여 명에 달했으며, 중대형전함 600여 척과 상당 수량의 정찰, 수송임무를 수행하는 소형선을 보유하고 있었다. 전함의 유형은 복선, 창산선, 누선, 사선, 팔라호선, 장선槳船 등이 있었다. 전함의 총수량은 왜 수군과 대체적으로 비슷하지만, 대형전함은 수와 질에서 모두 우세하였다. 명의 전함은 장비도 상당히 우월하였다. 궁노, 칼, 창, 모矛 등 냉병기冷兵器 외에도 발공發貢, 불랑기대포, 호준포 등과 같은 화기를 장착하였다. 포의 최대사정거리가 3000m에 달하고 유효사정거리는 300~500m에 이르렀다. 근거리 교전시에는 산탄霰彈으로 적함의 갑판을 공격하였는데, 그 위력이 상당하였다. 반면 왜 수군은 해전시 대부분 조총鳥銃을 사용하였는데, 유효사정거리는 70~100m 정도여서 명의 전함에 큰 타격을 줄 수 없었다.[20]

노량해전 발발시 중국과 조선 수군의 전함 수는 약 800척 정도였으며, 고금도 해역에 집결해 있었다. 명 수군 제독 진린은 왜군이 해상으로 철수한다는 정보를 입수한 후 해상에서 왜군을 공략하기로 결정하였다.

철수명령을 받은 왜군은 1598년 12월 8일부터 철수하기 시작하였다. 순천에 주둔하고 있던 고니시 유키나가小西行長의 제1군단이 먼저 철수한 후 사천, 남해, 고성에 주둔하고 있던 일본군도 차례로 거제도로 철수해 배를 기다리고 있었다. 12월 8일 아침 제1군단의 일부가 광양만의 묘도猫島 부근의 해상에 이르렀을 때 조명연합군이 습격하였다. 일본군은 돌격함대를 조직해 조명연합함대를 지속적으로 공격했지만, 효과를 보지 못하자 사천, 남해의 왜군에게 지원을 요청하기 위해 소선 한 척을 보냈다. 소선 한 척이 포위망을 뚫고 나간 데 대해 진린은 대수롭지 않게 생각하였지만, 이순신은 이 소선이 시마즈 요시히로島津

---

20) 何鋒(2007), 『中國的海洋－明朝海上力量建設考察』, p.78.

義弘에게 지원을 요청하러 갔을 가능성이 크므로 일본군의 공격에 대비하는 것이 좋을 것 같다고 귀띔하였다. 진린은 이순신의 건의를 받아들여 노량해역에서 적군을 섬멸하기로 결정하였다. 당시 사천의 신성에 주둔하고 있던 일본군 제5군단의 주력군은 이미 승선하고 밀물을 기다리고 있던 상황이었다. 지원요청을 받자 1598년 12월 15일 밤 시마즈 요시히로는 함대를 통솔해 노량해역으로 출발하였다. 광양만으로 전진하는 도중 남해로부터 출발한 종지의부宗智義部 함대와 합류한 후 자정 무렵 2만여 명의 군사가 탑승한 700여 척의 전함을 통솔해 노량해역을 통과하기 시작하였다.[21]

진린과 이순신은 왜군의 동향을 입수한 후 노량해역에서 적군함대를 포위 소멸하기로 결정하였다. 1598년 12월 16일 새벽 시마즈 요시히로의 함대가 노량해역에 이르자 어둠 속에 잠복해 있던 조명연합군은 신속히 출동해 일본군 함대를 맞이하였다. 선봉 등자룡이 통솔한 3척의 거함은 일본함대를 향해 맹렬히 포격하면서 전속으로 돌진하였다. "등자룡은 원래 강경한 성격이라 70세가 넘었지만 여전히 의기가 넘쳤다. 그는 첫 공을 세우기 위해 신속히 200명 용사들을 통솔해 조선전함에 뛰어올라 왜군 전함으로 돌진하였다."[22] 왜군은 기습을 당했지만, 명 전함이 사정권에 들어와서야 일제히 반격을 가하기 시작했다. 결국 수적 열세에 처한 등자룡 함대는 일본군 함대에 포위되었다. 격전이 밤에 발생하고 또한 해면에 연기가 가득해 시야 확보가 어려웠다. 기타 명 전함은 등자룡이 탄 조선전함을 왜의 전함으로 착각하고 분통噴筒, 화전火磚, 화약통을 등자룡이 탄 전함에 투척하였다. 전함에 불이 붙고 왜 함대의 포위공격을 받아 등자룡은 장렬히 전사하였다.

---

21) 明朝廷, 『明神宗實条』 卷329, p.6085.
22) 張廷玉(明), 「鄧子龍」, 『明史 : 列傳』 第135, p.6412.

등자룡이 위험에 처했음을 발견한 이순신은 그를 구출하기 위해 자신이 승선한 기함을 지휘하여 적군함대로 돌진했는데, 이순신 전함도 일본군 함대에 포위되고 말았다. 이를 발견한 진린이 부장 진천과 유격 계금을 파견해 지원하도록 하였다. 명 수군은 전함에 설치한 대형 불랑기대포와 호준포를 이용해 이순신을 포위공격하고 있는 왜 함대를 향해 맹렬히 포격하여 압력을 완화시켰다. 뒤이어 조명연합군은 좌우 두 개 함대로 나뉘어 왜 주력함대를 향해 남북으로 협공하였다. 재정비후 조선수군의 전함도 다시 위력을 발휘하기 시작하였다. 치열한 접전 끝에 조명연합군은 대부분의 왜 전함을 격침하였으며 육상으로 도주한 왜군도 명 육군에 의해 대부분 사살되고 말았다.

시마즈 요시히로는 잔존한 50여 척의 전함을 통솔하여 남쪽의 관음포로 도주하였다. 이순신은 조선함대를 통솔하여 이들을 신속하게 추격해 관음포 해역에서 다시 왜군과 치열한 접전을 벌였는데 불행히도 포위되고 말았다. 진린이 함대를 통솔하여 지원에 나섰지만 본인이 승선한 전함도 왜군에 포위되었다. 진린과 이순신이 통솔한 조명연합함대는 왜군과 치열한 접전을 벌여 정오 무렵 잔존한 대부분의 왜 전함을 격침했으며, 육지로 도주한 왜군도 육군에 의해 소멸되어 최종적으로 승리하였다. 유감스럽게도 노량해전에서 한민족의 영웅인 이순신 장군이 장렬히 전사하였다.

노량해전에서 조명연합군은 만여 명에 이르는 왜군을 섬멸하고 300여 개의 수급을 베었으며 왜군 제5군단을 전멸함으로써 승리하여 한반도와 동북아의 평화를 회복하였다.[23]

---

23) 明朝廷, 『明神宗實条』 卷329, p.6085.

III. 명 수군의 전함

임진왜란기 명은 선후로 2만여 명의 수군과 100~200척의 대형전함, 3000여 척의 중소형전함 및 보급선을 투입하였다. 노량해전 당시 한반도에 파견된 명 수군은 1만 3000여 명에 달하였으며, 중대형 전함 600여 척과 정찰, 수송을 전담하는 다량의 소형선을 보유하고 있었다. 그 당시의 명 수군은 다음과 같은 유형의 선박으로 구성되었다.

1. 복선

복선은 복건福建 연해지역에서 건조된 선박을 가리키는데 일반적으로 6개의 유형으로 나뉜다. 복선이라 함은 일반적으로 1호와 2호 복선을 말한다. 1호 복선을 대복선이라고 부르는데 "흘수가 너무 크고 출발과 정지가 느리며 육중하기 때문에 민첩하지 못하다."[24] 2호 복선은 좀 작은 편으로서 흘수는 1장 2척이며 선체는 "다락과 같이 높고 크며 백 명이 탑승할 수 있다. 선저는 뾰족하고 위쪽은 넓으며 선수는 위로 들려있고 선미는 위로 솟아있다. 갑판 위에는 3층으로 된 선루가 건조되어 있는데, 주위에는 모두 보호판을 설치하고 그 외측에는 대나무를 세워 장벽과 같은 보호막을 만들었다. 돛대와 돛은 각각 2개가 설치되어 있다. 선체는 모두 4층으로 되어 있는데, 아래쪽 밑층에는 사람이 거주하지 않고 토석을 실어 선박의 흔들림을 방지하였다. 2층은 병사들이 거주하는 침실인데 사다리를 타고 내려가야 한다. 3층의 좌우에는 수문水門을 설치하고 중간에 수궤水櫃를 설치하는데, 돛을 올리고 취사하는 곳이다. 그 전후에는 닻이 비치되어 있는데 종려나무껍질로 만든

---

24) 戚継光(明),「治水兵篇：第十八」,『紀效新書』卷18, p.253.

닻줄과 연결되어 있으며, 닻을 내리거나 올리는 일은 모두 이 층에서 진행된다. 가장 위층은 노천대露臺로서 3층으로부터 좁은 사다리를 타고 올라가야 한다. 양측에 난간과 같은 익판翼板을 설치하였는데, 여기에 의지해 화살, 돌, 화포 등으로 아래의 적을 공격한다. 소형적선을 만나면 격돌해 침몰시킬 수 있지만, 적선은 위로 공격할 수 없기 때문에 복선은 해전에서 상당히 유리한 무기다."[25]

복선은 "대발공大發貢 1문, 불랑기 6개, 완구총碗口銃 3개, 분통 60개, 조취총鳥嘴銃 10자루, 연관烟罐 100개, 노전弩箭 500개, 약노藥弩 10개, 조화약粗火藥 400근, 조총화약鳥銃火藥 100근, 노약弩藥 1병, 대소 연탄鉛彈 300근, 화전火箭 300개, 화전火磚 100개, 화포 20개, 구렴鉤鐮 10자루, 감도砍刀 10자루, 정창釘槍 20개, 표창標槍 100개, 등패藤牌 20면, 영파궁寧波弓 5개, 철전鐵箭 300개, 회관灰罐 100개, 대기大旗 1면, 대봉大篷(돛) 1폭, 소봉小篷 1폭, 대노 2개, 타 2개, 닻錠 4개, 대삭大索 6가닥, 소삭小索 4가닥(길이 18장), 화승火繩 60가닥, 승繩 10가닥, 철질려鐵蒺藜 1000개이며 이외에도 매 한척의 포도捕盜(선장)가 비치한 철정鐵釘 40근, 기름 50근, 삼 60근, 석회 3석과 병사들이 비치한 투구 1정, 요도腰刀 1자루, 정창釘槍 1개"[26]를 비치하고 있다.

복선의 인원 편성은 도합 65명인데 "포도 1명, 조타수 2명, 조범수操帆手 3명, 반초扳招(조타수 보조) 1명, 상두上鬥(전망대의 감시원) 1명, 조정수操碇手 1명, 갑장 5명, 병사 50명(1갑 10명)"이 포함된다.[27]

10명의 병사가 1갑甲으로 편성되고 1명의 갑장을 설치하며 5개의 갑을 1초哨로 편성하였다. 제1갑 병사는 불랑기포수인데 갑장이 발포를 책임지며 근거리 접전시 적군에 화전火磚, 연관烟罐 등을 투척한다.

---

25) 茅元儀(明), 「軍資乘·水·戰船」, 『武備志』 卷116, p.4778.

26) 戚継光(明), 「治水兵篇 : 第十八」, 『紀效新書』 卷18, pp.237~238.

27) 戚継光(明), 「治水兵篇 : 第十八」, 『紀效新書』 卷18, p.229.

제2갑은 조총사수로서 갑장이 발사를 전담하며 근거리 적군을 공격한다. 제3, 제4갑은 표창과 잡기로 무장하는데, 적함이 멀리 있을 때 갑장은 선박의 관리를 담당하고 병사들을 지휘해 노를 저어서 적함에 접근하며 가까이에 이르렀을 때는 창, 칼, 돌, 화약 등으로 공격한다. 제5갑은 화노火弩(화전과 궁노의 약칭)를 전담하는데, 갑장의 지휘아래 절반은 쇠뇌를 쏘고 절반은 화전을 쏜다.[29] 평상시 5개 갑병은 선박의 좌우와 선수미에 대기해 있으며 장단병기를 사이사이에 끼워서 선외를 향해 세워놓는다. "적군과 조우했을 경우 적군이 위치한 쪽의 병사들이 힘을 모아 대처하고 적군이 없는 쪽에는 2명씩 두어 경계한다. 선수에서는 총을 사용한다. 제1갑은 병사 4명을 배치해 선수갑판 아래쪽을 감시하고 제2갑은 병사 4명을 배치해 좌우측의 수창문水艙門을 감시한다."[30]

〈그림 13-1〉복선[28]

복선은 비록 선체가 크고 견고하지만 기동성이 부족하다. "높고 크기가 성새와 같아 인력으로는 이동이 불가하며 순풍이나 순조順潮를 이용해야 한다. 또한 방향전환이 어렵고 흘수가 크기 때문에 수심이 깊은 대양에서만 항해가 가능하며, 내해에서는 좌초위험이 크고 초선艄船의 도움을 받아야 한다."[31] 이러한 단점을 보완하기 위해 크기가

---

28) 王冠倬(2001), 『中国古船图谱』, p.218.

29) 戚継光(明), 「治水兵篇 : 第十八」, 『紀效新書』 卷18, pp.229~230.

30) 戚継光(明), 「治水兵篇 : 第十八」, 『紀效新書』 卷18, p.232.

작은 초선과 해창선을 건조하게 되었다.

2. 해창선海滄船

〈그림 13-2〉 해창선[32]

해창선은 복선보다 조금 작은데 흘수는 7~8척 정도이다. "바람이 적어도 기동할 수 있지만 기능은 복선에 비교할 수 없다. 적선의 크기가 비슷할 때 아군 측이 사력을 다해 용맹히 싸우지 않으면 이길 수가 없다. 그러나 이 두 유형의 선박(대복선과 해창선)은 모두 적선과 격돌해 침몰시킬 수 있지만 수급 수습은 불가능하다."[33]

해창선은 "불랑기 4문, 완구총 3개, 조취총 6자루, 분통 50개, 연관 80개, 화포 10개, 화전火磚 50개, 화전火箭 200개, 조화약 200근, 조총화약 60근, 약노 6개, 노전 100개, 노약 1병, 대소연탄 200근, 구렴 6자루, 감도 6자루, 정창 10개, 표창 80개, 등패 12면, 영파궁 2개, 철전 200개, 회관 50개, 대기 1폭, 대봉 1폭, 소봉 1폭, 대노 2개, 타 2개, 닻 3개, 삿대 10개, 대삭 4가닥, 소삭 4가닥, 화승 36가닥, 승 5가닥, 철질려

31) 茅元儀(明), 「軍資乘·水·戰船」, 『武備志』 卷116, p.4779.
32) 王冠倬(2001), 『中国古船图谱』, p.222.
33) 戚継光(明), 「治水兵篇 : 第十八」, 『紀效新書』 卷18, p.253.

800개 외에 포도가 소지하는 철정 30근, 기름 40근, 삼 40근, 석회 2석 및 병사들이 비치하는 투구 1개, 요도 1자루, 정창 1개"[34]를 비치하고 있다.

한 척의 해창선에는 "포도 1명, 조타수 2명, 조범수 1명, 조정수 2명, 반초 1명, 갑장 4명, 병사 40명" 등 모두 51명이 배치된다.[35] 평시에는 선체 4면에 4갑을 배치하는데, 총원은 1대초大哨에 해당된다. 제1갑은 불랑기와 조총을 전담하고 제2, 3갑은 표창과 잡기, 제4갑은 화전火箭을 전담하는데 직책은 복선과 동일하다.[36]

3. 창산선蒼山船

창산선의 "선수미는 모두 넓으며 범노겸용이다. 구조는 상하 3층으로 되어 있는데, 아래쪽에는 토석을 적재했으며 위쪽은 전장戰場이고 중간층은 침실이다. 돛을 올리거나 닻을 내리는 일은 모두 위층에서 진행된다. 폭은 복선보다 좁고 사선보다 넓다."[37] "이 선박은 수면 위에서 5척을 초과하지 않기 때문에 적선의 크기가 대등하면 힘이 비슷한 관계로 격돌해 침몰시킬 수 없다. 적선과 연결되어 백병전을 하게 되면 대부분 일을 그르치기 때문에 우리로서는 장구지책長久之策이 아니다. 만일 적선이 상당히 작아 내해로 진입하게 되면 대복선, 해창선은 진입이 불가능하기 때문에 반드시 창산선으로 추격해야 한다. 이 선박은 흘수가 6~7척에 불과하기 때문에 적선과 비슷하다. 수상에서 수급을 수습할 때 빠르고 편리하다."[38]

---

34) 戚継光(明),「治水兵篇:第十八」,『紀效新書』卷18, p.238.

35) 戚継光(明),「治水兵篇:第十八」,『紀效新書』卷18, p.233.

36) 戚継光(明),「治水兵篇:第十八」,『紀效新書』卷18, pp.233~234.

37) 王圻(明),「舟師水戰」,『續文獻通考』卷132, 兵12, p.3972.

〈그림 13-3〉 창산선[39]

창산선은 "불랑기 2문, 완구총 3개, 조취총 4자루 (화승 24가닥), 분통 40개, 연관 60개, 화전火磚 20개, 화전火箭 100개, 조화약 150 근, 조총화약 40근, 약노 4 개, 노전 100개, 노약 1병, 대소연탄 160근, 구렴 4자 루, 감도 4자루, 정창 8개, 표창 40개, 회관 30개, 대기 1폭, 대봉 1폭, 소봉 1폭, 차

양봉遮陽篷 8폭, 대노 2개, 타 2개, 닻 2개, 삿대 20개, 대삭 4가닥, 소삭 2가닥(길이 15장), 조타삭 1가닥 외에 포도는 자비로 비치한 철정 30근, 기름 30근, 삼 30근, 석회 2석과 병사들이 비치한 투구 1개, 요도 1자루, 정창 1개"[40]를 비치하고 있다.

창산선에는 "포도 1명, 조타수 1명, 조정수 1명, 조범수 1명, 갑장 3명, 병사 30명이 있다."[41] 기치의 모양과 색깔은 본초本哨의 복선과 동일하며 다만 크기가 작을 뿐이다. 3갑 병사의 총인원은 1대초와 동일하다. 제1갑은 불랑기와 조총을 전담하고 제2갑은 표창과 잡기, 제3갑은 화전火箭을 전담하는데 그 직책은 복선과 동일하다.[42]

38) 戚継光(明),「治水兵篇 : 第十八」,『紀效新書』卷18, pp.253~254.

39) 王冠倬(2001),『中国古船図谱』, p.236.

40) 戚継光(明),「治水兵篇 : 第十八」,『紀效新書』卷18, p.239.

41) 戚継光(明),「治水兵篇 : 第十八」,『紀效新書』卷18, p.235.

42) 戚継光(明),「治水兵篇 : 第十八」,『紀效新書』卷18, p.235.

4. 누선

〈그림 13-4〉 누선[43]

누선은 대형전함의 일종으로 기함으로 사용된다. 갑판 위에 3층의 선루(일부는 5층으로 되었음)를 건조하고 양 선현의 내측에는 담장과 같은 여장女墻을 설치하며 활과 창을 사용할 수 있는 구멍을 낸다. 갑판에는 포차(대부분은 포석기), 돌, 철물을 비치해 놓으며, 갑판에는 차와 말이 달릴 수 있다. 누선의 화력은 상당히 강하기 때문에 수전이나 해전에서 전체 함대의 화력지원을 담당한다. 그러나 누선은 선체가 거대하고 중심이 높기 때문에 기동성이 약해 풍랑이 큰 수역에는 적합하지 않다.[44] 내하전함으로서 누선은 주로 내륙의 하천이나 호수에서 많이 사용되며 가끔 해전에서도 사용된다.

5. 사선

사선은 장강 이북의 해역에서 항행하는 평저선인데, 수심이 비교적

---

43) 王冠倬(2001), 『中国古船图谱』, p.211.
44) 茅元儀(明), 「軍資乘·水·戰船」, 『武備志』 卷116, p.4765

얕고 풍랑이 작은 연안 해역에서 항행할 때 성능이 비교적 우수하다. 그러나 평저선인 관계로 심해나 풍랑이 거친 원양에는 적합하지 않다.

6. 오조烏艚, 팔장선八槳船, 팔라호선叭喇唬船

오조는 광선廣船의 범칭인데 선체와 선미에 검은색을 칠했기 때문에 고대문헌에서는 '오미선烏尾船' 또는 '오선烏船'이라고 불렀다. 오선은 광동 동완지역東莞地域의 고유한 선박의 일종인데 단단한 철리목鐵梨木으로 건조한다. "선판의 두께는 7촌이고 길이는 10장이며 선폭은 3장이 넘는다. 단단하기가 철과 같아 충돌하면 부서지지 않는 것이 없

〈그림 13-5〉 사선45)

〈그림 13-6〉 오조46)

---

45) 王冠倬(2001), 『中国古船图谱』, p.249.
46) 王冠倬(2001), 『中国古船图谱』, p.230.

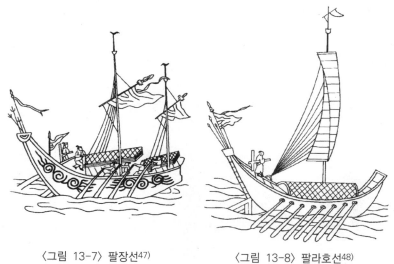

〈그림 13-7〉 팔장선[47)]　　　〈그림 13-8〉 팔라호선[48)]

으며 격파되지 않는 것이 없다. 길게는 60~70년을 사용할 수 있고
짧게는 50년을 사용할 수 있다."[49)] 오선은 상당히 견고한데 불랑기포의
포탄에도 끄떡없다. 그러나 이 선박의 건조비용은 상당히 비싼데 일반
적으로 700~800냥의 백은이 소요된다. 그 당시 800냥으로 같은 크기의
복선 5척을 건조할 수 있었다.

Ⅳ. 함선의 무기

임진왜란기 명 수군의 전함에 설치된 무기는 상당히 다양하다. 칼,

---

47) 王冠倬(2001), 『中国古船图谱』, p.248.
48) 王冠倬(2001), 『中国古船图谱』, p.233.
49) 陳子龍·徐孚遠·宋徵璧(明), 「朱中承璧余集二 : 閱視海防事」, 『明經世文編』 第三冊 卷
　　 206, p.2170.

창, 활 등과 같은 냉병기 외에도 화기도 장비하였다. 화기 중에는 조총, 분통, 화전 등과 같은 경화기가 있을 뿐만 아니라, 완구총, 불랑기, 대발공 등과 같은 중형 화기도 보유하고 있었다.

1. 완구총碗口銃

〈그림 13-9〉 완구총[50]

완구총은 총열, 약실, 점화구 등 세 부분으로 구성되었는데, 포신은 굵고 짧으며 포구의 형태가 사발처럼 생겨서 붙여진 이름이다. 구경은 약 75~120㎜인데 비교적 큰 석제, 철제 또는 연제鉛製의 구형 포환을 장전할 수 있다. 포구 뒤쪽의 포신은 짧고 굵으며 약실은 초롱덮개처럼 생겼다. 외측에는 점화구가 있는데, 전함이나 성곽의 고정 틀에 설치하기에 편리하게끔 뒤쪽은 넓고 크게 설계되어 있다. 포신은 여러 개의 테를 씌워 강도를 보강하였다. 포신의 길이는 일반적으로 320~520㎜이고 무게는 약 15~25㎏이다.[51] 완구총은 관상화포의 초기 단계여서 결함도 상당히 많다.

단점을 미봉하기 위해 완구총을 개량해 새로운 화포인 '호준포虎蹲砲'를 제조하였다. 발포할 때의 모양이 웅크리고 앉아 있는 호랑이와 비슷해 그러한 이름을 얻었다. 초기의 포신은 "길이 1척 9촌, 무게가 36근에 달하였으며 철정의 길이는 1척 2촌, 무게는 3.5근에 달하였다.

---

50) www.baidu.com/s?wd=%E7%A2%97%E5%8F%A3%E9%8A%83&ie=utf-8&tn= 49055317_20_hao_pg (2021.01.18.)

51) 范中义·王兆春·张文才·冯东礼(1998),「明代军事史」, p.219.

266

〈그림 13-10〉 호준포[52]

철제 테의 길이는 1척 2촌이고 무게는 3근에 달하였다."[53] 화포의 전장은 40㎝이고 구경은 40㎜이며 외경은 140㎜이었다. 16세기 60년대의 가정 후기에 개량되어 구경 66㎜, 전장이 1m 이상으로 확장되었으며 포신에는 5가닥의 철 테를 둘러 포신의 강도를 보강하였다.[54]

2. 불랑기佛郎機

〈그림 13-11〉 불랑기[55]

불랑기는 명이 16세기 초 유럽으로부터 입수한 새로운 화포이다. 『무비지武備志』의 기재에 의하면, 모조한 불랑기는 5개 종류가 있다. 1번 불랑기의 길이는 8~9척이고 포탄의 무게는 1근(16냥) 정도이며 화약은 1근을 사용하였다. 2번 불랑기의 길이는 6~7척 정도이고 포탄의

---

52) www.baidu.com/s?wd=虎蹲炮&ie=utf-8&tn=49055317_18_hao_pg(2021.01.18.)

53) 戚継光(明), 「軍器解」, 『練兵實紀』, 雜集卷五, p.233.

54) 戚継光(明), 「軍器解」, 『練兵實紀』, 雜集卷五, p.235.

55) www.baidu.com/s?wd=%E4%BD%9B%E9%83%8E%E6%A9%9F&ie=utf-8&tn=58025142_9_oem_ dg(2021.01.18.)

13장 임진왜란기의 명 수군　267

무게는 10냥이고 화약은 11냥을 사용하였다. 3번 불랑기의 길이는 4~5척이고 포탄의 무게는 5냥 9전이며 화약은 6냥을 사용하였다. 4번 불랑기의 길이는 2~3척이고 포탄의 무게는 3냥이며 화약은 3냥 반을 사용하였다. 5번 불랑기의 길이는 약 1척 정도이다. 크기가 다름에 따라 용도도 상이하였다. 1, 2, 3번은 부피가 커 소지하기 불편하기 때문에 일반적으로 전함 또는 성곽에 고정시켜 사용하였다. 4번은 경형 화포인 관계로 소지하고 다니면서 사용했으며 5번은 너무 작아 실전가치가 없고 소장품으로 사용되었다. 불랑기의 구경은 약 25~40㎜ 정도이다. 불랑기의 사정거리도 크기에 따라 다른데 무게가 70근 이상이면 최소 5~6㎞에 달하였다.[56]

3. 대발공大發貢

〈그림 13-12〉 대발공[57]

불랑기를 모본으로 개량해 만든 대형 화포이다. 발공의 화포 내장압력이 불랑기보다 높기 때문에 재질이 비교적 유연한 동銅으로 제조해 발포시의 폭발사고를 방지하였다. 발공의 "무게는 약 500근 정도이며 무게가 4근 정도인 연탄鉛彈을

56) 范中义·王兆春·张文才·冯东礼(1998), 「明代军事史」, 『中国军事通史』 第15卷(上), p.550.
57) www.baidu.com/s?wd=%E5%A4%A7%E5%8F%91%E8%B4%A1%E781%AB%E7%82%AE&ie=utf-8&tn=49055317_18_hao_pg(2021.01.18.)

사용하는데 성새를 공략할 때 사용하는 강력한 무기로서 수만 명의 적군이 집결해 있을 때도 이것을 사용하였다." 발공의 위력은 상당히 강한데 "석제 포탄은 소두小斗와 같으며 대석大石에 맞은 자는 살아남을 수 없다. 담장에 맞으면 구멍이 뚫리고 가옥이 맞으면 부서지며 나무가 맞으면 부러지고 사람과 가축이 맞으면 즉살한다." 발공의 위력이 상당하지만 반동력도 상당히 커 발포수의 안전을 보장하기 위해 "발공을 발포할 때는 땅을 파서 설치하고 발포수는 뒤에 숨어서 도화선에 불을 붙인다." 따라서 "성새를 공략하지 않을 경우에는 이것을 사용할 필요가 없다."58) 발공을 설치하기 위해서는 상당한 공간이 필요하기 때문에 전함에서는 일반적으로 선수함포로 사용하였다.

4. 수총手銃

〈그림 13-13〉 수총59)

수총은 대략 13세기 말에서 14세기 초의 원대부터 중국에서 생산되기 시작하였다. 명 시기 수총이 사용된 기간은 200년이 넘었지만 조총이 대량으로 사용되던 1560년대에는 '연발총'으로 역할이 바뀌어서 계속 사용되었다. 홍무洪武 시기의 수총은 일반적으로 길이 420~445㎜, 구경 20~23㎜, 무게는 2.5~4.4kg 정도였다.60) 사격할 때는

58) 鄭若曾(明), 『籌海重編』 卷12, p.233.

59) www.baidu.com/s?wd=%E6%89%8B%E9%8A%83&ie=utf-8&tn=88093251_102_hao_pg(2021.01.18.)

60) 范中义・王兆春・张文才・冯东礼(1998), 「明代军事史」, 『中国军事通史』 第15卷(上), p.218.

왼손으로 나무 손잡이의 앞부분을 잡고 중간 부분을 왼쪽 겨드랑이에 낀 다음 오른손으로 도화선에 불을 붙이고 사격하였다. 수총은 장탄이 복잡하고 사격속도가 느리며 명중률도 낮았을 뿐만 아니라 우천에는 사용할 수 없기 때문에 점차 화승총으로 대체되었다.

5. 조총鳥銃

〈그림 13-14〉 조총[61]

조총은 화승에 불을 붙여 발사하는 화승총火繩銃의 일종으로 명대 중국인들이 화승총에 대한 속칭이다. 즉 조총은 명중률이 높아 나는 새도 격추할 수 있다고 하여 '조총'이라 불렀다. 조총은 중국 구식 수총보다 위력이 강하고 사정거리가 멀며 목표물을 정확히 명중할 수 있는 장점이 있다. "두꺼운 갑옷을 뚫으려면 총신이 길어야 하는데 총신에는 구멍이 없어야 하며 드릴로 총열을 제조하기 때문에 매끄러워 직선으로 발사된다."[62] "총알이 멀리 가고 초속이 빠르려면 총신이 길어야 하며 총열이 둥글고 내부가 매끄럽고 곧아야 한다. 총알과 총열이 적합해 화기가 새지 않기 때문이다. 화약이 몇 전錢이면 총알의 무게도 몇 전인 것을 사용해야 한다. 총알이 무겁고 화약이 적으면 총알이 무력해지며 총알이 가볍고 화약이 많으면 총알이 녹게 된다."[63] 즉 총열이 길고 곧아야 할 뿐만 아니라 총열 내부는 매끄러워야 하며

---

61) www.baidu.com/s?wd=%E9%B3%A5%E9%8A%83&ie=utf-8&tn=49055317_20_hao_pg(2021.01.18.)

62) 戚継光(明), 「軍器解」, 『練兵實紀』 雜集 卷五, p.239.

63) 戚継光(明), 「儲練通論(下)」, 『練兵實紀』 雜集 卷二, p.175.

총알과 총열이 맞아야 멀리 사격할 수 있고 위력도 강력하다. 일반적으로 조총의 사정거리는 약 70m에 달하였다.

6. 화전火箭

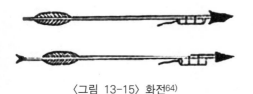

〈그림 13-15〉 화전[64]

화전은 화약의 추진력을 이용해 발사하는 무기의 일종으로서 용도가 다양하다. 적군을 사살할 수 있을 뿐만 아니라 적선의 돛이나 돛줄 등을 소각할 수 있는 장점이 있으며 조작이 간단하고 편리하다. 정교하게 제작된 화전은 위력이 조총 못지않기 때문에 명 군대에서 대규모로 사용되었다. 화전의 살은 전죽箭竹을 사용하여 만드는데 "2개를 같이 붙인 후(2가닥 실로 화약통을 전죽에 동여맴) 화약을 주입하며, 화약통의 직경은 1촌 정도이다. 화살촉은 길이가 4촌이고 3능三稜으로 되어 있으며 뒷부분의 굵기는 2분(6.66㎜) 정도이다. 적군의 뒤쪽에 떨어지면 사람마다 두려워하고 방향을 종잡을 수가 없다."

제조방법은 다음과 같다. "도배지를 말아서 화약통을 만들고 화약을 주입하여 다지는데 반드시 쇠처럼 단단해야 한다. 송곳으로 구멍을 내는데, 반드시 곧아야 하며 구멍이 비뚤면 날아갈 때도 비뚤게 날아간다. 화약통의 길이는 5촌 정도이며 점화구의 깊이는 반드시 화약통의 2/3를 점해야 한다. 너무 옅으면 초속도가 작아 추락하기 쉬우며 너무 깊으면 불이 금방 방출되기 때문에 지속적으로 날아갈 수 없다. 구멍은

---

64) www.baidu.com/s?wd=%E5%8F%A4%E4%BB%A3%E7%81%AB%E7%AE%AD
&ie=utf-8&tn=49 055317_13_hao_pg(2021.01.18.)

3가닥의 도화선을 용납할 수 있도록 커야 초속도가 빠르고 평온하게 비행할 수 있다. 반대로 도화선이 적어 불이 약하면 비행이 어렵다."[65] 화전 외에도 명 군대는 비창飛槍, 비도飛刀, 비검飛劍 등을 사용하였는데, 제조방법은 화전과 동일하였다.

7. 비천분통飛天噴筒

〈그림 13-16〉 비천분통[66]

비천분통은 기다란 죽통으로 만드는데, 내부에는 유황, 장뇌, 송진, 웅황, 비상 등 유독물질과 가연성 물질이 들어있다. 비천분통의 제작방법은 다음과 같다. "두 가지 방법으로 죽통입구에 적합한 둥근모양의 병餠을 만든다. 병의 양측에 각각 홈을 파고 도화선으로 묶는다. 화약 한 층을 깐 후 그 위에 병을 놓고 인공으로 단단하게 밀어 넣는다."[67] 분통이 점화되면 "알맹이들이 별처럼 흩어지고 분출된 불은 연기로 변해 말이 놀랄 뿐만 아니라 가까이에 있는 적들도 두려워한다."[68] "분출된 불꽃은 그 높이가 10여 장에 달하고 거리가 30~40보에 이르기 때문에 돛에 애교처럼 달라붙어 돛을 태우는데 소화가 불가능하다."[69] 비천분통의 기능은 오늘날의 화염분사기와 흡사하였다.

---

65) 戚継光(明),「軍器解」,『練兵實紀』 雜集 卷五, p.246.
66) www.zhlzw.com/ls/wh041/16.html(2021.01.18.)
67) 戚継光(明),「治水兵篇 : 第十八」,『紀效新書』 卷18, p.262.
68) 戚継光(明),「儲練通論(下)」,『練兵實紀』 雜集 卷二, p.176.
69) 戚継光(明),「治水兵篇 : 第十八」,『紀效新書』 卷18, p.262.

8. 철화포鐵火砲

〈그림 13-17〉 철화포[70]

철화포는 진천뢰震天雷라고도 부르는데 철물로 주조한 두 개의 반구형 외각을 하나의 구형으로 합체한 것이다. 비어 있는 내부에는 흑색화약을 넣었으며 도화선은 구형외각에 낸 작은 구멍을 통해 내측으로 삽입하였다. 소형 철화포는 손으로 던질 수 있는데, 오늘날의 수류탄과 흡사하다. 대형 철화포는 선상의 포석기를 이용해 멀리 던지는데, 위력이 상당하였다. 철화포는 전함에서 사용되는 무기 중 위력이 가장 강력한 화기의 하나로서 적함을 격파할 수 있지만 아군에게도 위험하기는 마찬가지였다. 실수로 불씨가 전함에 비축한 철화포에 떨어지면 아군의 전함도 산산조각이 나기 때문이다. 비록 위력이 강력하지만 흔들리는 선상에서 포석기로 철화포를 던져 적함을 명중하기는 상당히 어려웠기 때문에 실용성이 별로 크지 않았다. 명 중엽부터 서방의 화기가 대량으로 유입되면서 철화포의 사용량은 점차 줄어들었다.

9. 수뢰水雷

명대의 어뢰에는 수저 어뢰, 수저 명뢰鳴雷, 수저 용왕포龍王砲, 기제뢰既濟雷 등 여러 가지가 있었다. 수저용왕포는 연철로 만드는데, 무게는 4~6근 정도이고, 내부에는 1두鬥(5리터)의 화약을 넣었다. 어뢰를 목패

---

70) www.baidu.com/s?wd=%E9%9C%87%E5%A4%A9%E9%9B%B7&ie=utf-8&tn=58025142_9_oem _dg(2021.01.18)

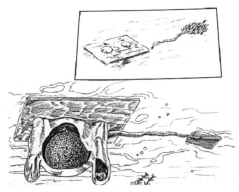

〈그림 13-18〉 수뢰[71]

에 동여맨 후 목패 하단에는 돌을 달아매어 물에 띄워 놓는다. 향을 태워 점화하는데 향의 장단은 적선과의 거리에 의해 결정된다. 향이 도화선과 연결되어 있는데 향이 다 타면 도화선에 불이 붙고 이어서 어뢰가 폭발하게 된다. 어뢰, 화약, 도화선, 향이 물에 젖지 않게끔 황소지방으로 감싸준다. 또한 산소결핍으로 향불이 꺼지는 것을 방지하기 위해 양의 창자 속에 향을 집어넣고 수면 위에 띄워 놓는다. 그 위에는 거위 털을 부착시켜 파도에 따라 상하로 움직이게 하는데, 공기가 잘 통할 뿐만 아니라 물에 젖는 것도 방지할 수 있다. 어두운 밤을 이용해 어뢰를 수면 위에 띄워 놓으면 조류를 따라 적선에 접근하게 되며 향이 다 타면 어뢰가 수저에서 폭발하게 되어 적함을 침몰시킬 수 있다.[72] 어뢰를 이용해 적함을 침몰시킨다는 구상은 상당히 기발하지만 사용한 사례는 발견된 적이 없는다.

임진왜란기 명은 조선의 요청으로 한반도에 수십만 명의 군사를 파병해 조선인과 함께 왜군에 맞서 싸워 승리를 쟁취하고 동북아의 평화를 수호하였다. 임진왜란에서 명 수군은 상당히 중요한 역할을 하였다. 식량과 기타 군수품 운송을 확보했을 뿐만 아니라 제해권을 장악함으로써 왜군의 군수품 보급을 차단하였다. 임진왜란기 명 수군

---

71) http://cul.qq.com/a/20150202/011043.htm(2021.01.18)
72) 范中義·王兆春·张文才·冯东礼(1998),「明代军事史」,『中国军事通史』第15卷(上), p.595.

은 다음과 같은 몇 가지 특징을 구비하고 있다.

(1) 인원수가 상당히 많다. 참전 전 진린이 통솔하고 있던 명 수군은 그 병력이 1만 7000명에 달하였다. 이 중 초기에 모집한 선원 5400명과 절강, 남직예에서 파견되어 온 병사 2400명 및 절강에서 파견되어 온 사병 7000명, 복건에서 파견되어 온 수군 3000명이 포함된다. 그 후 전쟁의 수요를 충족시키기 위해 지속적으로 수군병력을 투입함에 따라 임진왜란기 한반도에 투입된 명 수군의 총인원은 2만여 명에 달하였다.

(2) 전함의 종류가 다양하고 수량이 방대하다. 참전 전 모집한 전함 중에서 비록 사선, 팔라호선, 팔장선 등과 같은 소형전함이 다수를 차지하였지만, 복선과 같은 대형전함도 일부 모집하고 건조하여 수요를 충족시켰다. 임진왜란기 명 수군이 사용한 전함에는 복선, 창산선, 누선, 사선, 팔라호선, 장선 등과 같은 다양한 유형의 선박이 있었다. 명 수군은 대형전함 100~200척, 중소형 전함과 보급선 3000척을 보유하고 있었다. 특히 노량해전 당시 명 수군은 이미 중대형 전함 600여 척과 다량의 정찰선, 운송선을 보유하고 있었는데, 이와 같은 막강한 함대는 승전에 결정적인 역할을 하였다.

(3) 명 전함은 선진적인 화기로 무장하였다. 명 수군은 활, 노, 칼, 창, 모 등 냉병기를 소지한 외에도 수총, 조총 등 같은 화기로 무장하였다. 특히 명 수군의 중대형 전함에는 대발공, 불랑기포, 호준포와 중형화기를 대량으로 비치하였다. 이들의 최대사정거리는 3000m에 달하였으며 유효사정거리도 300~500m에 달하였다. 이는 해전시 일본군 전함을 격침하는 데 상당히 중요한 역할을 하였다. 이외에도 명 수군은 비천분통, 철화포와 같은 강력한 화력을 구비하고 있는 근거리 교전용 산탄霰彈을 소유하고 있었는데, 이러한 무기도 적함을 소각하고 적군을 섬멸하는 데 중요한 역할을 하였다.

(4) 명 수군은 조선 수군과 긴밀한 협동작전을 펼쳤다. 명 수군은 한반도에 진출한 후 이순신이 통솔하는 조선 수군과 긴밀히 협력하여 왜군을 타격하였다. 대표적인 해전이 바로 노량해전인데, 이 해전에 투입된 조명연합군의 총병력은 6만여 명에 달하였다. 비록 이 해전에서 이순신 장군과 등자룡이 전사하였지만, 연합군은 500여 척의 왜 전함을 격침하고 1만여 명의 왜군을 소멸함으로써 승전하였다.

참고문헌

〈사료〉

官修(明), 『明神宗實錄』 卷250, 252, 316, 329. 學識齋, 1868.

王圻(明), 「舟師水戰」, 『續文獻通考』 卷132, 兵12, 上海古籍出版社, 1988.

宋應昌(明), 「部垣臺諫條議疏略」, 『經略復國要編』 卷首, 華文書局, 1988.

戚繼光(明), 『紀效新書』, 中華書局, 1996.

戚繼光(明), 「軍器解」, 『練兵實紀』, 雜集卷5, 中華書局, 1985.

陳子龍·徐孚遠·宋徵璧(明), 『明經世文編』, 中華書局, 1962.

茅元儀(明), 「軍資乘水戰船」, 『武備志』 卷116, 學識齋, 1868.

張廷玉(明), 『明史 : 列傳』 第135, 中華書局, 1974.

鄭若曾(明), 『籌海重編』 卷12, 學識齋, 1868.

〈연구논저〉

范中义·王兆春·张文才·冯东礼, 「明代军事史」, 『中国军事通史』 第15卷(上), 军事科学出版社, 1998.

王冠倬, 『中国古船图谱』, 生活·读书·新知三联书店, 2001.

王非, 『明代援朝御倭战争与朝鲜的'再造之恩'意识』, 延边大学硕士论文, 2005.

赵建民·刘予苇, 『日本通史』, 复旦大学出版社, 1989.

崔孝轼, 「明朝出兵参与平定壬辰倭乱缘起考」, 『韩国学论文集』 第8辑, 民族出版社, 1999.

何锋, 『中国的海洋－明朝海上力量建设考察』, 厦门大学博士学位论文, 2007.

www.baidu.com/s?wd=%E7%A2%97%E5%8F%A3%E9%8A%83&ie=utf-8&tn=49055317

_20_hao_pg（2021.01.18.）

www.baidu.com/s?wd=虎蹲炮&ie=utf-8&tn=49055317_18_hao_pg(2021.01.18.)

www.baidu.com/s?wd=%E4%BD%9B%E9%83%8E%E6%A9%9F&ie=utf-8&tn=5802514
2_9_oem_dg(2021.01.18.)

www.baidu.com/s?wd=%E5%A4%A7%E5%8F%91%E8%B4%A1%E7%81%AB%E7%82%
AE&ie=utf-8&tn=49055317_18_hao_pg(2021.01.18.)

www.baidu.com/s?wd=%E6%89%8B%E9%8A%83&ie=utf-8&tn=88093251_102_hao_p
g(2021.01.18.)

www.baidu.com/s?wd=%E9%B3%A5%E9%8A%83&ie=utf-8&tn=49055317_20_hao_pg
(2021.01.18.)

www.baidu.com/s?wd=%E5%8F%A4%E4%BB%A3%E7%81%AB%E7%AE%AD&ie=utf-
8&tn=49055317_13_hao_pg(2021.01.18.)

www.zhlzw.com/ls/wh041/16.html(2021.01.18.)

www.baidu.com/s?wd=%E9%9C%87%E5%A4%A9%E9%9B%B7&ie=utf-8&tn=5802514
2_9_oem_dg(2021.01.18)

http://cul.qq.com/a/20150202/011043.htm(2021.01.18)

14장

중국 시박제도市舶制度의 변천

당·송·원·명 등은 해외무역에 대한 관리를 강화하고 재정수입을 늘리기 위해 관리기구를 설치하였다. 이를 시박사市舶司라고 하며, 주요 관원을 시박사市舶使라고 불렀다. 봉건관리제도의 구성부분의 하나로서 시박제도는 천여 년의 역사를 가지고 있으며, 봉건사회의 해외무역 및 중국과 해외 각국 간의 우호적인 내왕 등에서 중요한 역할을 하였다.

Ⅰ. 당의 시박제도

당 통치기 해외에 진출해 무역에 종사하는 중국 상인들과 중국에 와서 무역에 종사하는 해외상인들은 모두 광주廣州를 시종점으로 삼았다. 따라서 매년 광주에 운집한 해외상인들의 수는 80만 명에 달했으며, 장기적으로 체류하고 있는 상인도 10만여 명에 이르렀다.[1] 광주의

---

1) 孔宝康(1988), 「我国古代市舶制度的初探」, p.1.

해외무역 규모가 상당히 컸지만 전담부서와 관원이 없는 관계로 무질서
한 상태에 있었다. 상인들간 속고 속이는 현상이 비일비재하였고,
지방관원들은 권력을 남용해 상인들로부터 많은 돈을 횡령하였다.
이러한 상태를 종결짓고 해외무역에 대한 관리를 강화하기 위해 당
조정은 714년에 해외무역을 전담하는 부서인 시박사市舶司를 설치하고
영남절도사嶺南節度使[2]가 광주의 시박사市舶使를 겸직하도록 했다. 당대
시박사(압번박사押蕃舶使, 감박사監舶使라고도 하였음)는 지방의 주군州
郡 관원이나 전운사轉運使[3]가 겸직하였다. 때로는 해외무역에 대한 관리
를 강화하기 위해 조정에서 태감太監을 시박사로 임명하기도 하였다.

당이 광주에 설치한 시박사는 시박제의 기초를 마련하였다. 당대
시박사의 주된 기능은 해외무역에 종사하는 해선(외국 및 중국 선박)과
수출입 화물에 대한 세금을 징수해 재정수입을 증가하는 것이었다.
따라서 당대 시박사의 직무는 다음과 같았다.

첫째, '박각舶脚'(선박세)을 징수한다. 즉 '번선蕃船'(외국선박)이 부두
에 닿으면 정세碇稅(선박세)를 징수하였다.[4]

둘째, '열화閱貨'를 한다. 해선이 부두에 닿으면 시박사 관원이 승선하
여 선적화물을 점검하고 해상이 마련한 '열화연閱貨宴'에 참석하였다.[5]

셋째, '수시收市'를 진행한다.[6] 즉 당 조정을 대표해 황실에서 필요한
귀중한 전매품을 구입하였다.

넷째, '진봉進奉'을 전담한다.[7] 조정을 대표해 해상이 조정과 지방관아

---

2) 당나라 시기 광동성, 광서성과 호남성, 강서성 일부를 포함한 지역의 행정과
   군사를 장악한 지방최고의 장관이다.
3) 당나라 이후 각 조대에서 중앙이나 지방정부에 설치한 운송 업무를 전담하는
   관원이다.
4) 歐陽修·宋祁(北宋), 『新唐書 : 孔戣傳』 제165권.
5) 童洁(淸), 「唐文宗大和八年上諭」, 『全唐文』 제75권, p.342.
6) 董誥(淸), 「唐文宗大和八年上諭」, 『全唐文』 제75권, p.342.

에 바치는 공물을 접수하였다.

다섯째, '추해抽解'를 진행한다. 즉 선적화물에 대한 세금을 징수하였는데, "용뇌, 침향, 정향, 백두구 등은 1분을 징수하였다."[8)]

상술한 절차가 완료되어야 해상은 지정된 시장에서 화물을 매매할 수 있었다. 시박사의 직책을 담당하고 있는 태감은 황제의 친신이고, 일정한 경제 및 정치적 실력을 소유하고 있어서 권력이 막강하였다.

Ⅱ. 송대의 시박제도

송은 통치지역이 상대적으로 작았던 관계로 경작지 면적도 작았으며, 따라서 농업세가 상대적으로 적었다. 또한 주변의 소수민족 정권과의 전쟁에서 송은 대부분 패하였다. 결국 송의 통치자들은 부득이 이들과 평화협정을 체결하고 해마다 많은 양의 금은을 공물로 바치고 땅을 떼어줄 수밖에 없었다. 그 결과 국고는 날로 비어가고 경제력은 날로 쇠약해졌다. 그 외에도 송의 통치기구는 상당히 방대하였으며, 또한 주변 소수민족 정권과의 전쟁을 대비해 상당한 규모의 군대를 보유하고 있었다. 따라서 소요되는 봉급과 군비 지출도 만만치 않아 조정의 재정부담은 날로 커져갔다. 이러한 재정난을 해결하기 위하여 송 조정은 자국인들이 해외무역에 종사하는 것을 적극 장려했고, 외국 상인들이 중국에 와서 무역에 종사하는 것도 대대적으로 권장하였다. 북송 초기 조정은 당의 시박제도를 본받아 광주와 항주杭州에 시박사를

---

7) 董誥(淸), 「唐文宗大和八年上諭」, 『全唐文』 제75권, p.342.
8) 顧炎武(淸), 『天下君國利病書』 제103권.

설치해 영남지역嶺南地域과 동남 연해지역의 해외무역을 관리하였다. 그 후 명주明州(현재 닝보, 999년), 천주泉州(1087년), 밀주密州(1088년)에 시박사를 증설했는데, 광주, 항주, 명주의 시박사를 '삼사三司'라고 불렀다.

남송기 회하淮河 이북지역이 금金나라에 점령되었기 때문에 밀주의 시박사는 소실되고 말았다. 광주와 천주의 시박사는 비교적 안정적인 상태를 유지하고 있었지만, 항주, 명주 등 지역의 시박사는 때로는 통합되고 때로는 분리되기도 하면서 많은 변화과정을 겪었다.

북송기 시박사 관원의 구성은 수시로 변화되었다. 971년 광주 시박사의 설치 초기에는 "지주知州9)가 시박사를 담임하였으며 통판通判10)을 판관으로 개칭하고 전운사가 그 업무를 담당하였다."11) 지방관리가 시박사직을 겸임한 후 효율성이 저하되자 1080년에는 지방관이 시박사를 겸임하는 제도를 폐지하고 각 지역의 전운사가 시박사를 담당하였다.

남송기 광주와 천주에는 여전히 시박사를 설치하였지만, 항주 등 지역의 시박사 관원의 구성은 많은 변화과정을 겪었다. 송은 중국 동남지역의 해외무역을 통하여 매년 상당한 규모의 세금을 징수할 수 있었다. 해외무역 규모가 날로 확대된 반면, 명확한 법규가 없었으므로 문제에 봉착할 때마다 임시적인 조치를 취하기 일쑤였다. 이러한 폐단을 극복하기 위해 1080년 송 조정은 『광주시박조廣州市舶條』를 반포하고 해외무역에 대한 관리를 강화하였다. 시박법의 내용으로 볼 때 송대의 시박사는 주로 다음과 같은 업무를 관장하였다.

---

9) 주군州郡의 최고행정장관으로서 태수太守 또는 지부知府라고도 한다.
10) 주군의 최고장관인 태수를 견제하기 위하여 설치한 차관으로서 양식운송, 토지 관리, 수리사무, 소송 등을 관장하였다.
11) 徐松(淸),「職官44-1」,『宋會要輯稿』, p.3364.

1. 선박관리

선주나 해상이 화물을 싣고 출항하려면 우선 선원들의 명부, 적재화물의 명세서와 목적항을 기재한 서류를 시박사에 제출해 공빙公凭(공거公据 또는 공험公驗)을 발급받아야 했다. 공빙을 발급받지 않고 사사로이 출항했을 때는 위법행위로 간주되어 처벌을 받게 되는데, 500리 밖의 타지로 정배를 가 2년간 징역살이를 해야 했다. 기타 선원들은 화주가 아니더라도 80대의 곤장을 맞았다.[12] 그 외에도 선주나 해상은 상당한 재력을 소유한 3인의 담보를 받아야 했다. 공빙을 발급받은 해상이 병기와 금지품을 해외로 반출하는 것을 방지하기 위해 지방관아는 시박사와 무관한 인원을 파견해 출항 전 해선에 대해 승선검사를 진행하였다. 해선이 출항할 때 지방관아는 재차 관원을 보내서 해선이 심해에 들어서는 것을 확인한 후에야 돌아올 수 있었다.[13] 출항할 때 해선은 규정된 항구에서 출발해야 했는데, 동남아와 인도로 가는 해선은 반드시 광주에서 출항해야 했고, 한반도와 일본으로 가는 해선은 반드시 명주에서 출항해야 했다. 그렇지 않을 경우 위법으로 간주되어 처벌을 받게 되었다.

공빙을 소지한 해선이 귀국할 때에는 반드시 출발했던 항구로 입항해야 했다. 해선이 부두에 닿은 후 해상이 화물을 몰래 빼돌려 탈세하는 것을 막기 위해 지방관은 군사들을 파견해 해선을 감시하였다. 그 후 시박사 관원이 부두에 도착해 화물을 점검하고 추해抽解와 박매博買를 진행하였다.

---

12) 徐松(淸), 「職官44-8」, 『宋會要輯稿』, p.3367.
13) 徐松(淸), 「職官44-23」, 『宋會要輯稿』, p.3375.

2. 세금징수

송의 세금징수는 추해, 금각禁権, 박매 등 3가지 종류가 포함된다. 추해란 정부가 전체 선적화물의 10분의 1을 무상으로 징수하는 행위를 가리키는데, 이는 실물형식으로 징수하는 시박세市舶税의 일종이다. 추해는 송의 재정상황과 밀접한 관계를 가지고 있다. 북송 순화년淳化年(990년)에서 희녕년熙寧年(1077년)에 이르기까지 정부의 재정상태가 비교적 양호했으므로 징수하는 세금액은 점차 줄어들었다. 즉 991년에는 10분의 2를 징수하던 것이 998~1062년에는 10분의 1을 징수했으며, 1068~1077년간에는 15분의 1을 징수했다. 그러나 1100년부터 남송의 재정상황이 악화됨에 따라 세금액은 점차 증가되었다. 즉 1102년부터 10분의 1을 징수했으며, 1136년에 이르러서는 금은, 진주, 보석 등 귀중품은 10분의 2를 징수하고 기타 잡화는 15분의 1을 징수했다. 1144년에는 세금액이 10분의 4로 상승했다.

금각이란 선적화물에 대한 송 조정의 전매행위를 가리킨다. 송 초기 거의 모든 박래품에 대해 정부에서는 전매를 실시했는데, 그 후 시중에 향료의 유통량이 감소되자 금각의 품종을 주패珠貝, 대모玳瑁, 서아犀牙, 빈철鑌鐵, 벽피鼊皮, 산호, 마노, 유향 등 8가지 종류를 금각 물품으로 규정하였으며, 그 후 자려紫䃇(자색숫돌), 유석鍮石 등 2종류를 추가해 10가지 물품으로 한정하였다. 남송 시기에 이르러서는 소가죽과 소힘줄 등도 병기를 만드는 데 사용될 수 있어 금각물품으로 규정하였다. 송 조정은 금각 화물을 사사로이 매매하는 자에 대해서는 "물품의 가치가 100전 이상이면 죄를 묻고 15관 이하면 경면黥面을 하여 섬으로 정배를 보냈으며 엄중할 때는 도읍으로 압송되어 처벌했다."[14]

---

14) 脫脫(元), 「食貨志·下八·互市舶法」, 『宋史』 제186권, p.1977.

박매란 이미 세금을 징수한 화물에서 정부가 비교적 많은 이득을 챙길 수 있고 국내 시장에서 소요량이 많은 물품을 시박사가 조정을 대표하여 일부 혹은 전부를 싼 가격으로 매입한 후 고가로 되팔아서 이익을 획득하는 행위를 가리킨다. 즉, "무소뿔은 10분의 2의 세금을 징수하고 남은 화물의 10분의 4를 박매하였으며, 진주는 10분의 1의 세금을 징수하고 남은 화물의 10분의 6을 박매하였다."[15] 향료는 소요량이 가장 많은 대중품인 까닭에 시박사는 "번선蕃船이 부두에 닿으면 유향(향료의 일종)을 모두 박매하여 개인이 매매하는 것을 불허하였다."[16]

추해와 박매를 통하여 거두어들인 화물 중 귀중품은 황실에 공급하고, 둔중하고 일반 화물은 본지에서 판매된 외에 경기지역과 각지의 각이원榷易院에 보내졌다. 따라서 시박사는 화물운송도 전담하는 직무도 지고 있었다. 해외무역을 통해 폭리를 얻을 수 있어서 고위급 관리들도 자신의 권력을 이용해 해외무역에 종사하였다. 이들은 자신 소유의 해선을 해외로 보내어 무역에 종사하거나 해상들에게 자금을 대주고 해외무역이 끝나면 이익을 나눠가졌다. 그 외에도 권력을 이용해 귀중품을 저가로 구매하거나 강제로 점유하기도 했다. 그 결과 중국에 와서 무역에 종사하는 해외상인 수는 점차 줄어들고 징수하는 세금액도 날로 감소되었다. 이러한 폐단을 두절하기 위해 송 조정은 "시박사의 감관과 지주, 통판 등 관원은 금후 해외상인들의 잡화와 금지품을 수매하지 못하며 법을 위반한 자에 대해서는 엄중하게 처벌한다."[17]는 법령을 반포하였다.

송 조정은 고위급 관리들이 권력을 이용해 해외무역에 종사하는

---

15) 徐松(淸), 「職官44-27」, 『宋會要輯稿』, p.3377.
16) 徐松(淸), 「職官44-33」, 『宋會要輯稿』, p.3380.
17) 脫脫(元), 「食貨志·下八·互市舶法」, 『宋史』 제186권, p.4561.

것을 엄격히 금지하는 정책을 실시하는 동시에 적극적으로 해외상인들을 중국으로 끌어들여서 시박 발전에 공을 세운 관리나 선주 등을 장려하여 진급시켰다. 예컨대 1136년 "복건, 광주의 시박사감관이 유향을 추해할 때 백만 냥에 달하여 1급을 승진시켰다."[18]

3. 해외상인 관리

송대 시박사의 다른 하나의 직무는 중국에 거주하고 있는 외국인들을 관리하는 것이다. 초창기 중국에 정착한 외국상인들은 종사하는 업종, 언어, 풍속, 관습 등에 따라 한 지역에 모여 살았다. 그 후 외국인들은 점차 중국 본 지역사람들과 잡거함에 따라 외국인들에 대한 관리가 어렵게 되었다. 따라서 외국인들에 대한 관리를 강화하기 위하여 송 조정은 외국인들의 거주구역을 지정하고 다른 곳으로 이주하는 것을 엄격히 금지하였다.

외국인이 집거하고 있는 지역에는 번장蕃長을 두어 관리했는데, 황제가 조서를 내려 임명하였다. 업적이 뛰어난 번장에게는 봉호封號를 수여하였다.[19]

III. 원대의 시박제도

1279년 원이 대륙을 통일한 후 북방지역은 경작지가 황폐해지고 농민들이 파산해 징수한 농업세는 갈수록 감소되었으며 재정상태는

---

18) 孙光圻(1989), 『中国古代航海史』, p.462.
19) 中国航海学会(1988), 『中国航海史 : 古代航海史』, p.185.

날로 악화되었다. 따라서 재정수입을 늘리기 위하여 원 조정은 송대의 시박제도를 본받아 천주, 경원慶元(현재 닝보), 상해, 감포澉浦, 광주, 온주溫州, 항주 등지에 시박사를 설치해 해외무역을 관리하고 세금을 징수하였다.

원대 시박사 관원의 구성은 송과 상이한데, 초기에는 귀족들과 대신들이 시박사를 담당하였다. 그 후 1314년부터는 종5품從五品의 관원이 시박사를 담당하고 지방 최고행정기구인 '행성行省'의 관할을 받았다. 원의 시박제도는 송의 제도를 본받은 관계로 관리제도가 완벽하지 못하였다. 그 결과 해상들의 탈세현상과 시박관원들의 탐오현상이 비일비재로 발생했으며, 원 조정의 수입에 막대한 영향을 미쳤다. 이러한 폐단을 극복하기 위해 1293년 원 조정은 '정치시박사구당整治市舶司勾當'22조를 반포하였으며,[20] 1314년에는 수정된 '신시박법칙新市舶法則'22조를 반포하였다.[21]

1. 선박관리

원도 송과 마찬가지로 공빙제도를 실시해 해상에 대한 관리를 강화하였다. 즉 해상은 출발하기 전 우선 해당 지역의 시박사에 출항신청서를 제출해 공험公驗이나 공빙을 발급받아야 했다. 공험은 무역선 허가증서이고, 공빙은 청수와 생활용품을 운송하고 해상교통에 사용되는 소형선의 허가증서이다.

공험에는 외국의 목적항, 적재화물의 수량과 중량 등을 기재한다. 그 외에도 공험에는 8매의 공백용지를 첨부한다. 여기에 외국에서

---

20) 官修(元), 「戶部八·市舶」, 『元典章』 제22권, p.389.
21) 孫光圻(1989), 『中国古代航海史』, p.458.

구매한 화물을 날짜별로 품명, 수량, 중량을 상세히 기재해야 했는데, 무역선이 출발항으로 돌아왔을 때 선적화물을 점검하고 세금을 징수하는 근거로 삼았다. 공험을 발급받을 때에는 항해무역에 종사하는 중개인과 재력이 상당한 자가 담보를 서야 했으며, 선원들도 5명씩 조를 묶어 서로 감독하도록 했다. 또한 공험에는 선주와 선장 및 기타 선원들의 이름을 기재하고 선박의 적재량, 선장, 선폭, 돛대 높이 등을 상세히 기재해야 하는데, 해당 부서에서 점검한 후 사실과 부합되어야만 공험을 발급하였다.

해상이 금, 은 및 금지품을 사사로이 반출하거나 중국으로 돌아올 때 밀입국자들을 승선시킨 것이 발각되면 담보인과 기타 선원들은 처벌을 받았다. 귀국한 해선이 공험에 기재한 지정 항구에 입항하지 않은 경우, 선적화물을 밀매하여 탈세했을 경우, 또한 공험을 발급받지 않고 출항한 것이 발각되었을 경우, 관가에서는 선적화물을 전부 몰수하고 선주와 화주는 107대의 곤장을 때렸다. 담보인이 선주나 화물주의 상술한 위법행위를 고발했을 때에는 선적화물의 3분의 1을 상으로 주었다. 시박사의 관원이 고의적으로 선주나 화물주의 상기한 위법행위를 숨겼을 때에는 공직에서 사퇴시키고 조사를 실시하고 경우에 따라 처벌하였다.

해상의 탈세를 막기 위하여 배가 입항하기 전 시박사는 사람을 파견해 해당 해선이 지정항구에 입항하는 것을 감독하였다. 해선이 입항한 후 시박사는 재차 관원을 파견해 선적화물의 하역을 감시하고, 하역이 완료된 후 해당 관원은 선주, 화주 및 선원들의 몸을 수색하여 이상이 없을 경우 상륙이 허락되었다.

원 초기 조정은 지방부호들과 관리들이 해외무역에 종사하는 것을 엄격히 금지했지만 효과를 보지 못하자 1284년 '관본선官本船'제도를 실시하였다. 즉 "관가에서 해선과 자금을 부담한 후 적임자를 선발해 해외에 나가 무역에 종사하도록 하였다. 무역을 통해 얻은 수입은 관가가 70%를 갖고 개인이 30%를 가졌다."[22] 1293년 원 조정은 '정치시박사구당' 22조를 반포해 '관본선'제도를 개혁했는데, 관가에서 직접 사람들을 조직하여 해외에 나가 무역을 하고 귀국한 후에는 여전히 규정에 따라 세금을 징수하였다. 동시에 시박조례를 수정해 지방부호들과 관리들이 해외무역에 종사하는 것을 허락하고 규정에 따라 세금을 징수하였다.

2. 세금징수

원의 시박제도는 송 시기에 비해 뚜렷한 차이가 있는데, 선적화물에 대한 '금각'과 '박매'를 철폐하고 다만 화물세와 선박세를 징수하였다. 원 초기의 세금제도는 '쌍단추세제雙單抽稅制'인데, 해외의 수입화물에 대해서는 화물세와 선박세를 징수하고 자국 화물에 대해서는 화물세만 징수하였다. 선적화물의 세금은 귀중품과 일반화물로 나눠서 징수하였는데, 1283년 "선적화물에서 귀중품은 10분의 1의 세금을 징수하고 일반화물은 15분의 1의 세금을 징수한다."고 규정하였다.[23] 1293년부터는 추해가 완료된 선적화물에서 30분의 1을 선박세로 징수하였다. 1314년에 이르러서는 추해의 비율을 배로 증가하였는데, "일반화물은 15분의 2를 징수하고 귀중품은 10분의 2를 징수했으며 추해가 완료된 화물은 여전히 30분의 1의 선박세를 징수했다."[24] 상술한 시박제도는 원이 멸망될 때까지 유지되었다.

---

22) 中国航海学会(1988), 『中国航海史 : 古代航海史』, p.239.
23) 宋濂 等(明), 「世祖紀14」, 『元史』 제17권, p.372.
24) 孙光圻(1989), 『中国古代航海史』, p.464.

3. 장려제도

원 조정은 해외무역을 격려하기 위하여 여러 가지 장려제도를 실시하였다. 해외무역에 종사하는 선주나 해상에 대해서는 관아에서 임의로 징역에 보내지 못하도록 규정했으며, 해상과 선원의 가족들도 본지역의 부역을 면제받았다. 그 외에도 무역선이 귀국할 때 시박사 관원은 반드시 한 달 전에 관련수속을 밟도록 규정하여 해상이 체류하는 현상이 없게끔 미연에 방지했으며, 기한을 엄격히 준수하여 해외무역에 차질이 없도록 하였다.

Ⅳ. 명대의 시박제도

명 건립 초기 농민봉기군의 잔여세력이 섬이나 주변국으로 이주해 이들이 해외세력과 연합하여 명을 침공할 가능성이 상당히 높았다. 또한 산동반도에서 광동성에 이르기까지 연해지역에 약탈을 일삼던 왜구들은 연해지역의 거주민들과 결탁하여 명의 사회질서를 교란하였다. 따라서 명 통치자들은 자신의 통치기반을 강화하기 위해 사무역을 금지하는 '해금정책海禁政策'을 실시하고, 해외무역의 특이한 형식인 '조공무역'을 진행하였다.

조공무역에 참여할 수 있는 주변국은 17개국이었는데, 조공무역에 종사하려면 우선 '종주국'과 '종속국'의 상호관계를 인정해야 했다. 17개국 이외의 기타 나라 무역선이 중국에 와서 무역에 종사하는 것을 엄격히 금지하였다. 즉 조공화물을 적재한 해선만이 지정된 항구에 입항할 수 있으며, 입항할 때에는 명 조정이 사전에 발급한 '감합勘合'과 본 나라 정부가 발급한 '표문表文'을 소지해야 했고, 또한 명 조정이 규정한 항로, 항구, 선박 수, 기한, 화물량을 준수해야 했다. 그리고 무역은 두 나라 간에만 진행할 수 있고, 사무역은 엄격히 제한하였다. 국가 간의 무역은 조공선박이 향료 등을 싣고 중국에 와서 조공하고, 중국 정부는 실크 등을 하사하는 형식을 취하였다. 즉 조공무역은 물물교환형식으로 진행되었다. 명대 시박사의 직무는 조공선의 진위를 가리고 사신들을 영접해 도읍으로 호송하는 것으로 변해 세금징수 기능은 완전히 상실되었다.

청이 건국된 후 운산雲山, 영파, 장주, 마카오 등지에 해관을 설치해 시박사의 기능을 대체하자 시박제도는 최종적인 종말을 고하고 말았다.[25]

당, 송, 원 시기의 시박사는 주로 세금을 징수하는 역할을 하였지만, 명대에는 그 기능이 주로 조공무역선의 진위를 가리고 사신들을 영접하고 호송하는 역할로 한정되었다. 1000여 년 간 실시되어 오던 시박제도는 각 조대마다 일정한 특징이 있었다.

첫째, 당대의 시박사는 세금을 징수하는 외에도 해외무역을 관리하고 섭외업무를 전담하는 역할을 했다. 따라서 당의 재정수입을 증가하고 대외교류를 추진하는 면에서 적극적인 역할을 하였다.

둘째, 송대의 시박사는 당대와 마찬가지로 세금을 징수하고 해외무역의 관리를 전담한 외에도 무역활동을 조직하고 선적화물을 발송하는 업무도 전담하였다. 따라서 송대의 시박사市舶司는 재정수입의 증가에 큰 기여를 했으며, 해외무역의 발전을 추진하고 국내 경제를 활성화시켰다.

셋째, 원대의 시박제도는 송나라 시기에 비해 뚜렷한 차이가 있는데,

---

25) 陸靭(1988), 「论市舶性质和历史作用的变化」, p.13.

선적화물에 대한 '금각'과 '박매'를 철폐하고 다만 화물세와 선박세를 징수하였다. 또한 지방부호와 봉건관리들도 해외무역에 종사할 수 있었으므로 시박사의 역할은 국내에만 한정된 것이 아니고 해외까지 미쳤다. 그 결과 사무역의 발전에 영향을 주었다.

넷째, 명대 시박사의 주요 기능은 조공사절단을 영접하고 호송하는 것이었으므로 세금징수의 기능은 완전히 상실되고 말았다. 비록 명과 주변국들 간의 우호적인 왕래를 추진했지만 사무역의 발전을 제한하는 걸림돌이 되어 사회 발전을 저해하였다.

참고문헌

〈문헌사료〉

官修(元),「戶部8 : 市舶」,『元典章』第22卷, 中国书店出版社, 1990.
歐陽修·宋祁(北宋),「孔戣傳」,『新唐書』第165卷, 中華書局, 2003.
脫脫(元),「食貨志·下八·互市舶法」,『宋史』第186卷, 中華書局, 1977.
宋濂 等(明),「世祖紀十四」,『元史』第17卷, 中華書局, 1976.
顧炎武(淸),『天下君国利病書』第103卷, 上海科学技術文献, 2000.
董誥(淸),「唐文宗大和八年上諭」,『全唐文』第75卷, 上海古籍出版社, 1990.
徐松(淸),『宋會要輯稿』, 中華書局, 1957.

〈연구논저〉

中国航海学会,『中国航海史 : 古代航海史』, 人民交通出版社, 1988.
孔宝康,「我国古代市舶制度的初探」,『海交史研究』第1期, 泉州海外交通史博物馆, 1988.
孙光圻,『中国古代航海史』, 海洋出版社, 1989.
陆韧,「论市舶性质和历史作用的变化」,『海交史研究』第1期, 泉州海外交通史博物馆, 1988.

15장

명청대 민간 항해정책

1368년 주원장朱元璋은 명을 건립한 후 송원대의 항해정책을 이어받아 적극적인 대외개방정책을 실시하고 여러 곳에 시박사를 설립하여 항해무역을 관리하였다. 그러나 그 후 봉건통치제도를 수호하고 명 정권을 공고히 하고, 동남연해의 사회질서와 주민들의 생명안전에 위협을 가져다주는 왜구를 소탕하기 위해 엄격한 해금정책을 실시하였다. 200여 년간 실시된 엄격한 해금정책으로 인해 명 재정은 상시적으로 빠듯한 상태였으며, 이러한 해금정책은 갈수록 대신들과 연해주민들의 반발을 초래하였다. 따라서 명 조정은 재정수입을 증가시키고 모순을 완화하기 위해 해금정책을 철회하였지만, 여전히 무역지역과 화물, 무역의 자유 등을 제한하고 과다한 세금을 징수하였다. 그 결과 명 말기에 이르러 민간 항해무역은 급속히 쇠퇴하고 말았다.

명을 멸망시키고 1644년에 건국된 청은 건국 초부터 엄격한 해금정책을 실시하였다. 건국 초 중국 동남연해에는 명의 잔여세력이 여전히 존재하고 있었다. 그중 정성공鄭成功이 통솔하는 반청세력은 한 때 동남연해를 통제하고 북상해 남경을 포위 공격한 적이 있었다. 그 후 1661년 정성공 세력이 대만으로 이주한 이후 동남연해 주민들과 정성공의 연결을 차단하기 위해 엄격한 해금정책과 천해遷海정책을 실시하였는데, 그 결과 연해지역은 폐허로 변하고 말았다. 1683년 청 수군이 대만을 수복한 후 해금정책을 폐지했지만, 여전히 항해무역 자유와 수출화물을 엄격히 제한하는 동시에 대규모 선박건조를 엄격히 금지했으며, 선박에 대량무기의 탑재를 제한하였다. 그 결과 청의 민간 항해무역은 날로 위축되어 갔으며, 선박건조기술이 점차 낙후되어 외국상선과의 경쟁에서 패할 수밖에 없었다. 또한 무기의 탑재를 제한한 까닭에 원양선박은 유럽의 무장선대를 만나게 되면 패할 수밖에 없었다. 결국 청은 서유럽 열강들의 침략을 당해 반식민주의 사회로 전락되고 말았다.

Ⅰ. 명대의 민간 항해정책

명은 건국 초기 원의 항해정책을 이어받아 적극적인 대외개방정책을 실시하고 태창太倉, 황도黃渡, 천주泉州, 명주明州(현재 닝보), 광주廣州 등에 시박사를 설치해 해외무역을 관리하였다. 또한 베트남, 인도네시아, 일본, 브루나이 등 17개 나라와 무역관계를 맺고 항해무역을 활발히 전개하여 해외에 진출하는 상인은 날로 늘어났다.[1] 그러나 1370년과 1374년에 태창, 황도, 천주, 명주, 광주의 시박사를 폐지했다.[2] 1371~1394년에는 "판자조각도 입해하지 못하는"[3] 해금정책을 실시하

---

1) 張廷玉(淸), 「市舶」, 『明史』 卷8, 志57, p.1980.
2) 시박사市舶司는 해외무역을 전문 관리하는 기구로서 당 현종 시기에 설치되었다. 이러한 제도는 당, 송, 원에 이르러 명나라도 실시하였었다.
3) 張廷玉(淸), 「朱紈傳」, 『明史』 卷205, p.5403.

고 일본 등 나라와의 무역관계도 단절[4]함에 따라 연해주민들의 항해무역은 엄격히 금지되었으며 해외무역은 날로 위축되어 갔다.

1. 해금정책 및 실시요인

명의 해금정책은 통일을 실현하고 중앙집권봉건제도를 확립하는 과정에서 점차적으로 형성되었는데, 이는 당시의 특수한 상황에서 기인한 것이다.

첫째, 사회의 기초인 지주경제地主經濟에 대한 상품경제의 충격을 억제하고 중국 상업자본과 해외시장의 연결을 차단하여 봉건사회의 안정을 확보하기 위해서이다.

명은 지주경제를 주체로 하는 봉건사회였다. 명대 중국대륙에는 상품경제가 발전하기 시작하였는데, 이는 사회에 커다란 충격을 가져다주었다. 당시 연해지역에는 자본주의 성격을 띤 여러 종류의 수공업 작업소가 우후죽순 나타나기 시작하였다. 특히 항해무역을 통해 많은 재부를 축적한 해상들은 수공업 작업장의 규모를 꾸준히 확대해 갔는데, 이로 인해 중국 남방 농촌에는 "60~70%에 달하는 사람들이 농사일에 종사하지 않았다."[5] 이는 명의 봉건제도와 재정원천에 직접적인 위협을 가져다주었다.

둘째, 지주계급의 통치기반과 지위를 공고히 하기 위해서이다.

농촌 인구가 대량으로 유실됨에 따라 지주계급은 착취할 수 있는 많은 노동력을 상실하게 되었다. 이로 인해 통치기반이 위기를 맞게 되었으며, 또한 상품경제의 발전도 지주경제를 동요시켰다. 따라서

---

4) 明朝廷, 『明太祖實錄』 卷139, p.2197.
5) 『四友齋叢說摘抄』 第3, p.172.

명 중기 이후 지주계급은 '중농억상重農抑商'정책의 실시를 강력하게 요구하였으며, 이러한 정책을 통해 땅을 이탈한 농민들이 다시금 농촌으로 복귀시킬 것을 기대했다. 결국 명 조정은 정권이 안정된 후 봉건통치를 수호하기 위해 즉각 '중농억상'정책을 실시하였던 것이다.

셋째, 원 말기 농민봉기군의 잔여세력의 명 정권에 대한 위협을 방지하기 위해서이다.

원 말기에 발발한 봉기군에는 주원장이 통솔한 봉기군 외에도 기타의 많은 봉기군이 있었다. 이 중에서 규모가 비교적 큰 것은 장사성張士誠[6]이 통솔한 봉기군과 방국진方國珍[7]이 통솔한 봉기군 및 진우량陳友諒[8]이 통솔한 봉기군이 있었다. 주원장은 명을 건국한 후 자신의 정권을 공고히 하기 위해 기타 봉기군을 억압하기 시작하였다. 결국 대결에서 패한 장사성과 진우량의 잔여세력은 중국 동남연해와 해도로 도망가 명을 뒤엎기 위해 시시각각 반격기회를 노렸으며, 일본, 베트남, 인도네시아, 타이 등 외국세력과 결탁해 자신의 힘을 키우는 데 전력하였다. 또한 이들은 생활필수품을 확보하기 위해 틈틈이 연해지역을 약탈했는데, 이는 본 지역의 사회 안정과 경제발전에 상당한 영향을 가져다주었다. 이외에도 일부 연해지역 주민들은 이들의 반명反明활동을 지지하고 돕기도 하였다. 따라서 명의 통치자들은 연해지역 주민과 이들 간의 연락을 차단해 이들의 생활용품 공급사슬을 끊고 해안방어를 강화하기

---

6) 장사성(1321~1367)은 원나라 말기 봉기군 통수의 한 사람으로서 강소江蘇 절강浙江 지역에서 대주大周 정권을 건립하였다. 명나라 건국 후 주원장에 의해 진압되었다.
7) 방국진(1319~1374)은 원나라 말기 봉기군 통수의 한 사람으로서 그 세력이 상당하였지만 명나라 건국 후 주원장의 압박을 견디지 못해 명나라에 귀순하였다.
8) 진우량(1320~1363)은 원나라 말기 봉기군 통수의 한 사람으로서 호북湖北 등 지역에서 대한大漢 정권을 건립하였다. 명나라가 건립된 후 주원장에 의해 진압되었다.

위해 해금정책을 실시하였다.

넷째, 왜구를 소탕하기 위해 해금정책을 실시하였다.

원대 두 차례에 걸친 일본원정이 실패한 후 중일관계는 단절되고 말았다. 일본인들은 필요한 중국 물품을 획득하기 위해 원 시기부터 끊임없이 중국 연해지역에 침입하여 약탈을 감행하였다. 명대에 이르러 이러한 약탈은 더욱 가속화 되었으며, 왜구들은 "도처에서 약탈을 자행하고 연해주민들을 괴롭혔다."9) 이러한 약탈행위는 연해주민들의 생명과 재산에 크나큰 위협이 되었다. 이에 주원장은 수시로 고위급관리를 파견하여 연해를 순찰하게 하는 동시에 대군을 파견하여 왜구를 소탕했으며, 연해지역에 성새를 구축하여 방어를 강화하였다. 1384년 "왜구가 절강성 동부 연해지역을 빈번히 침입하자 신국공信國公 탕화湯和를 파견해 해역을 순찰하게 하고 연해지역에 59개의 성새를 구축했었으며", 1389년에는 "강하후江夏侯 주덕흥周德興을 복건에 파견하여 연해지역에 16개의 성새를 구축하고 백성들을 동원하여 왜구를 막다."10) 명은 수많은 승전을 통해 수많은 왜구를 살상하였지만 우환을 완전히 근절시키지는 못하였다. 따라서 연해의 일부 주민이 오랑캐들과 결탁하는 것을 미연에 방지하기 위해 성조 주체朱棣는 연해 군현 '거주민들의 출항금지'를 선포하고 "소재지의 시박사는 거주민들의 출항을 막아야 한다."고 규정하였다. 또한 "민간해선의 건조금지령을 반포하고", "원래의 해선을 모두 평저선平底船11)으로 개조할 것을 명하였다." 이러한 조치를 통해 민간해선을 모두 평두선平頭船으로 개조해 원양항해를 할 수 없도록 함으로써 상인들이 외국과 내통하는 것을 방지하려고

---

9) 谷應泰(淸),「沿海倭亂」,『明史紀事本末』, p.840.

10) 谷應泰(淸),「沿海倭亂」,『明史紀事本末』, p.841.

11) 평저선(일명 평두선이라고 함)의 특징은 선저와 선두가 평평한 관계로 수심이 깊고 파랑이 거센 원양에서는 전복위험이 있기 때문에 원양항해가 불가능하다.

하였다. 연해어민들의 어로활동에 관련해서도 마찬가지로 엄격한 금지 조치를 실시하였다. "영락연간 어민들이 왜구와 내통하는 현상이 자주 발생해 판자조각도 입해하지 못하도록 금지하였다."[12] 이는 명이 해금정책을 실시하게 된 하나의 중요한 요인이다.

2. 민간 항해무역

엄격한 해금정책으로 인해 민간 항해무역은 뚜렷한 변화가 나타났다. 해금정책을 실시하기 이전 연해주민들은 합법적인 항해무역을 통해 재부를 축적할 수 있었으며, 권세가들도 필요물품을 얼마든지 구할 수 있었다. 그러나 해금정책으로 인해 민간 항해무역이 불법화되면서 조정의 엄격한 단속을 받게 되었으며, 이에 따른 처벌도 엄했다. 결국 연해주민들은 위험을 무릅쓰고 밀무역에 종사할 수밖에 없었다. 연해주민들과 지역 관리들은 "몰래 해선을 건조한 후 해외로 나가 무역에 종사하였다."[13] 이와 같은 밀무역에 종사하는 해상들은 대체로 소규모의 '산상散商'과 대규모의 무장선대 등 2개의 부류로 나뉘는데, 이 중에서 무장선대가 다수를 이룬다. '산상'이란 자금을 모아 선박을 임대하거나 화물창에 일정한 크기의 보관 장소를 세낸 후 물품을 해외에 가져다 파는 민간상인들을 가리킨다. 해외무역은 거센 파도가 넘실대는 바다를 건너야 했기 때문에 위험하다. 따라서 명 조정이 엄격한 해금정책을 실시할 때 민간상인들의 밀무역은 상당히 제한되었으며 횟수도 많지 않았다.

밀무역 무장선대가 명의 민간 항해무역에서 주도적인 역할을 하였

---

12) 顧炎武(明), 「戎海篇：沿海漁稅」, 『天下郡國利病書』 第22冊, 浙江下.
13) 明朝廷, 『明宣宗實彔』 卷103, p.2308.

다. 무장선대는 수십 척~백여 척의 무장상선으로 이루어져 있었으며, 수천 척으로 이루어진 경우도 있었다. 참가인원은 적어도 수백 명에 달하고, 많은 것은 만여 명에 달하였다. 민간항해무역이 불법인 관계로 정부의 탄압에 대항하기 위해 밀무역 선대는 모두 상당한 규모의 무장을 보유하고 있었을 뿐만 아니라, 해도·항구와 같은 거점도 보유하고 있었다. 이들은 일부 해역과 수로를 통제하고 해외무역을 조종할 뿐만 아니라 연해지역을 공략하기도 하였는데, 완전히 '해적'과 유사한 성격을 띠고 있었다. 무장집단의 밀무역은 명 건국 초기부터 멸망할 때까지 존재했으며 민간항해무역의 주류가 되었다.

명 초기의 밀무역 무장집단은 장여후張汝厚, 임복林福, 양도명梁道明, 진조의陳祖義 등이 있었으며, 중기에는 등료鄧燎, 허일許一, 허이許二, 허삼許三, 왕직王直, 허전許銓, 모해봉毛海峰, 이광두李光頭, 장연張璉, 소설봉蕭雪峰, 임조의林朝義, 오평吳平, 증일본曾一本, 임도건林道乾 등이 있었고, 말기에는 정지룡鄭芝龍 등이 있었다.

3. 해금정책의 폐지

엄격한 해금정책의 실시로 인해 상류층의 사치품에 대한 수요를 충족시킬 수 없게 되었으며, 지방부호들은 재부를 축적할 수 없게 되어 해금정책에 대한 불만이 상당히 컸다. 따라서 이들은 해금정책의 폐지를 강력하게 요구하였다. 이외에도 연해주민들의 밀무역은 갈수록 증가되었다. 이에 따른 조정의 탄압이 강화됨에 따라 국내의 계급모순도 더욱 첨예하게 되었는데, 이는 명 통치자들에 상당한 부담을 가져다주었다. 더욱 심각했던 것은 해금정책의 실시로 정부의 무역도 불황을 겪게 되었으며, 명 조정의 재정수입은 날로 감소되어 갔다. 이를 계기로 일부 중앙정부의 관리들과 지방관원들은 상주문을 올려 해금정책 폐지를 강력하게 요청하였다. 1529년 광동순무 임부林富는 상주문에서 무역이 나라의 재정수입을 늘리고 군수를 해결할 수 있기 때문에 조정과 백성에 모두 유리하다고 강조하였다. 1556년 병부상서 조문화趙文華는 해안방어 강화에 관한 상주문에서 해금정책 폐지를 강력히 주장하였다.

> "연해주민들은 원래부터 어로로 생계를 유지해 왔다. 그 후 엄격한 해금정책의 실시로 생계유지가 어렵게 되자 타인의 선동에 넘어가 해적이 된 것이다. 각 지방의 총독과 순무에게 명하여 해외로 나가는 선박의 항해금지 조치를 취소하고, 관할부서에서 연해거주민들을 일정한 조직으로 편성한 후 엄격한 출입검사를 실시하고 어민들로 하여금 어로활동에 종사하도록 하는 것이 바람직하다."[14]

1567년 복건순무福建巡撫 도어사都御史 도택민塗澤民도 상주문에서 "해금정책을 취소하고 연해주민들이 동서양에 진출하여 무역하도록 허용할 것"을 주장하였다.[15] 해금정책 폐지 주장이 끊임없이 거론되자 결국 명 조정은 200여 년간 실시하여 오던 엄격한 해금정책을 다소 완화하지 않을 수 없게 되었다. 해금정책이 비록 완화되었다고는 하지만 민간해상들은 자유로이 해외무역에 종사할 수 없었으며 명 조정의 엄격한 통제를 받아야 했다.

첫째, 무역지역을 제한하였다. 중국 해선은 "동서양에 진출해 무역에 종사할 수 있지만 일본에는 갈 수 없다."고 규정하였다. 여기에서 말하는 동양이란 오늘날의 필리핀 지역을 가리키며 일본은 포함되지

---

14) 明朝廷, 『明世宗實象』 卷422 ; 孫光圻(1999), 『中国古代航海史』, p.545.

15) 張變(明), 「餉稅考」, 『東西洋考』 卷7, p.131.

않는다. 서양이란 베트남, 타이 등 지역을 가리킨다. 즉 명대의 동서양이
란 말라카해협의 동쪽 해역을 말하는데, 원대보다 상당히 축소되었다.

둘째, 해상의 출항을 엄격히 통제하였다. 명 조정은 민간해상에
대해 '인표引票'제도를 실시하였다. 해상이 해외진출시 반드시 '인표'를
발급받아야 했으며, 이러한 조치를 통해 "사적무역을 공적무역으로
변경시켰다." '인표'에는 반드시 해상의 성명, 본적, 무역지 등을 상세히
기재해야 했으며, 출항할 경우에는 이웃 간에 상호담보를 서야 했다.
'인표'를 발급받지 않고 몰래 출항했을 경우 불법으로 간주되어 처벌을
받았다. 그러나 조정에서 발행하는 '인표'의 양이 수요를 충족시킬
수 없어 많은 사람들이 여전히 밀무역에 종사하였다.

셋째, 무역 화물을 통제하였다. 해상은 반드시 자신의 화물을 정부에
서 발급받은 '인신관단印信官單'에 기재한 후 정부의 검사를 받아야 했다.
실제 화물과 기재된 화물이 다를 경우 조정에서는 해선을 몰수했으며,
또한 실제 화물중량과 기재된 화물중량이 차이가 있을 경우에도 화물을
몰수하였다. 귀항한 해선이 화물을 빼돌리는 것을 막기 위해 관련
인원을 파견해 정박 중인 해선을 감시하였다. 이외에도 해외에서 제조
된 무기와 폭탄이 명 정권에 가져다주는 위협을 미연에 방지하기
위해 유황, 구리, 철 등을 금지화물로 지정하고 해외로 운송하는 것을
엄격히 금지하였다.

넷째, 과다한 세금을 징수하였다. 무역을 통해 많은 자금을 축적하게
되면 자본주의경제가 발전하게 되고, 봉건경제체제가 충격을 받게
된다. 이러한 현상을 미연에 방지하고, 국고의 재정수입을 늘리기
위해 명 조정은 해상에 막중한 과세를 부과시켰다. 명 조정이 해상에
부과한 세금은 인세引稅16), 수향水餉17), 육향陸餉18), 가정향加征餉19) 등이

---

16) '인세'는 해상이 '인표'를 청구할 때 납부하는 세금으로서 초기에는 "동서양의

있었다.

　해금정책의 완화로 명의 민간무역은 일정 정도 발전하였지만, 얼마 지속되지 못해 만력 말기에 이르러서 급속히 쇠퇴하였다. 상술한 정책에서 알 수 있듯이, 명 조정은 민간무역을 엄격히 통제했을 뿐만 아니라 해상에 과중한 세금을 부과한 까닭에 민간무역은 제한받을 수밖에 없었다. 이외에도 중국 해상은 명대 동남아에 진출한 서유럽의 포르투갈, 스페인, 네덜란드 등 식민주의자들의 배척을 받았으며 심지어 이들로부터 약탈을 당하기도 하였다.

II. 청대의 항해정책

　청은 만주족이 1644년에 명을 뒤엎고 건국한 정권이다. 따라서 중국 각 지역에서는 전통적인 한족 정권을 회복하기 위한 반청운동이 광범위하게 발발하였다. 민간인들의 반청운동 외에 규모가 가장 크고 지속시간이 가장 길었던 것은 정성공이 주도한 반청운동이다. 정성공은 동남 연해지역 주민들의 지지를 기반으로 명의 잔여세력을 규합해 반청운동을 활발히 전개하였다. 그는 동남 연해지역을 통제한 데 이어 세 번이나

　　인세는 은 3냥을 납부하고 대만지역은 은 1냥을 납부"하였지만 후기에는 각각 은 6냥과 2냥으로 증가되었다.
17) '수향'은 선박의 크기에 따라 납부하는 선박세를 가리키는데, 서양으로 가서 무역에 종사하는 선박은 "일반적으로 1척에 은 5냥을 부과하는데 선폭이 1장 6척일 경우 은 80냥을 납부하고" 1척씩 증가되면 은 5푼을 추가 징수한다. 동양으로 가서 무역에 종사하는 선박은 상술한 세금의 70%를 징수하였다.
18) '육향'은 수입화물의 수량, 품종, 등급에 따라 징수하는 물세이다.
19) '가정향'은 정부가 일부 해외무역지에서 귀국한 해상에 대해서 임시로 징수하는 일종의 특별세이다.

북벌을 진행하여 장강 하류지역에 진출해 남경을 포위하기도 했다. 이러한 상황에서 청은 반청세력과 연해주민 간의 연계를 차단하기 위해 해금령海禁令과 천해령遷海令을 여러 차례 반포하였다.

1. 초기의 항해정책

(1) 해금정책

1656년 청은 정성공과 동남 연해주민 간의 연계를 차단하기 위해 다음과 같은 '천해령'을 반포하였다.

> "허가증을 소지한 해선만 해외로 진출할 수 있으며 관민이 사사로이 쌍돛대 이상의 대선을 건조해 금지화물을 해외에 운송·판매하고 해적과 내통하거나 그룹을 결성하고 백성을 약탈할 경우, 또는 대선을 건조한 후 이익을 도모하기 위해 외국에 판매하거나 외국인에게 임대, 또는 외국인의 화물을 나눠가지는 자는 모두 형부에 넘겨 죄를 다스린다. 외돛대 소선을 소유하고 있는 어민들은 허가증을 발급받아 연해부근에서 어로에 종사할 수 있으며 관련 관병들은 교란하지 말아야 한다."[20]

같은 해 청은 금지령을 재차 반포하여 "금후 해선을 이용하여 사사로이 출항해 해적에게 곡물과 화물을 판매하는 자는 관민을 막론하고 모두 참형에 처하고 화물은 몰수하며 범법자 소유 재산은 신고인에게 준다."고 규정하였다.[21]

---

20) 昆岡 等(淸), 「兵部·綠營處分例」, 『欽定大淸會典事例』 卷629, p.1.

(2) 천해정책

1661년 초 정성공이 통솔한 대군은 대만해협을 횡단해 대만을 수복한 후 활동 근거지로 삼았다. 이러한 상황에서 청 조정은 대만의 정성공과 중국 동남 연해지역 주민간의 연락을 차단하기 위해 같은 해에 '천해령'을 반포하였다. 연해주민은 해안선을 기준으로 30리[22] 이외로 이주시키고 해당지역을 모두 폐허로 만들었다.[23] 1664년에는 "이부상서吏部尚書 이리포伊裏布와 병부상서 석도碩圖를 파견하여 번원藩院의 장군·제독과 함께 연해주민들을 재차 내륙으로 50리 이주시켰다."[24] 1679년에는 복건의 복녕福寧에서 조안詔安에 이르는 백성들을 내륙으로 10리 또는 20리를 이주시켰다.[25]

북쪽 산동반도에서 남쪽 주강삼각주에 이르는 광범위한 연해지역에서 실시된 3차의 '천해'로 인해 인구가 밀집해 있던 연해지역은 "쑥대밭으로 변하고 수천 리에 달하는 연해지역은 인적이 드문 폐허로 되었으며"[26], 내륙과의 연결이 단절되고 상인의 발길이 끊겨[27] 소생하던 동남 연해지역의 무역은 재차 막중한 타격을 받았다.

2. 폐관정책

1683년 시랑施琅이 청 수군 3만여 명을 통솔해 대만을 수복함에 따라

---

21) 昆岡 等(淸),「刑部·兵律關津」,『欽定大淸會典事例』卷776, p.107.
22) 중국에서 1리는 500m에 해당한다.
23) 王胜時(淸),「粤游」,『漫游紀略』卷3, p.8.
24) 阮元(淸),「邊防篇」,『廣東通志』卷123.
25) 江日昇(淸),『臺灣外紀』卷23, p.2.
26) 施琅(淸),『靖海紀事』, 陳序, p.7.
27) 『閩海紀略』, p.10.

정성공의 반청세력은 완전히 소멸되었을 뿐만 아니라 청도 확고한 기반을 다지게 되었다. 따라서 청 조정은 연해지역 주민들의 민심을 달래고, 재정수입을 늘리기 위해 차츰 해금정책을 폐지하였다. 1684년 3월 절강, 복건, 광동 등 연해지역 주민들은 산동반도 연해지역의 주민들과 마찬가지로 무역과 어로에 종사할 수 있다고 선포하였으며, 9월에는 해금정책을 취소한다고 선언하였다. 1685년에는 강소의 영대 산운대山雲臺, 절강의 닝보寧波, 복건의 하문廈門, 광동의 황포黃埔에 각각 해관을 설치하고 감독기관을 설립했다.[28] 옹정雍正 시기에서 건륭乾隆 시기에 이르기까지 연해에 산해관山海關, 진해관津海關, 강해관江海關, 절해관浙海關, 민해관閩海關, 월해관粵海關 등 6개 해관을 설치하여 해외무역을 관리하였다.

청 조정이 민간무역에 관련된 해금정책을 폐지했지만, 상선이 일단 출항하면 행방을 추적할 방법이 없고 불법행위 여부를 확인할 수도 없었으므로 청 조정은 사실상 여전히 해금정책의 일종인 '폐관'정책을 실시하였다.

첫째, 무역의 자유를 제한하였다. 반청세력이 국외세력과 결탁하여 반청활동을 진행하는 것을 방지하기 위해 무역의 자유를 엄격히 제한하였다. 청은 1720년에 무역에 종사하는 해상에 관련해 다음과 같은 규정을 반포하였다.

"해선 건조 초기 건조인은 해관감독인과 지방관원에 보고해야 하며 선박건조인은 지방관원의 선민 확인을 받고 지역 이장 및 이웃주민 5명의 보증을 받은 후에야 선박을 건조할 수 있다. 건조완료 후 선박규격이 규정을 초과하지 않았고 규정 이상의 조타수를 고용하지 않았으

---

28) 梁廷楠(淸), 『夷氛聞記』 卷1, p.1.

며 선박을 해적들에게 임대하지 않는다는 보증서를 제출했을 경우 지방관원은 선체에 선명을 새기고 허가증을 발급해야 한다. 허가증에는 선주의 연령, 본적 등을 상세히 기재한다. 선주가 화물을 적재하고 출항할 경우 해관감독인은 선주가 관가에 신고했던 선체 치수를 재차 검사확인하고 조타수들의 상호 보증서를 받아야 한다. 상인의 자금 및 화물 소지여부를 반드시 확인하고 조타수의 가족 상황을 확인한 후 승선하게 해야 한다. 해관감독인은 상술한 사항을 검사·확인한 후 선체규격, 상인의 성명과 인원, 적재화물의 목적지, 출항일시 등을 허가증에 기재해야 한다."[29]

1731년부터는 "상선과 어선의 허가증에 조타수와 선원의 연령을 기재한 후 본인의 지문을 찍었으며, 선박이 입출항할 때 이름에 따라 지문을 대조하고 상이할 경우 해당 인원을 추궁하였다."[30] 1720년에는 "남양의 필리핀, 자바 등 지역에 진출해 무역하지 못한다."[31]고 규정하였다.

둘째, 수출화물을 제한하였다. 외국인들이 중국 제품을 선호했으므로 중국 상품의 경쟁력이 상당히 높았지만, 청 조정은 수출을 장려하지 않고 오히려 제한하였다. 1759년에는 "밀무역을 통해 비단이 해외로 대량 수출되어 강소와 절강지역의 비단 가격이 날마다 오른다."고 여겨 연해 각 지역의 비단과 견직물의 수출을 엄격히 제한할 것을 명령하였다. "만일 규정을 위반하고 수출한 비단이 백근에 달할 경우 변방에 정배를 보내고 백근이 되지 않을 경우에는 곤장 백대를 치고 3년 도형에 처하며 10근[32]에 못 미친 자에 대해서는 곤장 백대를

---

29) 昆岡 等(淸), 「吏部 : 處分例」, 『欽定大淸會典事例』 卷120, p.7.

30) 昆岡 等(淸), 「刑部 : 兵律關津」, 『欽定大淸會典事例』 卷776, p.123.

31) 席裕福(淸), 『皇朝政典類纂』 卷117, p.10.

치고 1개월간 칼을 씌운다. 수종隨從 및 선주가 이러한 사실을 알면서도 신고하지 않았을 경우 한 등급 낮은 형벌에 처하고 선박과 화물은 모두 관가에서 몰수한다. 책임이 있는 여러 문무관원은 쌀 수출에 관련해 불찰책임이 있는 관원의 처리방식을 참조하여 문책한다."[33]고 규정하였다. 이러한 정책이 실시된 후에도 비단과 비단제품 가격이 여전히 상승하자 청 조정은 비단 수출금지 조치를 폐지하였다. 하지만 여전히 제한정책을 실시해 상선은 재래식 비단과 일정양의 잠사를 소지할 수밖에 없다고 규정하였다. 청 조정은 예로부터 주된 수출제품인 비단의 수출을 제한한 까닭에 대부분 해선은 출항을 금지당했으며, 이는 민간 항해무역의 정상적인 발전에 직접적인 영향을 끼쳤다. 1871년에는 안휘, 절강, 복건 등의 순무에게 차입 수출금지령을 하달하였다.

"관할지역의 백성을 엄격히 단속하고 널리 고시하여 차 무역에 종사하는 모든 상인들이 이전과 마찬가지로 내하를 이용해 산을 넘어 수출해야 하며 바다를 통해 수출하는 것을 영원히 금지한다. 금지령을 위반하고 사사로이 바다를 통해 차를 수출하다 잡혔을 경우에는 상인을 처벌하고 차를 몰수한다. 만일 금지령을 확실하게 집행하지 않아 몰래 수출하는 상황이 발생했을 경우 어느 지역의 항구에서 출항했는지를 확인해 해당 항구감독인을 엄격히 문책하는 외에 해당 지역의 순무도 문책한다."[34]

이외에도 곡물, 철기, 유황, 금은 등도 금지품으로 지정하였다. 특히 곡물에 관련해 청 조정은 엄격한 통제를 실시하였다. 배마다 인원수와

---

32) 중국에서의 '1근斤'은 500g에 해당한다.

33) 昆岡 等(清), 「兵部·綠營處分例」, 『欽定大清會典事例』卷630, p.42.

34) 昆岡 等(清), 「兵部 : 綠營處分例」, 『欽定大清會典事例』卷630, pp.73~74.

왕복에 소요되는 시간에 따라 한 사람당 하루에 한 되 이상 소지할 수 없다고 규정하였다.

셋째, 원양선박의 건조를 엄격히 통제하였다. 15세기 말에 이르기까지 원양해선은 항해성능이 여전히 우수했지만, 16세기부터는 청 조정의 각종 제한으로 인해 선박건조술은 점차 시대에 뒤떨어지고 선박의 질은 점차 내리막길을 걷기 시작했다. 1655년 청 조정은 쌍돛대선박을 건조하지 못한다고 규정했으며, 1684년에는 "만일 500석 이상의 쌍돛대 선박을 건조했을 경우 관병민35)을 막론하고 모두 변방으로 정배 보낸다. 해당 문무관원과 지방 이장이 내통해 함께 참여했을 경우 3년 도형에 처한다. 건조하고 있는 것을 알면서도 신고하지 않았을 경우 관원은 철직撤職시키고 병민兵民은 곤장 100대를 친다."36)고 규정하였다. 1703년에 이르러 비록 쌍돛대선박의 건조를 허용했지만, 선박의 제원을 엄격히 제한하였다.

> "선폭은 1장 8척을 초과하지 못하며, 조타수 등 선원은 28명을 초과하지 못한다. 선폭이 1장 6척인 선박은 24명을 초과하지 못한다. 만일 선폭이 규정을 초과하거나 인원수가 초과하였을 경우, 또는 다른 사람으로 대신했거나 감독검사를 제대로 하지 않는 자에 대해서는 어선 처벌보다 한 급 높은 형벌에 처한다."37)

이외에도 1694년에는 "내륙상인이 외국에서 조선하는 것을 엄격히 금지하며, 이를 위반한 자는 엄격히 처벌한다."고 규정하였다. 이러한 규정은 중국 범선의 제조업 발전에 상당한 타격을 주었다. 그 결과

---

35) 관병민官兵民이란 관원, 병사, 백성을 가리킨다.
36) 昆岡 等(淸), 「刑部 : 兵律關津」, 『欽定大淸會典事例』 卷776, p.113.
37) 周凱(淸), 「船政略 : 商船」, 『廈門誌』 卷5, p.130.

조선기술이 낙후되어 선체가 작고 항속이 느린 중국 범선은 말라카해협을 넘어설 수 없게 되었으며, 중국의 민간무역은 갈수록 위축되어 동남아시장을 유럽인들에게 빼앗길 수밖에 없었다.

넷째, 출항 해선의 무기 탑재를 제한하였다. 청 조정은 무기를 소지한 해상이 자국에 주는 영향을 미연에 방지하기 위해 1684년에 해선의 무기탑재를 제한한다고 규정하였다. 1720년에는 "연해 각 지역의 출항 해선은 대포와 같은 무장을 탑재하지 못하며, 지방관원이 엄하게 취조하지 못하여 해상이 여전히 무기를 소지했을 경우 총기 불찰 과실에 관련된 규정에 따라 1년 봉록을 삭감한다."[38]고 재차 반포하였다. 1728년에 이르러 이러한 규정이 비록 완화되었지만, 여전히 "총 8자루, 칼 10자루, 활 10자루, 화약 20근을 초과하지 못한다."[39]고 규정하였다. 1730년에는 규정이 한층 더 완화되었지만, 여전히 한 척의 해선은 대포 20문과 화약 30근을 초과 소지할 수 없다고 규정하였다.[40]

청 조정이 해선의 무기소지를 제한하고 있을 때 서유럽 선대는 조직된 폭력행위로 동방해역으로 진출하고 있었다. 무장을 제대로 갖추지 못한 중국 해선은 최첨단 무장을 갖춘 서유럽 선대에 대항할 수 없었다. 결국 말라카해협 동쪽 해역, 남중국해와 중국 연해지역은 점차 유럽인들에게 장악되고 중국의 무역은 쇠퇴되어 갔다.

3. 낙후한 해외무역정책

멸망 위기에 이른 청 조정은 봉건제도와 소위 '존엄'을 수호하기 위해 자국의 무역을 제한하는 동시에 당시 세계를 휩쓴 자본주의무역에

---

38) 昆岡 等(淸), 「吏部 : 處分例」, 『欽定大淸會典事例』 卷120, p.14.
39) 昆岡 等(淸), 「兵部 : 綠營處分例」, 『欽定大淸會典事例』 卷629, p.16.
40) 昆岡 等(淸), 「兵部·綠營處分例」, 『欽定大淸會典事例』 卷629, p.19.

관해서도 '쇄국'정책을 실시하였다.

첫째, 외부와의 왕래를 거부하고 여전히 '천조대국'과 '만국조공'의 환상에 빠져 있었다. 청의 통치자들은 "천조는 물산이 풍부하기 때문에 외국과 화물을 교류할 필요가 없으며", "만국을 다스리고 있는 천조는 모든 나라를 동일시한다."고 강조하였다. 즉 통치자들은 무역을 그다지 중요시하지 않았으며, 해관 수입을 상당히 경시하고 있었다. 결국 청은 세계 각국과의 상호 왕래를 통해 경제를 발전시키고 국력을 강화할 수 있는 기회를 상실하게 되었으며, 서방열강의 침략을 당하는 수모를 겪을 수밖에 없었다.

둘째, 청은 서양 자본주의세력의 침투로 인해 멸망하는 것을 막기 위해 소극적인 '방어'와 '폐관'정책을 실시해 하나의 통상항구만 개방하였다. 청은 봉건통치를 유지하고 봉건사회의 자연경제와 유가사상을 수호하고자 했다. 이를 위해 서방 자본주의 나라와의 왕래를 거절하였을 뿐만 아니라 이러한 것들을 강력하게 배척하고 막기 위해 애썼다. 1684년 해금정책이 폐지된 후 광주, 하문, 영파, 운대산雲臺山 등에 4개의 통상항구를 개방하고 외국과의 왕래를 추진하였었지만, 그 후에는 광주와 홍콩, 마카오에서만 해외무역을 전담하게 하였다. 18세기 이후 영국은 중국과의 무역을 조속히 실현하기 위해 동인도회사의 무장상선을 영파 등 중국의 연해지역으로 파견하였다.

외국세력이 중국 북부와 내륙지역에 침입하는 것을 막기 위해 청은 1757년 "광주 한 곳에서만 해외무역을 진행할 수 있다."고 규정하였다. 이로부터 1842년에 이르기까지 해외무역은 다만 광주 한 곳에서만 진행할 수 있었다. 이러한 조치는 유럽인들의 중국 침략을 일정하게 지연시키는 역할을 하였지만, 해외무역을 저해하여 중국을 고립되게 만들었다. 결국 중국은 급변하고 있는 세계의 대세에 적응하지 못해 서방국과의 격차는 점점 벌어지게 되었다. 그 결과 청은 서방 자본주의

열강의 대포와 군함에 의해 반식민지로 전락하고 말았다.

참고문헌

〈사료〉

官修(明), 『明太祖實彔』, 學識齋, 1868.

顧炎武(明), 「戎海篇:沿海漁稅」, 『天下郡國利病書』 第22冊, 浙江下, 上海科學技術文獻, 2000.

張燮(明), 「餉稅考」, 『東西洋考』 卷7, 商務印書館, 1936.

何良俊(明), 『四友齋叢說摘抄』 第3, 中華書局, 1985.

江日昇(淸), 『臺灣外紀』 卷23, 河洛圖書, 1980.

昆岡 等(淸), 『欽定大淸會典事例』, 商務印書館, 1909.

穀應泰(淸), 「沿海倭亂」, 『明史紀事本末』, 中華書局, 1980.

席裕福(淸), 『皇朝政典類纂』 卷117, 學識齋, 1868.

王胜时(淸), 「粵游」, 『漫游纪略』 卷3, 上海进步书局, 1912.

阮元(淸), 「邊防篇」, 『廣東通志』 卷123, 江蘇廣陵古籍刻印社, 1987.

梁廷楠(淸), 『夷氛聞記』 卷1, 中華書局, 1959.

張廷玉(淸), 『明史』, 中華書局, 1974.

周凱(淸), 「船政略:商船」, 『廈門誌』 卷5, 成文出版社, 1839.

佚名(淸), 『閩海紀略』, 學識齋, 1868.

〈연구논저〉

孙光圻, 『中国古代航海史』, 海洋出版社, 1989.

16장

근대 최초의 해운기업 윤선초상국輪船招商局

1840년 영국은 청의 아편소각이 자국의 이익에 영향을 주자 제1차 아편전쟁을 일으켰다. 전쟁에서 패한 청은 영국과 '남경조약南京條約'을 체결하고 광주廣州, 하문厦門, 복주福州, 영파寧波, 상해上海 등 5개 항구를 개방하였다. 그 후에도 청은 서구열강들과 불평등조약을 체결하고 수십 개에 달하는 항구를 개방하였다. 이러한 불평등조약을 근거로 외국의 많은 해운기업들이 활발히 중국에 진출하기 시작하였다. 외국 해운기업은 항속이 빠른 윤선輪船을 사용했기 때문에 항해기간이 상당히 단축되었으며 또한 운임도 저렴하였다.

이와 반대로 중국 선박은 사선인 까닭에 항속이 느리고 적재량이 적었을 뿐더러 항해술이 낙후하고 안전운항을 담보하기 어려웠다. 그 결과 규모가 작고 자금이 부족하며 기술이 낙후한 중국의 해운기업은 외국 해운기업과의 경쟁에서 밀리게 되었다. 이로 인해 중국의 해운시장은 외국 해운기업이 독점하게 되었다.[1]

1) 曹凯风(2006), 『告诉你一个眞实的轮船招商局』, p.5.

윤선이 해운에 사용됨에 따라 대부분의 상인들은 점차 윤선을 이용해 화물을 운송했으며, 일부 사선을 이용해 해운에 종사하던 선주들도 윤선을 구입하여 해운에 종사하기 시작하였다. 당시 청은 중국인들이 윤선을 이용해 해운에 종사하는 것을 금지하고 있었으므로 이들은 부득이 외국선적으로 등록하거나 외국기업에 임대시키는 방법으로 해운에 종사하였다.

제1차 아편전쟁 후 청 조정의 혁흔奕訢, 증국번曾國藩, 이홍장李鴻章, 좌종당左宗棠 등의 개명 관원들은 서양을 본받아 근대 군사공업을 일으키고 외국의 선진기술을 도입해 청을 강국으로 만들자고 주장하였다.[2] 1865년 증국번과 이홍장은 상해에 강남기기제조국江南機器製造局을, 1866년 좌종당은 복주에 복건선정국福建船政局을 각각 설립하였다. 하지만 얼마 후 복건선정국은 자금난으로 난관에 직면하게 되었다. 이 일을 통해 혁흔, 증국번, 이홍장, 좌종당 등 양무파洋務派[3]들은 '자강'하려면 먼저 '자부'해야 한다는 이치를 깨닫게 되었다. 따라서 윤선을 이용한 해운기업의 창설은 '자부'할 수 있는 최선의 방법이고, 또한 조운의 난관도 해결할 수 있어 일석이조의 방법이라고 간주하였다.

---

2) 혁흔奕訢은 공친왕恭親王으로서 총리아문總理衙門의 책임자였다. 양무운동시기 증국번曾國藩은 양강총독兩江總督이었으며, 이홍장李鴻章은 직예총독直隷總督 겸 북양통상대신北洋通商大臣, 좌종당左宗棠은 민절총독閩浙總督이었다.

3) 1856년 제2차 아편전쟁 후, 특히 태평천국운동太平天國運動을 진압하는 과정에서 점차 형성되고 장대해진 정치파벌로서 이들은 "외국의 선진기술을 배워서 자강하자"고 강력히 주장하였다. 이들은 '자강自强', '자부自富' 실현을 위해 잇달아 근대 군사공업, 민영공업을 창설하고 해안방어의 강화에 주력하였으며, 또한 인재를 양성하는 학당을 설립하고 유학생을 파견하는 등 일련의 활동을 전개하였다.

Ⅰ. 윤선초상국의 설립

1872년 7월 이홍장은 절강성浙江省의 후보지부候補知府인 주기앙朱其昻에게 윤상초상국輪船招商局의 규약을 제정하도록 명하였다. 1차 규약의 내용은 다음과 같다. '강남기기제조국에서 건조한 윤선을 상인들이 임대해 자주적으로 경영하거나 공동경영하여 운송업에 종사하고 윤선초상국은 운송업에 종사하지 않는다. 다만 윤선임대업무가 순조롭지 못할 경우 운송업에 종사한다.' 규약이 반포된 후 관련부서와 상인들의 냉대를 받아 윤선초상국의 창립이 난국을 맞게 되었다. 이러한 난국을 타개하기 위해 1차 규약과 완전히 상이한 2차 규약을 제정·반포하였다.[4]

(1) 1차 규약에는 윤선초상국이 해운에 종사하지 않으며, 다만 해운업무가 부진할 경우 해운에 진출한다고 규정했지만, 2차 규약에는 직접 해운에 종사한다고 규정하였다.

(2) 1차 규약에는 해운에 종사하는 윤선초상국 소속 상인들은 모두 정부의 우대와 보호를 받는다고 규정했지만, 2차 규약에는 윤선초상국의 주주가 아니면 조운 등 관련 우대를 받을 수 없다고 규정하였다.

(3) 1차 규약에는 상인이 선박을 임대한 후 임직원을 자유로 임면할 수 있는 인사권리가 있다고 규정했지만, 2차 규약에는 이홍장이 총판總辦을 임명하고 총판은 윤선초상국 내부의 인사 및 업무 권한을 행사한다고 규정하였다.

(4) 1차 규약에는 윤선초상국은 조선소로부터 선박을 구입할 의무가 있으며 높은 대가를 치르더라도 반드시 조선소로부터 선박을 구매해야 한다고 규정했지만, 2차 규약에는 선주들의 윤선초상국 가입에 중점을

---

4) 孙光圻(1991), 『中国航海史纲』, p.218.

두었다. 중국적 선주들은 윤선초상국에 부속되어 해운에 종사하거나 선박을 전부 또는 일부를 지분으로 계산해 윤선초상국의 주주가 되던지 또는 선박을 윤선초상국에 팔 수 있다고 규정하였다.

신 규약을 반포한 후 일정한 준비기간을 거쳐 이홍장은 1872년 1월 17일 윤선초상국의 창립을 선포하고 '윤선초상공국輪船招商公局'으로 개명하였다. 초대 총판으로 위임된 주기앙은 조정으로부터 설립자금 20만 꿰미를 빌린 후 본부를 상해시上海市 남시南市 양경빈洋涇浜 영안가永安街에 두고, 국기局旗는 3각 용기三角龍旗와 쌍어기雙魚旗로 정하였다. 이로써 윤선초상국은 초보적인 틀을 갖추게 되었다. 설립 당시 윤선초상국의 경영체제를 '관독상판官督商辦'[5]으로 규정했는데, 이는 정부가 윤선초상국의 모든 대권을 장악하고 있음을 의미한다.

II. 윤선초상국의 경영체제

윤선초상국이 '관독상판'의 경영체제를 실시했으므로 새로운 규약을 반포했지만 상인들로부터 큰 호응을 얻지 못하였다. 심지어 설립 전 윤선초상국의 주식을 구매하겠다고 약속했던 상인들도 약속을 파기하는 상황이 발생해 민간자금을 모으는 데 결국 실패하고 말았다. 윤선초상국은 창립 후 해운에 종사하기 위해 부두와 창고를 임대하고 윤선을 구입했는데, 그 자금이 40만 냥에 달해 적자가 20만 냥이나 되었다. 그 결과 윤선초상국은 자금난으로 경영에 차질을 빚었으며, 신용도

---

5) 총판總辦이 윤선초상국의 인사권, 행정권, 재무권 등을 장악하고 기업의 손익은 모두 상인이 자체부담하며 정부와는 아무런 관련이 없고 다만 세금만 징수하는 체제를 가리킨다.

날로 하락하였다. 이러한 난국을 타개하기 위해 이홍장은 윤선초상국의 경영체제를 혁신하고 임원을 교체하지 않을 수 없었다.

1873년 7월 경영방식을 '관독상판'에서 '상판商辦'6)으로 변경한 후, 해운에 익숙하고 기업경영과 관리경험이 풍부한 상인 당정추唐廷樞를 총판으로 임명해 윤선초상국의 모든 업무를 총괄하게 하였다. 그 외에도 서윤徐潤, 주기앙, 성선회盛宣懷, 주기조朱其詔 등을 '회판會辦'으로 임명하고 주기앙, 주기조는 조운을 담당하고 서윤은 화물내원을 해결하는 일을 관장하며 성선회는 양측을 협조하도록 하였다.

그 외에도 국기를 '홍저황일기紅底黃日旗'로 바꿨으며, 『윤선초상국규칙』과 『윤선초상국장정』을 새로 제정하였다. 새로운 규정에는 윤선초상국의 주식을 많이 소유한 자는 이사 자격으로 경영관리권을 갖는다고 규정하였다. 새로운 규약이 반포된 후 상인들은 앞 다투어 윤선초상국의 주식을 매입하기 시작해 주식이 매진된 이듬해 6월 윤선초상국의 자금은 신속히 50만 냥으로 증가되어 난국이 극복되었다. 이 자금을 기초로 윤선초상국은 본격적인 해운업무를 개시하기 시작했으며, 윤선초상국은 자본주의 성격을 소유한 기업으로 탈바꿈하였다. 상판 시기의 윤선초상국은 상인들의 꾸준한 노력으로 각종 업무가 활발히 전개되고 규모가 날로 확대되어 갔다. 이홍장은 창립 초기부터 윤선초상국을 관독상판 체제로 운영할 계산이었지만 자금난을 타개하기 위해 부득이 상판으로 체제를 변경하였던 것이다.

그러나 윤선초상국의 자금난이 타개되고 경영도 정상궤도에 들어서자 이홍장은 윤선초상국에 대한 통제를 강화하기 위해 1885년에 구조조정을 실시하였다. 그는 성선회를 독판으로 임명하고 윤선초상국의

---

6) 민간상인이 윤선초상국의 주식을 구입한 후 이사회를 성립하고 기업내부의 인사권, 경영권, 재무권리, 행정권을 관장하는 경영체제를 가리킨다.

경영체제를 다시 '관독상판'으로 변경하였다. 결국 윤선초상국은 자본주의 기업에서 다시 봉건정부가 통제하는 기업으로 전환되었으며 조정의 통제 하에 해운에 종사할 수밖에 없었다. 그 후 윤선초상국은 여러 번의 구조조정을 거쳤지만 청이 멸망할 때까지 '관독상판'의 성격은 변하지 않았다.

청이 멸망하고 중화민국이 성립되면서 윤선초상국은 중화민국의 국영기업(현 양명해운陽明海運)으로 전환되고 중국 대륙이 해방되기 전 대만으로 이주하였다. 중화인민공화국이 건립된 후 대륙에 남아있던 윤선초상국의 모든 자산은 중화인민공화국 정부에서 몰수하였다.

III. 윤선초상국의 해운업무

1872년 1월 17일에 윤선초상국이 설립된 뒤 해운 업무를 개시하기 위해 상해와 천진 등의 지역에 부두와 화물 창고를 임대하거나 건축하고 외국으로부터 이돈윤伊頓輪, 영청윤永淸輪, 이운윤利運輪, 복성윤福星輪 등 윤선을 구입하여[7] 상해와 산두汕頭를 왕래함으로써 영업을 시작하였다.

1. 외국 해운기업과의 경쟁

윤선초상국의 설립 당시 자국의 이익과 관계가 없다고 간주한 프랑스와 러시아 등은 윤선초상국의 "설립은 그 시기가 아주 적절하며 중국에서 없어서는 안 되는 일"[8]이라고 성원을 보냈다. 특히 영국 및 미국과

---

7) 招商局檔案館(淸), 『招商局檔案抄件』, 同治 11年 12月.

경쟁 관계에 있던 독일은 윤선초상국의 창립은 청 조정이 실시한 가장 좋은 조치라고 성원하는 동시에 해운경영에 관련된 많은 사안에 대해 제안하였다. 그러나 중국의 해운시장을 독점하고 있던 영국의 태고양행太古洋行(Butterfield & Swire)과 이화양행怡和洋行(Jardine Matheson), 미국의 기창양행旗昌洋行(Russel & Co.)과 같은 해운기업의 강력한 방해를 받았다. 이들은 초창기에 윤선초상국을 경쟁에서 밀어내기 위해 연해와 내하의 화물운임을 40~50%로 할인하고 여객운임은 70%로 할인하였다. 또한 윤선초상국의 선박이 외국인이 경영하는 선박보험회사의 보험에 들지 못하도록 했으며, 해외항로를 개통하지 못하도록 방해하였다.9) 이와 같은 난국을 타개하기 위해 이홍장과 청 조정은 윤선초상국에 대대적인 후원을 제공하였다.10)

첫째, 여러 차례 자금을 제공해 윤선초상국의 자금난을 해결하고 내실을 강화하였다. 이러한 자금은 연내에 원금을 갚고 이자는 천천히 갚을 수 있어 자금 부담을 상당히 줄일 수 있었다.

둘째, 조운과 기타 해운에 종사할 수 있는 특권을 부여해 윤선초상국의 경영업무가 정상적으로 진행되도록 하였다.

셋째, 윤선초상국의 선박이 내하와 연해 등 대외 통상이 금지된 항구도시에서 자유롭게 무역에 종사할 수 있도록 허가하였다.

넷째, 무료로 정부 윤선을 사용하고 항로를 개척할 수 있는 권한을 부여하였다.

이러한 특권의 혜택에 힘입어 치열한 경쟁에서도 윤선초상국의 규모는 계속 확대되었으며, 잇달아 중국 남북연해의 항로와 일본, 필리핀,

---

8) 中国史学会(1961), 『洋务运动』第6冊, p.4.
9) 交通铁道部交通史编纂委员会(1946), 『交通史航政编』第1冊, p.257.
10) 中国航海学会(1989), 『中国航海史 : 近代航海史』, p.131.

싱가포르, 베트남 등으로 통하는 해외항로를 개설하였다. 3년이 지난 1876년 윤선초상국의 선박총수는 11척, 총톤수 2319톤에 달하였다.[11]

이와는 반대로 윤선초상국의 가장 강한 경쟁자인 미국의 기창윤선회사旗昌輪船公司는 운임수입이 현저하게 감소되어 시장의 신뢰를 잃어가고 있었다. 또한 해당 회사에서 운영하고 있는 선박은 대부분이 목선인 관계로 철선의 경쟁상대가 되지 못하였다. 그 외에도 당시 미국 남북전쟁의 종결로 미국 내의 경제가 발전함에 따라 상인들은 국내에 투자하는 데 열중하기 시작했으며, 기창윤선회사도 선박의 매각을 준비하고 있었다.

경쟁상대를 줄이고 자신의 실력을 강화하기 위해 또한 조운전담에 필요한 선박수량을 보유하기 위해 윤선초상국은 1877년 1월 2일 기창윤선회사와 계약을 체결하고 기창윤선회사의 모든 강선, 해선, 부두, 창고 등을 매수하였다. 이로써 윤선초상국의 선박은 29척으로 증가했으며, 총톤수는 3만여 톤에 이르러 사세가 뚜렷이 성장하였다.[12]

2. 단일운임계약 체결

윤선초상국이 미국의 기창양행을 매수한 후에도 영국의 태고 및 이화와의 경쟁은 계속되었다. 영국의 두 해운회사는 인도의 관련 해운회사로부터 윤선을 지원받았을 뿐만 아니라, 자국 자본의 대대적인 지원을 받았다. 윤선초상국은 청 조정의 후원을 받아 조운을 전담한 관계로 영국 회사가 일반화물을 독점하는 상황에서도 정상적으로 해운 업무가 진행되었으며, 중국 상인들의 전폭적인 지지를 받았다. 결국

---

11) 中国航海学会(1989), 『中国航海史 : 近代航海史』, p.135.

12) 朱荫贵(2008), 『中国近代轮船航运业研究』, p.239.

양자의 경쟁은 중국과 영국, 두 국가 간의 경쟁으로 치달았다. 1년간의 치열한 경쟁 끝에 쌍방은 모두 막대한 손실을 입었지만 서로 상대를 파산시킬 수 없었다. 쌍방은 파산을 피하기 위해 1877년 겨울에 단일운임계약을 체결하였다. 즉 윤선초상국과 태고는 매 항로마다 일정 수량의 선박을 배치하고 단일운임을 수취하여 경쟁을 피하며 운임수입을 비례에 따라 나눈다고 약정하였다.[13]

첫째, 장강항로에서 윤선초상국이 선박 6척, 태고양행이 4척을 투입한 후 운임수익은 윤선초상국이 55%, 태고가 45%를 획득한다.

둘째, 영파항로에서 첫해는 윤선초상국이 전담하고, 이듬해부터 태고가 참여하는데, 이익은 윤선초상국이 55%, 태고가 45%를 가졌다.

셋째, 윤선초상국의 선박이 광동 내하에서 해운에 종사할 때는 태고에 연락을 취한다.

1878년 윤선초상국과 이화양행도 단일운임계약을 체결했는데, 기한은 1880년까지였다. 단일운임계약의 기한이 만료된 후 쌍방은 다시 3년간의 치열한 경쟁을 벌인 끝에 부득이 1884년 다시 제2차 계약을 체결했으며, 기한은 1889년까지였다. 마찬가지로 2차 계약이 만료된 후 또 다시 3년간의 경쟁이 벌어졌으며, 1893년 제3차 계약(기한은 1898년까지)을 체결하였다. 그 후 계약이 만료되면 계속 연장해 20세기 초까지 연기되었다.

---

13) 招商局檔案館(淸),『招商局與古會社訂立和議』, 招商局檔案 4682卷, 第23號.

3. 선적船籍의 변경

전쟁이 발발한 상태에서 소유선박을 보호하기 위해 윤선초상국은 4차에 거쳐 선적을 변경하였다.

(1) 중국-프랑스전쟁기

1883년 12월 중국-프랑스전쟁이 일어나자 윤선초상국은 소유선 20여 척의 안전을 위해 처음으로 선기를 변경하였다. 회판 마건충馬建忠은 이홍장의 지시에 따라 미국의 기창양행과 협상을 통해 비밀리에 계약을 체결하고 윤선초상국의 선박과 부두, 창고 등을 기창에 매각하고 윤선초상국 선박에 미국 국기를 달았다. 이듬해 4월 중국과 프랑스가 정전협정을 맺자 윤선초상국은 기창으로부터 다시 선박, 부두, 창고 등을 원가로 매입하였다. 이러한 조치는 윤선초상국의 선박을 효과적으로 보호했을 뿐만 아니라 해운업에 종사할 수 있도록 했다.

(2) 청일전쟁기

1894년 7월 청일전쟁이 발발하여 중국 북부해역을 항해하는 데 윤선초상국의 선박에 상당한 위험을 가져다주었다. 따라서 윤선초상국은 중국-프랑스전쟁 때와 마찬가지로 모든 선박을 여러 외국회사에 매각하였으며, 1895년 4월 청일 간 마관조약馬關條約(시모노세키조약)의 체결로 전쟁이 종전되자 다시 외국회사로부터 선박을 모두 매입하였다.

(3) 의화단운동시기

1900년 5월, 중국 대륙에 "청정부를 도와 서방 외국세력을 몰아내는 것"을 목적으로 하는 대규모의 대중운동인 '의화단운동義和團運動'이 발발하였다. 이를 구실로 영국, 프랑스, 독일, 제정 러시아, 미국, 이탈리아, 오스트리아제국 등 8개국은 연합으로 '8국연합군八國聯軍'을 조직하여 탄압을 실시하였다. 이러한 혼란기 자신의 선박을 보호하기 위하여 윤선초상국은 19척 선박을 또 다시 외국회사에 매각하였다. 이듬해 사태가 잦아진 후 윤선초상국은 원가로 상술한 선박을 매입하였다.

(4) 항일전쟁기

1937년 중국의 전면적인 항일전쟁이 발발한 후 윤선초상국은 모든 선박을 미국의 위리한회사衛利韓會社에 위탁경영하고 상해의 16포 부두十六鋪埠頭를 루스벨트부두羅斯福埠頭로 개칭한 후 미국 국기를 게양하였다. 1945년 8월 항일전쟁이 끝난 후 윤선초상국은 모든 선박과 부두를 매입하였다.

4. 외국선원의 고용 및 외국자금 대출

1870년대 중국의 일부 개명인사들이 근대 조선소를 창립하고 학당을 꾸려 항해 및 기관 전공의 관련 인재를 양성하였다. 하지만 전반적으로 건조기술이 낙후하고 해사인재들도 부족하였다. 청 조정은 이러한 문제를 해결하기 위해 여러 차례 유럽에 유학생을 파견하였다.

초창기 윤선초상국은 정상적인 선박운항을 유지하고 선원 부족 문제를 해결하기 위해 외국적 선장과 기관장 및 선원을 대량으로 모집하였다. 이러한 조치를 통해 일시적 난국은 해결되었지만 부작용도 상당하였다. 윤선초상국의 대부분 선박이 외국선원에 의해 운행되어 회사운영에 문제가 없자 청 조정은 자국의 선원 양성에 큰 관심이 없었다. 결국 20세기 초기에도 중국적 선장과 기관장 등 고급선원은 상당히 부족한 상태였으며, 중국의 해운은 여전히 외국인들에 의해 통제되어 중국의 해운업은 사실상 외국인에게 장악되어 있었다.

윤선초상국은 경영과정에서 청 조정의 대대적인 후원을 받았지만, 때로는 자금난을 해결하기 위해 대부금을 빌려 쓰기도 하였다.[14] 첫 번째는 1877년 기창회사를 매수하기 위해 120만 냥을 대출했으며, 1881년에 상환하였다. 두 번째는 1883년 상해 금융시장 위기가 발생한 후 이화怡和와 천상天祥 등의 회사로부터 74.3만 냥을 대출받고 1887년에 상환하였다. 세 번째는 1885년 기창으로부터 본 회사의 선박을 회수하고 또한 이화와 천상 등의 회사에서 빌린 대출금을 반환하기 위하여 홍콩상해은행滙豐銀行으로부터 118만 냥을 대출했으며 1895년에 상환하였다. 상술한 3차의 대출은 모두 고리대금이었던 관계로 많은 이자를 부담했지만 윤선초상국의 해운경영에 큰 영향을 미치지는 않았다.

5. 보험회사 설립

윤선초상국 창립 초기 외국 해운회사는 상해외상보험회사上海外商保險公司와 결탁하여 윤선초상국 선박의 보험가입을 거절하였다. 외국선박 보험회사의 독점 국면을 타파하고 윤선초상국의 선주들의 안전 부담을 줄이기 위해 1875년 11월 당정추, 서윤 등은 민간자금을 모아 인화보험회사仁和保險公司를 설립하고 윤선초상국에 위탁하여 경영하였다. 이

---

14) 孙光圻(1991), 『中国航海史纲』, p.229.

보험회사는 중국인이 창립한 최초의 보험회사이다. 1년간의 경영을 통해 많은 이익을 얻게 되자 1876년 6월에 두 번째 선박보험회사 제화화재보험회사濟和火險公司를 설립하고 마찬가지로 윤선초상국에 위탁경영하였다. 1886년 상술한 두 보험회사를 통합하여 인제화보험회사仁濟和保險公司를 창립했는데 자본이 100만 냥에 달하였다. 이 보험회사도 여전히 윤선초상국에 위탁경영하고 윤선초상국의 선박과 선적화물 등 관련 보험을 전담하였다.

IV. 중화민국 및 이후의 윤선초상국

1. 신해혁명 전후

1911년 신해혁명이 발발하여 청이 몰락하고 중화민국이 건립되었다. 청 조정의 몰락과 함께 조정의 통제하에 있던 윤선초상국은 1912년 3월에 상해에서 윤선초상국의 제2차 주주대회를 열고 제2기 이사회를 구성하였다. 따라서 윤선초상국은 관독상판에서 완전 상판체제로 전환되었으며, 명칭도 '상판초상국윤선회사商辦招商局輪船公司'(또는 상판초상윤선유한회사)로 개칭되었다.

1912년 1월 1일에 성립된 중화민국 임시정부에서 손문孫文이 임시정부대통령으로 당선되었지만, 얼마 후에는 여러 원인으로 인해 북양군벌 원세개袁世凱에게 대통령직을 내주게 되었다. 그 후 원세개가 다시 황제제도를 복원하였는데, 각 지방정부와 여론의 규탄을 받게 되자 81일 후 다시 민국체제로 변경하였다. 하지만 여론의 비판이 계속되자 원세개는 우울증으로 사망하고 말았다. 원세개가 사망함에 따라 그가 통솔하고 있던 단기서段祺瑞(환계皖系로 약칭, 안휘, 절강, 복건, 산동,

섬서 등 지역을 통제), 풍국장馮國璋(직계直系로 약칭, 장강 하류의 강소, 강서, 호북지역을 통제), 장작림張作霖(봉계奉系로 약칭, 동북3성을 통제) 및 기타 지역의 군벌들 간에 권력다툼이 벌어지고 상호간의 정권교체가 빈번하게 발생하였다. 이러한 혼란국면을 종말 짓고 통일된 중화민국을 건립하기 위해 국민당은 광동지역에서 국민당 정부를 설립하고 북벌전쟁을 시작하였다.

1927년 북벌군이 상해에 진주한 후 4월에 국민당중앙집행위원회 제15차 회의를 개최하고 '초상국정리정돈위원회淸査整理招商委員會'를 설립하였다. 반년간의 조사를 통해 윤선초상국의 많은 문제점이 발견되자 이를 해결하기 위해 11월에는 초상국감독판공처를 설립하고 윤선초상국에 대한 정리를 시작하였다. 이러한 조치는 윤선초상국의 실권을 장악하고 있던 이홍장의 손자 이국걸李國傑의 강력한 반대를 받았다. 그는 윤선초상국의 이사와 주주들을 연합해 국민당 당국에 압력을 가하는 동시에 전단지를 뿌리고 언론매체에 정리 반대문을 발표하는 등 각종 수단으로 윤선초상국에 대한 정리에 결사반대하였다.

이러한 상황에서 1928년 초상국감독처는 윤선초상국 이사회를 해산하고 특파원을 파견해 윤선초상국을 관리하기 시작하였다. 일련의 조치를 취한 후 1932년 11월 15일 국민당 정부는 초상국수매국유령招商局收購國有令을 반포하고 윤선초상국을 국영기업으로 개편한다고 결정하였다. 주주들의 피해를 막기 위해 국민당 정부는 근래 3년간의 평균주식시가로 윤선초상국의 주식을 매입함에 따라 윤선초상국은 완전한 국영기업으로 되었으며, 감독처를 이사회로 변경하고 총지배인을 두었다. 이로써 윤선초상국은 국민당 정부의 독점적인 해운기업으로 변경되었다.

2. 항일전쟁기

1937년 7월 7일 중일전쟁이 발발한 후 일본군은 중국 북부지역으로 대거 진격하는 동시에 상해와 장강 연안의 지역을 점령하고 남북협공을 실시하기 위해 대량의 군함과 30만 명의 군대를 상해 인접해역에 집결시켰다. 이러한 상황에서 일본 군함의 장강 진입을 막기 위해 국민당 정부는 윤선초상국 등 해운기업의 선박을 징용하여 침몰시키는 방법으로 3차에 걸쳐 강음江陰, 마당馬當, 전가진田家鎮 등에 장강봉쇄선을 구축하였다.

국민당 정부는 상해가 함락된 후 물자가 일본군의 손에 넘어가는 것을 방지하기 위해 윤선초상국 등 해운기업에 명령해 상해의 물자와 상해에 거주하고 있는 관리 및 국민들을 남경으로 이전하도록 하였다. 그 후 상해가 함락된 후 남경에서 구강九江으로, 구강에서 무한武漢으로, 무한에서 의창宜昌, 의창에서 중경重慶으로 끊임없이 이주에 이주를 계속하였다. 이 과정에서 윤선초상국은 모든 선박을 동원하여 주야불문하고 이주에 주력하였다. 국민당 정부가 중경으로 이주한 후 윤선초상국은 후방의 물자공급을 보장하기 위해 새로운 운송통로를 개척하였다. 첫 번째는 무한과 광동을 연결하는 수륙통로이다. 즉 무한에서 장사長沙(또는 형양衡陽)까지 선박으로 운송하고 다시 장사(또는 형양衡陽)에서 곡강曲江, 영덕英德까지 기차로, 곡강(또는 영덕)에서 광주까지 선박으로 운송하는 통로였다.

이러한 운송로는 일본군 비행기의 폭격을 피할 수 있었던 까닭으로 많은 물자를 순조롭게 외국으로 수출하고 전쟁에 필요한 외화를 획득할 수 있었다. 두 번째는 윤선초상국이 대형 해선을 이용하여 중경과 장사 간의 항로를 개통하였는데, 이는 해선이 장강지류에서의 운항에 성공한 최초의 사례였다. 이외에도 일부 선박이 일본군에 납치되거나

운송과정에서 폭격을 당해 많은 손실을 입어 선박이 부족하게 되자
이러한 상태를 타개하기 위해 윤선초상국은 중경에 진입한 후 새로
운 선박을 구입하거나 임대하여 장강의 지류에서 운항을 활발히
전개하였다.

중일전쟁기 윤선초상국의 선박 손실은 막대하였다. 중일전쟁이 발
발하기 전인 1936년 윤선초상국의 선박 총톤수는 7만 1177톤이었지만
1937년에는 5만 4689톤, 1938년에는 3만 523톤, 1941년에는 2만 2713톤
으로 급격히 줄어들었다. 중일전쟁기 윤선초상국은 선박 73척을 잃었
으며, 일본군에 직간접적으로 훼손된 선박량은 총 선박량의 2/3에
달하였다.

3. 중일전쟁 이후

1945년 8월 항일전쟁에서 승리한 후 국민당 정부 교통부는 '적위선박
접수법接受敵僞船只辦法'을 통과하였다. 적위敵僞 소유[15]의 선박은 일괄적
으로 교통부가 각지의 군사기관과 협력 관리하며, 교통부가 접수한
적위선박은 임시적으로 윤선초상국에 맡겨 관리 운영한다고 규정하였
다. 이 결정에 따라 1945년 말까지 윤선초상국이 접수한 선박수량은
2358척에 달하였다. 이 중에서 윤선초상국은 314척을 남겨놓고 나머지
선박은 원래의 선주에게 돌려주거나 기타 부서에 배당하였다. 이외에
도 윤선초상국은 국민당 정부와 미국 정부가 체결한 협정에 따라
1946년 6월 미국으로부터 144척의 선박을 구입했는데, 이로써 선박총

---

15) 항일전쟁 시기 일본군국주의 정부는 중국대륙을 조속히 점령하기 위해 국민당
고위인사인 친일파 왕정위汪精衛를 위소로 하여 중경의 장개석蔣介石 국민당
정부와 대립하는 국민당 정부를 남경에 설립하였는데 사람들은 이를 괴뢰정부라
고 불렀다.

수가 490척에 달하였다. 이러한 방대한 선대를 바탕으로 윤선초상국은 11개의 국내항로와 장강 내하항로, 그리고 10개의 원양항로를 개통하였다.

윤선초상국은 국내외항로와 장강항로를 개통하여 중국 국내의 해운업을 독점한 동시에 기타 해운기업과 연합하여 대만항업회사臺灣航業公司, 중국유조선회사中國油輪公司, 광동항업회사廣東航業公司, 황포항흥업회사黃埔港興業公司 등의 연합기업을 설립하여 해운업을 한층 독점하였다.

1946년 6월 제3차 해방전쟁16)이 발발하였으며, 1948년 하반기에 이르러 중국인민해방군은 내전에서 절대적인 우세를 차지하였다. 패배가 눈앞에 다가오자 국민당 정부는 윤선초상국이 대만으로 철수하도록 명령하였으며 윤선초상국은 잇달아 해선, 강선, 바지선, 수상창고, 조선소 설비 및 장비와 원료, 건조 중에 있는 선박 등을 모두 대만으로 철수하였다. 대륙이 해방된 후 중화인민공화국 정부는 대륙에 잔존한 윤선초상국의 일부 선박과 조선소, 부두, 기업 등을 몰수하여 국가재산으로 변경하였다. 1949년에 대만으로 이전한 윤선초상총국은 비록 일정한 발전을 가져왔지만, 이상적인 결과를 얻지 못하고 1955년 양명해운회사陽明海運公司에 합병되고 말았다.

윤선초상국이 대만으로 이주한 후 홍콩에 지사가 설립되었는데, 일반적으로 홍콩초상국香港招商局라고 부른다. 50여 년의 발전을 거쳐

---

16) 항일전쟁에 승리한 후 국민당과 공산당은 중경에서 협상을 통해 1945년 10월 10일에 "국내전쟁을 종결하고 각 정당이 연합하여 통일정권을 건립"하는 내용을 주자로 하는 '쌍십협정雙十協定'을 체결하였다. 비록 협정을 체결하였지만 장개석과 국민당정부는 중국대륙에서 국민당의 일당독재를 실현하기 위해 협정을 파기하고 내전을 촉발하였다. 내전 초기 국민당은 미국의 현대화 무기로 무장한 우세한 병력으로 중국공산당이 통제하고 있는 근거지를 전면 진공하였다. 그러나 근 3년간의 내전 후 국면이 완전히 전환되어 국민당이 열세에 처하고 공산당이 우세를 점하게 되었다.

현재 홍콩초상국 산하에는 독자자금과 합작자금으로 운영되는 기업이 400여 개가 되며, 경영범위는 해운 외에도 석유, 관광, 호텔, 건축, 부동산, 국제무역, 금융보험, 자동차운송, 항공운수 등 영역으로 확대되어 글로벌해운기업으로 활약하고 있다.

  1872년에 설립된 윤선초상국은 1949년에 대만으로 이주하였으며 같은 해 홍콩에서 홍콩초상국이 창립되어 그 역사는 현재에 이르기까지 100여 년이 넘는다. 윤선초상국은 청 조정이 외국상인들에게 빼앗긴 이익을 되찾고 자국의 강해권익江海利權을 수호하며 재정수입을 증가하기 위해 설립된 날부터 중화민족의 희망과 사명을 짊어지게 되었다. 창립 초기 이홍장의 적극적인 지지를 받아 기타 해운기업이 향유할 수 없는 혜택을 받았다. 예컨대 설립 초기 외국 해운기업의 압박을 받을 때나 또는 경영이 어려움을 겪을 때 청 조정은 지속적으로 자금을 지원했으며 조운을 독점운영하고 세금을 감면하는 등 특혜를 주었다. 청 조정의 강력한 지지가 있었으므로 윤선초상국은 난국을 순조롭게 타개할 수 있었다.
  윤선초상국 내부에는 많은 폐단도 존재하였다. 예컨대 부적절한 관리제도로 인해 회사의 관리집단이 권리를 이용해 거액의 자금을 착복하고 수뢰하여도 아무런 제재도 받지 않았다. 이러한 부정부패는 윤선초상국의 경영에 필요한 자금부족을 가속화하였으며, 따라서 부득이 세 번이나 대부금을 빌려야만 하였다. 그럼에도 불구하고 윤선초상국은 서양 열강이 제국주의적 팽창을 기도하던 19세기 말에서 20세기 초 중국의 해운권익을 수호하고 많은 해운인재들을 양성하는 데 중요한 공헌을 하였다.

참고문헌

招商局档案馆(清), 『招商局与太古会社订立和议』, 招商局档案 4682卷, 第23号, 中国社会
      科学出版社, 2009.

招商局檔案館(清), 『招商局檔案抄件』, 同治 11年 12月.

交通铁道部交通史编纂委员会, 『交通史航政编』 第1册, 交通史编纂委员会, 1946.

中国史学会, 『洋务运动』 第6册, 上海人民出版社, 1961.

中国航海学会, 『中国航海史 : 近代航海史』, 人民交通出版社, 1989.

孙光圻, 『中国航海史纲』, 大连海运学院出版社, 1991.

朱荫贵, 『中国近代轮船航运业研究』, 中国社会科学出版社, 2008.

曹凯风, 『告诉你一个真实的轮船招商局』, 中州古籍出版社, 2006.

중국 내 이순신에 대한 연구현황

16세기 말 중국에서 '항왜원조전쟁抗倭援朝戰爭'이라 부르고 한국에서는 '임진왜란'이라며 부르며 일본에서는 '분로쿠·게이쵸 역文祿·慶長之役'이라 부르는, 조·명 연합군이 왜군과 맞서 싸우는 대규모 전쟁이 발발하였다. 조·명 연합군은 7년간의 강고한 항쟁을 통해 최후의 승리를 쟁취했으며 한반도는 평화를 되찾았다. 7년간의 항쟁과정에서 명나라 지원군과 조선군에는 수많은 명장名將들이 배출되었는데 명나라의 이여송李如松, 형개邢玠, 진린陳璘, 등자룡鄧子龍 및 조선의 이순신 등 명장들의 위업은 지금까지도 세간에 전해지고 있다. '항왜원조전쟁'은 명나라 만력연간萬曆年間에 진행한 3대 원정1)의 하나로서 일부 학자들은 명나라 멸망의 주된 요인이라고 주장하고 있다. 따라서 임진왜란은 중국의 많은 학자들에 의해 꾸준히 연구되어 왔으며 출판된 도서와 발표된

---

1) '만력萬曆 3대 원정'이란 명나라 신종神宗 황제 주익균朱翊鈞의 만력연간(1573~1620년) 이여송李如松이 몽고인 발배哱拜의 반란을 평정한 '영하지역宁夏之役', 이여송과 마귀麻貴 등의 지휘 하에 진행한 '항왜원조전쟁', 이화룡李化龍이 묘족족장 양응룡楊應龍의 반란을 평정한 '파주지역播州之役'을 가리킨다.

연구논문에는 이순신과 거북선도 자주 거론된다.

중국에 산재해 있는 이순신 및 임진왜란에 관한 문헌자료와 도서 및 연구논문은 상당히 방대하다. 이러한 자료들은 중국 각 지방 및 대학교 도서관, 문서보관소에 보관되어 있어 정확히 파악하기는 어렵다. 본 글의 통계수치는 현재 세계에서 가장 큰 중문사이버도서관인 초싱超星사이버도서관[2]과 세계적인 규모를 갖추고 있는 사이버출판사인 중국지망中國知網[3]에서 자료를 검색해 집계한 것이다. 상술한 사이버도서관과 사이버출판사가 중국 내의 이순신과 거북선 및 '임진왜란'과 관련된 모든 자료들을 보유하고 있다고 단정하기 어려우며 그렇다고 누락된 자료들을 일일이 찾아서 확인한다는 것은 더욱 불가능한 일이다. 또한 상술한 사이버도서관에서 검색된 자료의 진위를 판단하고 집계하는 과정에서 누락된 자료가 없다고 장담할 수도 없다. 따라서 본 글의 통계수치는 100% 정확한 것이 아니다. 하지만 중국 내의 이순신과 거북선 및 임진왜란에 대한 연구현황을 다소나마 파악할 수 있을 것으로 생각한다.

Ⅰ. 이순신 및 임진왜란에 대한 연구현황

초싱超星사이버도서관에서는 도서자료를 검색하였는데 검색어는 '이순신', '거북선', '임진왜란'으로 설정하였다. 상술한 검색어로 검색하였을 경우 각각 상당히 많은 양의 도서자료가 검색되었다. 이 중에는 3개의 검색어에서 모두 검색된 도서, 주제가 아닌 출판사나 저자의

---

2) http://www.chaoxing.com.(2021.01.18.)

3) http://www.cnki.net. (2021.01.18.)

이름이 이순신 또는 거북선으로 되어 있는 도서, 검색어가 포함되어 있으나 주제와 무관한 도서들이 상당수가 포함되어 있었다. 최대한 정확한 통계를 위해서 3개 검색어로 검색된 자료를 각각 출력하고 이를 상호 비교하여 중복되거나 주제에 무관한 도서들을 통계에서 제외하기 위해 노력했다.

〈표 1〉 출판연도별 도서 현황

1960년 이전	1960~ 1969	1970~ 1979	1980~ 1989	1990~ 1999	2000~ 2009	2010~ 현재	기타	합계
9	5	7	78	91	96	77	13	376

〈표 1〉을 보면 절대다수의 도서는 1980년대에서 2021년에 출판되었는데, 이는 중국이 개혁개방을 실시하면서 학자들도 자유로이 자신의 관점을 주장하고 도서를 출판할 수 있게 되었음을 보여주고 있다. 1960~70년대는 중국의 '문화대혁명' 시기인데 이 시기 중국의 학자들은 대학교나 연구기관에서 쫓겨나 농촌에서 노동개조를 하고 있었다. 따라서 이들은 학술을 연구하고 책을 출판할 정력도 시간적 여유도 없었기 때문에 당연히 출판된 도서가 적을 수밖에 없다. 1950년대는 중화인민공화국의 초창기인데 경제건설에 전 국민이 전력하던 시기로서 역시 여유시간과 정력이 없었다. 매 10년을 한 단계로 보았을 때 1980년대, 90년대 및 2000년대 초에 이르기까지 매 10년마다 출판된 도서가 증가되는 추세를 보인다. 2010년부터 현재까지의 통계된 수가 좀 적은 편인데, 이는 출판된 도서를 집계하려면 일정한 시간이 소요되기 때문일 것이다.

〈표 2〉에서의 '문헌자료'는 명·청 시기에 집필되고 출판된 도서를 말하며, '일반도서'는 중화민국부터 현재까지 출판된 도서를 가리킨다. '교과서'는 초등학교, 중등학교, 고등학교, 대학교에서 사용된 교과서

<表 2> 종류별 도서 현황

문헌자료	일반도서	교과서	합계
9	291	76	376

및 교과서와 관련된 복습자료, 대학입시 관련자료 등이 포함된다.
<표 2>에서 알 수 있듯이, 일반도서가 절대다수를 차지하고 있으며
교과서도 적지 않은 양을 차지하고 있다.

중국지망에서는 연구논문을 검색하였으며, 검색어는 '이순신', '거북
선', '임진왜란'으로 설정하였다. 검색결과 상당히 많은 연구논문이
검색되었는데, 이 중에는 3개의 검색어에서 모두 검색된 자료, 주제와
무관한 자료, 즉 저자이름이 이순신이거나 또는 타인의 이름이 이순신
인 것도 있었는데, 그 수가 상당히 많았다. 통계의 정확성을 위해
우선 3개 검색어로 검색된 연구논문을 출력한 후 상호 대조를 통해
중복된 연구논문은 통계에서 제외하였다.

<표 3> 연구논문 발표연도별 현황

1970~1979	1980~1989	1990~1999	2000~2009	2010~현재	기타	합계
1	10	19	41	116	7	194

<표 3>에서의 기타는 1960년대 이전을 가리킨다. 통계에서 알 수
있듯이, 1970년대 이전에 발표된 논문은 그 수량이 아주 적은데, 이는
중화인민공화국이 창립된 후 경제건설에 주력하던 50년대와 '문화대혁
명'이란 특수한 시기인 60~70년대에는 연구논문을 발표할 정력과 시간
적 여유가 없었음을 말해준다. 1980년대부터 개혁개방을 실시하면서
학자들은 자신의 주장과 논점을 공개적으로 발표할 수 있게 되었으며
이러한 관점은 논문형식으로 표출되었다. 그 추세를 보면 발표된 논문

수가 빠르게 증가하고 있는데, 특히 2010년부터 2020년에 이르는 10년 동안의 편수가 21세기 초기에 비해 무려 3배에 달한다.

〈표 4〉 연구논문 분류별 현황

일반논문	학위논문	회의논문	신문기사	합계
137	34	15	8	194

〈표 4〉에서 알 수 있듯이, 학술회의논문과 신문기사는 그 수가 상당히 적으며, 절대다수가 일반논문과 학위논문이다. 이는 중국학술계에서도 '임진왜란'에 대해 많은 관심을 보이고 있음을 설명한다.

II. 연구논문 분석

상술한 이순신, 거북선, 임진왜란 등 3개의 검색어에 따라 중국학자들이 발표한 논문이나 출판된 도서들을 살펴보면 그 연구내용은 대체로 아래와 같다.

1. 이순신

(1) 이순신 생애에 대한 소개

이순신의 생애에 관해서는 옌썽친嚴聖欽의 저서와 추수이앙楚水昻의 논문에서 상세히 소개되고 있다. 이에 소개된 이순신의 생애를 정리하면 아래와 같다.

이순신은 1545년 4월 28일에 아버지 이정李貞과 어머니 초계草溪 변씨

卞氏의 셋째 아들로 한성부漢城府 건천동乾川洞에서 태어났으며 자는 여해汝諧이고 본관은 덕수德水이다.[4] 그의 아버지는 네 아들들이 모두 자라서 위대한 인물이 되기를 바라는 마음을 담아 4명의 중국고대 성인인 복희伏羲, 당요唐堯, 우순虞舜, 하우夏禹의 이름을 본 따 각각 희신羲臣, 요신堯臣, 순신舜臣, 우신禹臣으로 이름을 지었다.[5] 아버지의 뜻을 따라 이순신도 11세 때부터 형들을 따라 서당에서 한문을 익혔지만 말을 타고 활쏘기를 더 좋아했다.[6]

1566년 22세 때부터 정식으로 무예를 익히기 시작하였는데 18반 무예 외에도『손자병법』,『오기병법』등 중국의 유명한 병서들을 숙독하였다. 31세 때 무과에 급제하였지만 센 고집으로 인해 벼슬길은 순탄하지 않았으며 십여 년간 하급무관으로 지내다가 1591년 46세 때 소꿉친구인 좌의정 류성룡柳成龍의 추천으로 전라좌도 수군절도사로 승진하여 전라좌도의 수군을 통솔하게 되었다.[7] 임진왜란기 그는 수적으로 열세인 조선수군을 통솔하여 전쟁초기 옥포해전, 합포해전, 적진포해전 등 해전을 통해 44척의 왜군 함선을 격파하고 승리함으로써 육전의 패배로 인해 조선을 뒤덮은 패전의 분위기를 씻어내고 전쟁에서 승리할 수 있다는 희망을 가져다주었다.[8] 그 후 진행된 제2단계의 해전에서는 사천포해전, 당포해전, 당항포해전을 통해 왜군 함선 74척을 격파하고 수천 명의 적군을 사살함으로써 왜군의 전라도 침입을 막고 '수륙병진水陸竝進'의 침략계획을 분쇄하였다. 또한 제2단계의 해전을 통해 조선군민들의 승리에 대한 확신을 심어주었으며 조선수군은

---

4) 严圣钦(1987),『朝鮮民族英雄李舜臣』, p.1.
5) 楚水昂(2010),「李舜臣朝鮮海军的战魂」, p.78.
6) 严圣钦(1987),『朝鮮民族英雄李舜臣』, p.1.
7) 楚水昂(2010),「李舜臣朝鮮海军的战魂」, p.78.
8) 严圣钦(1987),『朝鮮民族英雄李舜臣』, p.18.

해전의 주동권과 남해의 제해권을 장악하였다.[9] 1592년 6월부터 진행된 제3단계와 제4단계 해전에서는 한산도해전, 안골포해전, 부산포해전 등 해전을 통해 왜군 전함 200여 척을 격파하고 수천 명의 적군을 사살하였다. 그러나 1597년 2월 26일 이순신은 원균元均의 모함과 이간으로 인해 억울한 누명을 쓰고 서울로 압송되어 감금되었다. 1597년 8월 3일 복직된 이순신은 9월 16일 명량해전에서 12척의 전함과 백여 명의 수군을 통솔하여 330여 척의 적함과 2만여 명의 왜군을 상대로 치열한 전투를 벌여 30여 척의 적함을 격파하고 4천여 명의 적군을 사살하는 대승을 거두었다. 명량해전은 또 한번 왜군의 기를 꺾고 '수륙병진' 계획을 분쇄하였으며 내륙에 침입한 왜군의 철수를 가속화시켰다.[10] 1598년 11월 19일에 진행된 왜군을 한반도에서 몰아내는 마지막 해전인 노량해전에서도 대승을 거두었지만 이순신과 명나라의 등자룡鄧子龍은 장렬히 전사하였다. 이순신은 한민족의 항전 위업을 위해 자신의 한 몸을 바쳤다.

종전 후 그의 업적을 기리기 위해 1604년에 이순신을 선무宣武 1등공신과 덕풍부원군德豊府院君으로 책봉하고 좌의정으로 추증하였으며, 1793년에는 다시 영의정으로 추증하였다.[11]

(2) 임진왜란시 이순신의 역할

중국학자들은 임진왜란기 이순신의 역할을 상당히 높이 평가하고 있다. 1592년 4월 13일 왜군의 부산포 침공으로 임진왜란이 발발한 후 조선육군은 연이어 참패했으며, 개전한 지 불과 한 달도 되지 않아

---

9) 严圣钦(1987), 『朝鮮民族英雄李舜臣』, pp.21~22.
10) 严圣钦(1987), 『朝鮮民族英雄李舜臣』, p.23.
11) 李建立·张海滨(1995), 『韩国崛起之谜』, p.34.

한성과 평양이 함락되고 선조는 6월 22일 압록강변의 의주로 피신하였으며 조선은 멸망의 위기에 이르게 되었다.[12]

왜군은 육지에서 파죽지세로 북상하고 있었지만 왜 수군은 연패를 하고 있었다. 1591년 2월 46세에 전라좌도수군절도사로 부임한 이순신이 전라좌수영 수군을 통솔하여 해전에서 연전연승하고 있었기 때문이었다. 그는 거북선을 건조해 체계적이고 강도 높은 훈련을 통해 조선수군을 강철수군으로 부활시켰을 뿐만 아니라 매번의 해전에서 언제나 앞장서서 적군을 무찔렀는데 이는 병사들의 용기를 크게 북돋우어 일당백을 할 수 있게 하였다.[13] 이순신의 통솔 하에 조선수군은 옥포해전, 사천포해전, 당항포해전, 한산도해전, 부산포해전, 명량해전, 노량해전 등 수많은 해전에서 왜군의 수백 척의 전함과 수천 명을 사살하고 제해권을 장악하였다.

조선수군의 연이은 승리는 왜군의 '수륙병진' 계획을 분쇄하였으며 한반도를 점령하고 나아가 명나라를 멸망시키려던 도요토미 히데요시豊臣秀吉의 미몽을 깨뜨렸다. 더욱 중요한 것은 육전의 참패로 인해 조정을 뒤덮은 패망의 분위기를 일소했으며, 군민들에게 희망의 씨앗을 심어주었고 임진왜란의 승리기반을 마련하였다.[14] 따라서 400여 년이 지난 오늘에도 한국인들은 충무공 이순신의 업적을 대대손손 기리고 있다.

(3) 이순신에 대한 평가

이순신에 대한 중국학자들의 평가는 상당히 높다. 이순신은 소년시

---

12) 杨通方(2001), 「明朝与朝鲜的壬辰卫国战争」, p.68.
13) 许晓光(1999), 『世界著名将帅录』, p.35.
14) 延边历史研究所(1987), 『延边历史研究』第2輯, p.26.

대부터 구국의 큰 뜻을 품고 무예를 연마하고 병서를 탐독하면서 병법을 연구하였는데 이는 그가 임진왜란기 해전에서 연전연승할 수 있었던 요인이기도 하다. 그는 여러 차례의 해전에서 해역의 수문, 지세, 병력과 적군동태에 따라 각기 다른 전략전술을 사용하여 적을 소멸하였다. 쩡리신鄭勵新 등이 공동으로 편집 출판한『중외명장록中外名將錄(하)』에서는 이순신의 전략을 다음과 같이 소개하고 있다.

① 우세한 병력을 집중하여 적을 소멸하였다. 1592년 5월 7일 이순신은 85척 전함을 통솔하여 옥포해역에서 40여 척의 왜군 전함을 격파하고 옥포대첩을 거두었다. 옥포해전에서 이순신이 통솔한 조선수군은 40여 척의 왜 함선을 격파하였을 뿐만 아니라 수많은 왜군을 사살하였으며 300여 석의 군량軍糧과 대량의 무기를 획득하였다. 반면 조선수군은 옥포해전에서 단 한 명의 부상자만 발생하는 데 그쳤다. 옥포대첩은 임진왜란이 발발한 이래 조선군이 쟁취한 첫 번째 승리로서 조선군민의 항전투지를 북돋우고 항전승리의 의지를 확고히 하는데 큰 역할을 하였다.[15]

② 임기응변과 지략으로 적을 소멸하였다. 1592년 5월 29일 이순신은 왜 수군에 타격을 주기 위해 조선수군을 통솔하여 사천해역에 이르렀다. 예정해역에 도착하였을 때 왜군이 이미 유리한 지대를 점령하고 있어 공격에 불리하자 이순신은 임기응변하여 "진격을 위해 퇴각"하는 전술로 바꿔 적함을 외항으로 유인하여 소멸하기로 결정하였다. 왜 수군은 조선수군이 접전도 하지 않고 퇴각하자 겁먹은 줄 알고 추격을 개시하였다. 적함이 진공에 유리한 해역에 이르자 이순신은 조선수군

---

15) 郑励新·方十可·马合秋(1988),『中外名将录(下)』, p.262.

을 통솔하여 퇴각에서 공격으로 바꾸어 거북선을 선두로 적진에 돌입하여 종횡무진으로 적함을 격파하였다. 격전 결과 추격에 가담하였던 왜 전함이 모두 조선수군에 격파되거나 노획되었다. 그 후 이순신은 조선수군을 통솔하여 6월 2일의 당포해전에서 적함 21척을 격침하고, 6월 5일의 당항포해전에서 26척의 적함을 격침하였다.[16]

③ 수문지리水文地理를 충분히 활용해 소량의 병력으로 승리를 쟁취하였다. 1597년 8월 3일 복직한 이순신은 비록 12척 전함과 백여 명의 수군밖에 없었지만 명량해전에서 수문지리를 충분히 활용하여 승리하였다. 명량해협의 길이는 2㎞ 정도이며 최대 폭은 400~500m이고 최소 폭은 300m에 불과하다. 해협의 양측은 깎아지른 절벽이고 매일 4차례의 조석이 생기는데 밀물시 해수는 빠른 속도로 동에서 서로 흐르고 썰물시에는 서에서 동으로 흐른다. 이순신은 이러한 수문지리를 이용하여 왜 수군을 소멸하기로 결정하고 해역에 말뚝을 박고 쇠사슬을 설치하였다. 9월 16일 2만여 명의 왜 수군이 승선한 500여 척의 전함이 조선수군을 포위하였다. 이순신은 민간선박을 전함으로 위장하여 왜 수군을 미혹시키는 동시에 전함을 파견하여 적군의 주력함을 공격하고 적군함대를 명량해협으로 유인하였다. 명량해협에 진입한 후 이순신이 통솔하는 12척의 전함은 500여 척의 왜 전함을 상대로 격전을 벌여 적군의 기함을 포함한 3척의 적함을 격침함으로써 적군함대를 혼란에 빠뜨렸다. 때마침 썰물이 지면서 적함은 갯벌에 빠지거나 말뚝과 쇠사슬에 걸려 미동할 수 없었다. 이 기회를 이용해 이순신은 조선수군을 통솔하여 전면공격을 개시해 30여 척의 적함을 격파하고 4000여 명의 적군을 사살하였다. 명량대첩은 전라도, 충청도 연해지역의 안전

---

16) 郑励新·方十可·马合秋(1988), 『中外名將录(下)』, pp.262~263.

을 확보했을 뿐만 아니라 조선 3도 수군의 재조정을 위해 시간을 쟁취하였으며 명나라의 수륙원조군의 군사행동에 유리한 조건을 창조하였다.[17)

상술한 해전에서 알 수 있듯이, 이순신은 전략전술이 뛰어난 전략가이고 인류역사상 가장 걸출한 군사가의 한 사람임에 손색이 없다. 그가 조선수군을 통솔하여 진행한 여러 차례의 해전은 세계사상 가장 위대한 해전이라고 할 수 있다.[18) 이순신은 항전이 최후의 승리를 쟁취할 수 있었던 1등 공신이며 명실상부한 한민족의 영웅이다.

2. 거북선

임진왜란에 관련된 중국학자들의 대부분 저서나 연구논문에서 이순신을 거론할 때 그가 지휘한 여러 차례의 해전을 언급하고, 해전을 언급할 때는 모두 거북선을 언급하는데 그 평가는 상당히 높다. 옌썽친의 『조선민족영웅 이순신』에서는 거북선을 다음과 같이 소개하고 있다.

"거북선의 선장은 19m가 넘으며 폭은 4m가 넘는다. 선체는 단단한 목재로 만들었으며 선체 위쪽에는 단단한 목재로 만든 덮개를 덮고 그 윗면에 철판을 덮는다. 철판 위에는 십자+字 모양의 좁은 길을 내고 기타 부분은 칼과 송곳을 빽빽이 꽂는데 평시에는 거적을 덮어 놓는다. 적들과 조우했을 때 이런 상황을 모르는 적병이 거북선에 기어오르게 되면 대부분 찔려죽게 된다. 거북선의 선수는 용두이고

---

17) 郑励新·方十可·马合秋(1988), 『中外名将录(下)』, p.265.
18) 潘光·费成康(1985), 『外国著名战役故事』, p.99.

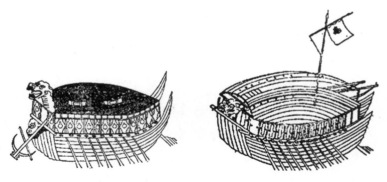

〈그림 1〉 중국학자들이 인용한 『충무공전서』의 거북선

선미는 거북의 꼬리처럼 생겼는데 그 형태는 마치 한 마리의 거북과 흡사하다. 용두의 길이는 4척 3촌이고 폭은 3척이다. 선체의 양측에는 각각 10개의 노를 설치했는데 40명이 번갈아 가면서 노를 저어 배를 움직인다. 용두와 선체 4면에는 수많은 총구와 포구를 뚫어 놓았다. 거북선에는 천자天字, 지자地字, 현자玄字, 황자黃字 등 여러 종류의 화포와 기타 무기가 설치되어 있으며 화포와 총은 용구 및 사면의 포구와 총구를 이용해 사격할 수 있다. 용구는 발포할 수 있을 뿐만 아니라 불 또는 독가스를 내뿜어서 적군을 미혹시킬 수도 있다. 따라서 거북선의 방어력은 상당히 탁월하다. 내부에는 24개의 선창이 있는데 크고 작은 대포 26문과 160여 명의 병사가 탑승할 수 있을 뿐만 아니라 그 외에도 상당히 많은 무기와 탄약을 적재할 수 있다. 선체가 일반 전함보다 견고하기 때문에 적군의 포탄에도 격파되지 않는다. 전투시 거북선은 사면에서 발포하면서 적진으로 돌격하는데 진퇴가 민첩하고 나는 듯이 빠르다. 거북선은 선체가 거대하고 중심이 낮으며 많은 담수와 양식을 적재할 수 있어 장시간 동안 항해할 수 있다."19)

---

19) 严조钦(1987), 『朝鮮民族英雄李舜臣』, pp.14~16.

상술한 장점으로 볼 때 거북선은 당시 세계에서 가장 위력이 강한 철갑전함으로서 손색이 없으며 철갑선의 원조라고 할 수 있다.[20]

3. 임진왜란

중국학자들의 연구논문이나 저서는 대부분이 임진왜란에 관한 것인데 주로 임진왜란의 원인, 과정, 결과, 영향 및 명의 파병원인, 임진왜란기의 조·명 양국 군대에 관련된 것이다. 근년에는 임진왜란기의 의병운동, 강화담판 등과 관련된 기타 연구논문이 발표되고 있다.

(1) 임진왜란의 원인

임진왜란의 원인과 관련해 중국학자들은 여러 가지 주장을 제기하고 있는데 그 주장을 종합해 볼 때 명, 조선 및 왜 등의 3개 측면으로 해석하고 있다. 민쉐진閩學進은 임진왜란의 원인을 다음과 같이 구체적으로 서술하고 있다.

첫째, 명나라 국력의 약화는 일본의 야심을 자극하였다. 명 만력시기 당파싸움으로 대부분 문무 대신들이 배척당하고 관직에서 밀려나게 되자 정치가 날로 부패해지고 국방력은 갈수록 쇠약해졌다. 이와 같은 명나라 정세는 명을 멸망시키고 동북아를 주도할 수 있다는 도요토미 히데요시豊臣秀吉의 야심을 자극하였으며, 이를 실현하기 위해 한반도를 침공하였던 것이다.[21]

둘째, 조선왕조의 국력쇠약은 도요토미 히데요시의 야심을 가일층

---

20) 路宁·刘庆(2000), 『世界战争故事丛书·弓马篇·绞杀与征战』, p.258.
21) 闽学进(2004), 『抗倭援朝战争与朝中关系』, p.3.

자극하였다. 명나라와 마찬가지로 선조 시기의 조선왕조도 당파싸움으로 정치가 부패해지고 국력이 쇠약해졌으며, 변방방위가 느슨해지고 인심이 해이해졌다. 결과 일본군의 전격전에 조선육군은 참패를 당할 수밖에 없었다.[22]

셋째, 동북아를 제패하려는 야심을 실현하고 자국 상인들의 욕망을 만족시키기 위해 조선을 침략했다. 1590년 도요토미 히데요시는 일본을 통일한 후 대외전쟁을 통해 통치세력을 단합하고 타국의 영토에 대한 이들의 점유욕구를 만족시키기 위해, 또한 대외전쟁을 통한 일본 상인들의 재부약탈 욕망을 충족시키기 위해, 한반도를 점령하고 나아가서 중국대륙을 점령하여 대제국을 건립하려는 자신의 야망을 실현하기 위해 1592년 조선침공을 단행하였다.[23]

(2) 명의 파병 원인

1592년 임진왜란이 발발한 후 명나라는 선조의 요청에 의해 지원군을 파견하였으며, 조·명 연합군은 1598년 11월에 왜군을 한반도에서 몰아내고 승리하였다. 명나라의 파병 원인과 관련해 중국학자들은 여러 가지 설을 제기하고 있는데 왕 페이王非는 파병 원인을 다음과 같이 정리하고 있다.

첫째, 파병의 주된 요인은 조·명 양국 간의 끈끈한 종번宗藩관계이다. 조선왕조는 건국초기부터 사대주의事大主義를 국책으로 정하고 명에 대한 사대원칙을 굳건히 지키면서 명나라와 안정적인 종번관계를 유지해 왔다. 이러한 관계는 비록 불평등한 관계이기는 하지만 이로 인해

---

22) 闽学进(2004), 『抗倭援朝战争与朝中关系』, p.3.

23) 闽学进(2004), 『抗倭援朝战争与朝中关系』, p.3.

조선왕조는 중화문화권 내에서 가장 우대받는 일원이 되었으며, 종주국인 명나라는 조선왕조의 안전을 책임지는 역할을 하게 되었다. 따라서 조선왕조가 일본의 침공을 받자 명나라는 선뜻 파병하였던 것이다.[24]

둘째, 동북아 정치체계에 대한 일본의 도발을 응징하기 위해서이다. 한반도와 마찬가지로 동북아에 위치하여 있는 일본도 중화문화권의 일원이었다. 그러나 일본은 중국대륙과 바다를 사이에 두고 있었던 관계로 경제, 문화교류가 상당히 많은 제약을 받았으며 주로 한반도를 통해 중화문명을 받아들였다. 일본은 통일을 실현하는 과정에서 자국의 자원결핍을 극복하고 영토 확장을 위해 끊임없이 대외침략을 감행하여 왔다. 예컨대 명나라 초기부터 수많은 왜적들이 중국 동남지역을 약탈함으로 인해 명에 막대한 피해를 가져다주었다. 1592년에는 한반도를 침공하여 중국을 종주국으로 하는 동북아 정치체계에 대한 도발을 감행하였다. 따라서 명 조정은 자국의 종주국 지위를 확고히 하고 '조공책봉' 체계를 유지하기 위해 파병을 결정하였던 것이다.[25]

셋째, 문화동질감도 파병의 중요한 요인으로 작용하였다. 조선왕조는 건국초기부터 시종일관하게 자신을 중화문화권의 일원으로 확정하고 중화문화를 존중하고 본받기 위해 힘썼다. 조선왕조는 유가의 예의범절제도를 그대로 받아들여 실시하고 조공정책을 시종일관하게 견지하였다. 명의 의관제도를 본받아 문무백관들의 조복을 만들었으며, 또한 사서오경을 위주로 하는 과거제도를 실시하고 이를 위해 명나라로부터 대량의 한문서적을 들여왔다. 즉 조선왕조는 중화문화를 인정하고 이를 본받기 위해 노력했으며, 명은 조선왕조를 '예의지국'이라고

---

24) 王非(2005), 『明代援朝御倭战争与朝鲜的'再造之恩'意识』, pp.11~12.
25) 王非(2005), 『明代援朝御倭战争与朝鲜的'再造之恩'意识』, pp.13~15.

극찬하였다. 조·명 간의 이와 같은 문화동질감은 파병의 중요한 요인으로 작용하였다.[26]

(3) 임진왜란의 경과 및 결과

중국학자들은 명의 항일원조전쟁을 대체적으로 임진왜란 단계, 강화담판 단계, 정유재란 단계 등 3개 단계로 나누고 있다. 양 퉁팡楊通方은 임진왜란을 다음과 같이 소개하고 있다.

① 임진왜란 단계

조선은 당파싸움으로 인해 정치가 부패해지고 국력이 쇠약해졌을 뿐만 아니라 변방방위가 해이해져 1592년 4월 왜군이 부산을 침공하자 조선군은 참패를 당했다. 그 후의 잇단 참패로 하여 5월에는 한성, 6월에는 평양을 잃었으며 선조는 대신들과 함께 황급히 의주로 피난하였다.[27] 국토의 대부분이 왜군에 점령당한 조선왕조는 멸망의 위기에 이르게 되었다. 그러나 이와 반대로 이순신은 조선수군을 통솔하여 해전에서 연전연승함으로써 제해권을 장악하고 왜군의 '수륙병진'계획을 분쇄하였다. 1592년 6월 명나라는 선조의 요청에 의해 참장 대조변戴朝弁, 유격장군 사유史儒가 통솔하는 선봉대를 의주에 파견한 데 이어 요동 부총병 조승훈祖承訓이 통솔하는 5000명 병력과 부총병 사대수查大受, 유격장군 갈봉하葛逢夏가 통솔하는 2000명 병력을 연이어 의주로 파견하였다. 12월에는 명나라 제독 이여송李如松이 4만명의 대군을 통솔해 한반도에 진입하였다. 1593년 1월 이여송의 지휘 하에 조·명

---

26) 王非(2005), 『明代援朝御倭战争与朝鲜的'再造之恩'意识』, pp.16~18.
27) 杨通方(2001), 「明朝与朝鲜的壬辰卫国战争」, p.68.

연합군은 평양과 개성을 잇달아 수복했으며,[28] 2월에는 전라도 순찰사 권율權慄이 4000명의 조선군을 지휘해 행주대첩에서 승전하였다. 조·명 연합군의 거대한 군사압력 하에 왜군은 4월에 한성에서 철수하고 8월에는 한반도 남부로 전면 철수하였다. 조·명 연합군이 한성을 수복한 후 9월에 이르러 명군도 철수를 시작해 1594년 1월에 대부분이 명나라로 철수하였다.[29] 이로써 제1단계 임진왜란이 마무리되었다.

② 강화담판 단계

한반도 침공 후 일본은 우세한 군사력을 바탕으로 조선왕조에 강화담판을 제기하고 항복하도록 협박하였지만 거절당하였다. 1593년 초 조·명 연합군이 한성을 포위하였을 때 왜군은 다시 강화담판을 제의하고 4월 초에 강화문서를 한성 용산에 주둔하고 있는 조·명 군지휘부에 전달하였다. 조·명 측은 일본이 "한성에서 철수하고 왕자를 돌려보내야만" 강화담판이 가능하다고 강조하였다. 강화담판 중 왜군은 명나라에 압력을 가하기 위해 6월 28일 진주성에 침입하여 조선군민 6만여 명을 살상하는 참사를 저질렀다. 명나라는 진주참사를 저지른 왜군이 담판 성의가 부족하다고 여겨 일본의 담판사신을 접견하지 않음으로써 협상은 한 때 중단되기도 하였다. 협상이 재개된 후 명나라는 다음과 같은 3가지 담판조건을 제기하였다. 첫째, 도요토미 히데요시를 일본국왕으로 책봉하고 중일간의 조공무역은 재개하지 않는다. 둘째, 단 한 명의 왜군도 부산에 체류해서는 안 된다. 셋째, 일본은 영원히 조선을 침공해서는 안 된다. 일본은 중일간의 조공무역을 간절히 원했지만, 명에 거부당하자 다시 한반도를 침공함으로써 강화담판은 중단되고 말았

---

28) 杨通方(2001), 「明朝与朝鲜的壬辰卫国战争」, p.68.
29) 杨通方(2001), 「明朝与朝鲜的壬辰卫国战争」, p.70.

다.[30]

③ 정유재란 단계

1597년 1월 정유재란이 발발하자 명나라는 병부상서 형개邢玠로 하여금 군사를 총괄하게 하고 도찰원 우첨도어사 양호楊鎬가 조선 군사업무를 전담하게 하였다. 동시에 육군 총병 마귀麻貴, 유정劉綖, 동일원董一元, 수군 총병 진린陳璘을 잇달아 조선으로 파견하였다.[31] 1597년 9월 조·명연합군은 직산稷山대첩에서 승리한 여세를 몰아 왜군을 울산·사천 일대로 몰아냈다. 조·명 연합군이 육지에서 승승장구할 때 조선수군도 이순신의 통솔 하에 명량대첩에서 승리해 다시 제해권을 장악하였다.[32] 조·명 연합군의 강대한 군사압력 하에 왜군은 도요토미 히데요시의 유언에 따라 1598년 11월 전함을 이용해 일본으로 철수하기 시작하였다. 진린과 이순신은 이 기회를 이용해 조·명 연합수군을 통솔하여 노량대첩에서 대승하였다. 일본 잔여부대의 철수가 끝나면서 제3단계의 정유재란이 종식되고 7년에 걸친 임진왜란도 조·명 연합군의 승리로 끝났다.

제1단계에서 조·명 연합군은 4만 3000여 명의 일본군을 사살하거나 생포하였다. 왜군이 한반도를 침공할 당시에는 9만 6000여 명에 달했지만, 한양에서 철수할 때는 겨우 5만 3000여 명에 불과하여 감원이 45%에 달했다. 이는 조·명 연합군이 이룩한 휘황한 승리를 의미한다. 제2단계의 정유재란시 조·명 연합군은 처음부터 주도권을 장악하고 공세를 펼쳤으며 왜군은 수세에 몰려 패주하는 상황이었다. 비록 조·명연합군이 일부 전투에서 패했었지만 7년간의 항일전쟁은 조·명의 승리

---

30) 杨通方(2001), 「明朝与朝鲜的壬辰卫国战争」, p.70.
31) 杨通方(2001), 「明朝与朝鲜的壬辰卫国战争」, p.71.
32) 杨通方(2001), 「明朝与朝鲜的壬辰卫国战争」, p.72.

로 끝났다.[33]

일본이 도발한 임진왜란은 침략전쟁이었던 관계로 자국민들의 반발을 불러일으켰으며, 막대한 전쟁물자의 소모는 자원이 결핍한 일본으로서는 감당할 수가 없었다. 따라서 전쟁에서 패할 수밖에 없었던 것이다. 그리고 명나라의 파병은 임진왜란에서 승리할 수 있었던 중요한 요인이며 조·명 군민의 결사적인 저항도 승리하는 데 중요한 역할을 하였다.[34]

(4) 임진왜란시기의 조·명 군대관계

① 상호 지원 및 군사기술의 상호 교류

민 쉐진은 조·명 양국 군대는 연합작전을 실시할 때 서로 지원하고 협동하였으며 전투력을 강화하기 위해 군사기술을 교류하였다고 주장하고 있다. 예컨대 이여송이 명군을 통솔하여 평양 근처에 도착했을 때 류성룡柳成龍의 친절한 영접을 받았으며, 또한 공격목표를 알려줌으로써 평양전투가 순조롭게 전개될 수 있었다. 평양전투가 시작된 후에는 주군재도원수駐軍在都元帥 김명원金命元, 순변사巡邊使 이맹李鎰, 방어사防禦使 김응서金應瑞 등 1만여 명의 조선군이 명군과 함께 전투에 참여하였으며, 왜군이 패하여 평양에서 철수할 때 조선의병들은 명군과 함께 추격전을 벌여 수많은 적군을 소멸하였다. 정유재란시기의 앵산 전투, 금조평 전투에서도 조·명 군대는 협력하여 왜군의 북상시도를 분쇄하였다. 특히 울산 전투에서는 충청병사忠淸兵使 이시언李時言, 경상우병사

---

33) 闽学进(2004), 『抗倭援朝战争与朝中关系』, p.20.
34) 姜龙范·刘子敏(1999), 『明代中朝关系史』, pp.437~440.

慶尙右兵使 성무문成無門, 경상좌병사慶尙左兵使 정기룡鄭起龍 등 1만 2000여
명의 조선군이 명군과 함께 싸웠으며 최후 반격단계에서 조·명 군대간
의 합동은 더욱 강화되었다. 예컨대 동부군단에는 명군 2만 4000여
명 외에도 강원도와 경상좌도 김응서 부 5500여 명의 조선군이 있었으
며, 중부군단에는 명군 1만 3500여 명과 경기도, 황해도, 경상우도의
2300여 명 조선군이 있었고, 서부군단에는 명군 1만 3600여 명과 권율,
이시언, 이원약李元嶽, 원신元慎 등이 통솔하는 조선군 1만여 명이 있었다.
이외에도 수군군단에는 진린이 통솔하는 명군 5000여 명과 이순신이
통솔하는 조선수군 7300여 명이 있었다.[35]

또한 조·명 군대는 전투력을 높이기 위해 군사기술교류를 활발히
진행하였다. 1593년 조선은 이여송의 건의를 받아들여 훈련도감을
신설하고 척계광戚繼光의 『기효신서紀效新書』에 따라 군대를 훈련하고
옛 군사제도를 개혁하여 전투력을 강화하였다. 이외에도 조선군은
명군으로부터 검술, 성곽구축법, 화기제조법, 화약제조법 등을 배워
군사력을 강화하였다.[36]

② 명군이 조선에 미친 악영향

왕 페이는 명군이 한반도에 진입한 후 조선군민과의 협력을 통해
전세를 돌려세우고 조선왕조의 통치를 유지하는 데 큰 기여를 하였지만
일부 명군의 부패행위는 조선군민에 악영향을 미쳤다고 지적하였다.
예컨대 명군 내 북방병사들은 군기가 문란하여 조선백성에 상당히
많은 해를 끼쳤다. 1598년 울산 전투에서 패하여 철수하는 도중 일부
명나라 북방군은 도처에서 말썽을 일으키고 재물을 약탈하고 부녀자를

---

35) 闽学进(2004), 『抗倭援朝战争与朝中关系』, pp.25~26.
36) 闽学进(2004), 『抗倭援朝战争与朝中关系』, pp.26~27.

겁탈한 사건으로 악명이 자자하였는데, 이는 명군의 명예에 막대한 손상을 가져다주었다. 군량을 발급할 때 명나라 남방군은 질서가 정연하였지만 북방군은 질서가 혼잡하고 군기가 문란하여 사회질서에 악영향을 미쳤다.[37]

전쟁이 장기화되면서 명군의 한반도 주둔도 장기화되고 이로 인한 명군의 군량 공급은 조선백성에게 상당한 부담을 가져다주었다. 예컨대 강화담판 시기 명군이 한성지역에 주둔하고 있을 때 선박과 축력, 인력의 결핍으로 군량과 사료 공급이 상당히 부족하였다. 군량 공급을 보장하기 위해 조선 조정은 의병을 동원하여 군량과 사료운수에 종사하도록 하였는데 이는 조선의병의 부담을 가중화시켰으며, 사기 저하를 초래시켰다. 정유재란기 명군 병력의 끊임없는 증가로 인해 군량 공급 문제가 심화되었으며, 조선조정은 끊임없이 지방으로 관리를 파견해 집집마다 양식을 징수하였다. 이로 인해 조선백성은 무거운 짐을 지게 되었으며 원성은 자자해졌다. 명군이 주둔하고 있는 지역 백성들은 군마사육과 양식운송에 종사해야 했기 때문에 농사지을 겨를이 없어 대부분 경작지가 황폐해졌으며, 이는 이후의 농업생산에 막대한 영향을 미쳤다.[38]

(5) 임진왜란의 영향

옌팅홍顔廷宏, 진훙페이金烘培, 황원르黃文日 등은 임진왜란이 중국, 한국, 일본에 미친 영향을 다음과 같이 정리하였다.

---

37) 王非(2005), 『明代援朝御倭战争与朝鲜的'再造之恩'意识』, p.28.
38) 王非(2005), 『明代援朝御倭战争与朝鲜的'再造之恩'意识』, pp.39~40.

① 명나라에 미친 영향

명나라는 선조의 요청으로 한반도에 파병하여 조선군민과 함께 왜군을 격파하고 임진왜란의 승리를 쟁취하였지만 자국에 미친 악영향은 상당히 컸다.

첫째, 전쟁의 막대한 소모로 국고가 바닥나고 백성들의 부담이 갈수록 증가되어 국가안정에 악영향을 미쳤다. 임진왜란에서 승리를 쟁취하기 위해 명나라는 끊임없이 한반도에 군대를 파견하였는데, 전쟁에서 전사한 인원이 수십만 명에 달하고 소모한 전쟁비용도 수백만 냥에 달하였다. 이는 명나라의 막대한 인력, 재력과 물력 소모를 초래하였으며, 이로 인해 국력이 급속히 저하되어 정권유지에 어려움이 초래되었다. 통치자들은 바닥난 국고를 보충하기 위해 각종 세금을 징수하였는데, 이로 인하여 계급모순이 첨예해지고 각 지역에서는 폭동이 속출하여 명을 가일층 와해시켰다.[39]

둘째, 중국 동북의 여진족이 날로 강대해져 명나라의 멸망을 가속화시켰다. 임진왜란이 발발한 후 중국 동북에 주둔하고 있던 명나라 주력부대가 한반도로 진입하면서 동북지역에 대한 명나라의 통제력이 현저히 저하되었으며, 중국 동북에 거주하고 있던 여진족은 이 기회를 틈타 자신의 세력을 꾸준히 강화하였다. 예컨대 누르하치怒爾哈赤는 임진왜란 시기에 대부분의 여진 부족을 통일해 막강한 세력을 보유하게 되었다. 명나라 일부 대신들이 여진족에 대한 통제력 강화를 강력히 촉구했지만 재력과 병력의 제약을 받아 어찌할 방법이 없었다. 임진왜란이 종전된 후 중국 동북지역에 대한 명나라의 통제는 갈수록 약화되었으며, 결국 50년 후 여진족에 의해 멸망하고 말았다.[40]

---

39) 颜廷宏(2010), 『壬辰战争影响论述』, pp.3~6 ; 王亮(2011), 『壬辰倭乱与明人抗日援朝』, pp.44~47 ; 金烘培·黄文日(2007), 「万历朝鲜役及其对东亚政治格局的影响」, p.36.

② 조선에 미친 영향

첫째, 사회경제에 막대한 피해를 가져다주었으며 백성들의 부담이 가중되었다. 전쟁기간 일본군은 점령지역에 대한 통치를 강화하기 위해 도살정책을 실시하였는데 부지기수의 조선백성들이 참살되었다. 임진왜란이 종전된 후 조선의 인구는 1400만에서 1200만으로 현저히 감소되었으며, 이로 인해 대량의 경작지가 황폐해지고 농업과 수공업은 정체되고 말았다. 조선왕조 통치자들은 바닥난 국고를 보충하고 자신들의 욕망을 충족시키기 위해 세금을 늘리고 토지를 강점하였는데, 이는 백성들의 부담을 한층 더 가중시켰다.[41]

둘째, 통치계급의 내부싸움을 가속화시켰다. 당파싸움은 종전 후 더욱 치열해졌으며 이는 통치기반을 약화시켰다. 예컨대 왕위승계문제로 인해 당파싸움이 더욱 불거졌는데 이는 정변의 도화선이 되었다.[42]

셋째, 군사력의 약화로 외환 위기가 초래되었다. 임진왜란 전부터 조선군의 부패현상은 상당히 심각하였으며, 병력도 상당히 부족한 상태였다. 설상가상으로 임진왜란을 겪은 후 조선군의 수는 70%나 급격히 감소되었을 뿐만 아니라 수많은 명장들의 전사로 조선왕조의 군사력은 약화되었다. 임진왜란 후 조선군은 인원을 보충하지 않았을 뿐만 아니라 정비도 하지 않았다. 오히려 더욱 부패해지고 군기가 문란해져 군사력이 더욱 약화되었는데, 이는 외환에 대처하는 능력을 저하시켰다.[43]

---

40) 顔廷宏(2010), 『壬辰战争影响论述』, pp.7~9 ; 王亮(2011), 『壬辰倭乱与明人抗日援朝』, p.43 ; 金烘培·黄文日(2007), 「万历朝鲜役及其对东亚政治格局的影响」, pp.36~37.

41) 顔廷宏(2010), 『壬辰战争影响论述』, pp.10~13 ; 金烘培·黄文日(2007), 「万历朝鲜役及其对东亚政治格局的影响」, p.37.

42) 顔廷宏(2010), 『壬辰战争影响论述』, pp.13~14 ; 金烘培·黄文日(2007), 「万历朝鲜役及其对东亚政治格局的影响」, p.37.

③ 일본에 미친 영향

일본은 자신의 침략목적을 달성하지 못했을 뿐만 아니라 오히려 심각한 타격을 받았다. 침략전쟁에서 일본의 수많은 병사가 타국에서 생명을 잃었으며 일본백성들에게 가져다준 막대한 부담으로 인해 국내의 반전운동이 초래되었다. 또한 전쟁결과 도요토미의 세력이 약화되고 도쿠가와 바쿠후德川幕府 정권으로 교체되고 말았다.[44]

(6) 임진왜란기의 의병운동

리중쥬李鐘九는 2010년에 발표한 박사학위논문『임진왜란시기 전라도사회상황과 의병운동연구壬辰倭亂時期全羅道社會狀況與義兵運動研究』에서 임진왜란시기의 조선의병운동을 집중적으로 분석하였다. 그는 전라도지역의 의병운동을 중심으로 임진왜란을 논술하였다. 의병운동의 주요 통솔자의 성격에 근거하여 의병운동의 발생요인, 의병의 조직형태 및 전투특징, 전략전술을 상술하였다. 또한 상이한 시기의 의병이 가지고 있는 구체적 특징을 기초로 상호간의 공통점과 차이점을 분석하였다. 이외에도 기존의 연구성과를 기초로 전라도의 의병 활동이 임진왜란시기와 전쟁후의 전라도지역에 미치는 영향을 연구하였다. 이와 같은 리중쥬의 연구는 중국학계에서 가히 독창적이라고 할 수 있다.[45]

중국학자들의 임진왜란에 관련된 저서나 논문을 종합하여 보면 대체

---

43) 顔廷宏(2010),『壬辰战争影响论述』, pp.15~16 ; 金烘培·黃文日(2007),「万历朝鲜役及其对东亚政治格局的影响」, p.37.
44) 顔廷宏(2010),『壬辰战争影响论述』, pp.17~23 ; 金烘培·黃文日(2007),「万历朝鲜役及其对东亚政治格局的影响」, p.38.
45) 李钟九(2010),『壬辰倭乱时期全罗道社会状况与义兵运动研究』.

로 아래와 같은 내용을 다루고 있다.

첫째, 임진왜란의 원인, 경과, 결과 및 평가.

둘째, 명의 파병원인에 대한 요인 분석.

셋째, 임진왜란이 한국, 중국, 일본에 미친 영향.

넷째, 임진왜란기 명군과 조선군의 협력관계와 명군이 미친 악영향

다섯째, 임진왜란기 전라남도의 의병활동

비록 임진왜란에 관련된 많은 저서와 논문이 중국에서 발표되고 있지만 아쉬운 점도 적지 않다.

첫째, 이순신에 대한 연구가 상당히 부족한 상황이다. 이순신의 일생을 기술한 저서는 다만 옌 썽친이 집필한 저서 『조선민족영웅 이순신』뿐이며, 이것도 40여 쪽 정도에 불과하다. 이순신에 관한 연구논문은 아직까지 발견된 것이 없다. 따라서 이순신에 대한 더욱 많은 연구가 이루어졌으면 하는 바람이다.

둘째, 거북선에 대한 연구도 상당히 부족한 상황이다. 일반적으로 임진왜란을 서술할 때 이순신이 거북선을 건조하여 해전에서 왜 수군을 여러 차례 격파하였으며 제해권을 장악하고 최종승리에 큰 기여를 하였다고 간략하게 논술하고 있을 뿐이다. 즉 거북선의 형태와 대체적인 크기만을 서술하는 정도이고 구체적인 선형, 크기, 건조기술 등에 대한 연구가 전무하다.

셋째, 임진왜란의 원인, 경과, 결과를 서술하고 평가할 때 주로 중국 측의 시각에서 서술하고 있으며, 명군의 역할을 집중적으로 강조하고 조선군의 역할에 대한 평가는 전무하며, 또한 명군이 조선사회에 미친 악영향에 대해서는 거의 언급하지 않고 있다.

넷째, 통계를 보았을 때 이순신과 거북선에 관련된 교과서나 학습자료는 상당하지만 대부분은 아주 간략하게 소개되고 있다. 역사교과서

의 경우 명나라 시기의 대외교류 또는 세계통사에서 동아시아와 관련된
내용을 서술할 때 간략하게 소개하는 정도이고, 학습자료는 대개 객관
식과 같은 시험문제에서 선택문제로 출제될 뿐이다.

이러한 상황을 개변하고 임진왜란, 특히 한민족 영웅인 이순신과
그가 건조한 거북선을 중국대중에게 널리 알리기 위해서는 다음과
같은 조치가 필요하다고 생각한다.
첫째, 한중학자들이 공동으로 참여하는 이순신 또는 거북선과 관련
된 프로젝트를 실시하여 중국에서 중문으로 편집된 저서를 출판하는
것이다.
둘째, 한국에서 이미 출판 발행된 이순신 또는 거북선과 관련된
저서를 중국에서 중문으로 번역 출판하는 것이다.

참고문헌

延边历史研究所, 『延边历史研究』 第2辑, 1987.
姜龙范·刘子敏, 『明代中朝关系史』, 黑龙江朝鲜民族出版社, 1999.
金烘培·黄文日, 「万历朝鲜役及其对东亚政治格局的影响」, 『东疆学刊』 第4期, 2007.
路宁·刘庆, 『世界战争故事丛书·弓马篇·绞杀与征战』, 浙江少年儿童出版社, 2000.
闽学进, 『抗倭援朝战争与朝中关系』, 延边大学校硕士学位论文, 2004.
潘光·费成康, 『外国著名战役故事』, 少年儿童出版社, 1985.
杨通方, 「明朝与朝鲜的壬辰卫国战争」, 『当代韩国』, 秋季号, 2001.
王非, 『明代援朝御倭战争与朝鲜的"再造之恩"意识』, 延边大学校硕士学位论文, 2005.
王亮, 『壬辰倭乱与明人抗日援朝』, 内蒙古师范大学校硕士学位论文, 2011.
颜廷宏, 『壬辰战争影响论述』, 曲阜师范大学校硕士学位论文, 2010.
严圣钦, 『朝鲜民族英雄李舜臣』, 商务印书馆, 1987.
李建立·张海滨, 『韩国崛起之谜』, 解放军文艺出版社, 1995.
李钟九, 『壬辰倭乱时期全罗道社会状况与义兵运动研究』, 延边大学校博士学位论文, 2010.

郑励新·方十可·马合秋,『中外名将录(下)』,解放军出版社,1988.
楚水昂,「李舜臣朝鲜海军的战魂」,『舰载武器』第2期,2010.
许晓光,『世界著名将帅象』,河南人民出版社,1999.
http://www.chaoxing.com
http://www.cnki.net

찾아보기

출전

1장 「서복徐福의 항해에 대한 연구현황과 전망」
(『해양담론』 제2호, 2015.6, pp.55~75)

2장 「송대 해선의 4대 유형」
(『해양환경안전학회지』 제10권 제1호, 2004.6, pp.35~40)

3장 「송대 첨저선의 조선술과 구조」
(『해양환경안전학회지』 제10권 제1호, 2004.6, pp.41~50).

4장 「중국 전통 돛의 시대적 변천과 구조적 특징」
(『해항도시문화교섭학』 제24호, 2021.4, pp.165~200).

5장 「중국 고대 항해도 및 항해도구」
(『해양담론』 제6호, 2019.6, pp.217~ 236)(공저자 : 鍾紀鋒).

6장 「고선의 안전 관련 선박구조와 설비」
(『해양담론』 제7호(종간호), 2020.6, pp.222~245).

7장 「해상 실크로드와 선박」
(Ships on the Maritime Silk Road, *The Maritime Silk Road and Seaport Cities*, Sunin Publishing : 2015, pp.267~280).

8장 「송대 서긍徐兢의 고려 봉사선과 항로」
(『해양평론』, 2006.12, pp.145~172).

9장 「복선福船과 복건해상福建海商」
(『해양환경안전학회지』 제13권 제4호, 2007.12, pp.101~105).

추이 윈펑 崔云峰

지메이대학 항해학원 부교수(集美大學 航海學院 副敎授)
저서 : 『世界海洋史』(한국해양대학교출판부, 2003, 공저), 『중국의 배』(전망, 2005, 공저)
『중국의 대항해자 정화의 배와 항해』(심산, 2005, 공저)

김성준 金成俊

한국해양대학교 항해융합학부 부교수, Master Mariner(STCW 95II/2)
저서 : 『서양항해선박사』(혜안, 2015), 『해사영어의 어원』(문현, 2015), 『유럽의 대항해시대』
(문현, 2020), 『한국항해선박사』(혜안, 2021) 外
역서 : J. H. Parry, 『약탈의 역사』(신서원, 1998), E. Fayle, 『서양해운사』(혜안, 2004), Richard
Hugh, 『전함포템킨』(서해문집, 2005), Mike Dash, 『미친항해 : 바타비아호 좌초 사건』(혜안,
2012, 공역), 사와 센페이(佐波宣平), 『현대해사용어의 어원』(문현, 2017, 공역) 外

중국항해선박사

추이 윈펑 崔云峰 · 김성준 金成俊 지음

초판 1쇄 발행 2021년 7월 15일

펴낸이 오일주
펴낸곳 도서출판 혜안

등록번호 제22-471호
등록일자 1993년 7월 30일

주 소 ⓟ04052 서울시 마포구 와우산로 35길 3(서교동) 102호
전 화 3141-3711~2
팩 스 3141-3710
이메일 hyeanpub@hanmail.net

ISBN 978-89-8494-664-4 93910
값 30,000 원